권용란

서울대학교 종교학과 석사, 박사

현 서울대학교 종교문화연구소 객원연구원

주요 논저로는 「조선시대 '개화改火' 의례 연구」(『민속학연구』 15, 2004), 「조선시대 七祀에 관한 小考」(『종교와 문화』 12, 2006), 「조선시대 解怪祭 연구」(『역사 민속학』 22, 2006), 「조선후기 七宮儀禮와 국가 조상신」(『서울학 연구』 38, 2010) 등이 있다.

조선시대 왕실 조상신에 대한 연구

초판 1쇄 발행 2015년 12월 31일

지은이 권용란
펴낸이 홍기원

총괄 홍종화
편집주간 박호원
편집·디자인 오경희·조정화·오성현·신나래·김선아
　　　　　　　이효진·남도영·이상재·남지원
관리 박정대·최기엽

펴낸곳 민속원
출판등록 제18-1호
주소 서울시 마포구 대흥동 337-25(토정로 25길 41)
전화 02) 804-3320, 805-3320, 806-3320(代)
팩스 02) 802-3346
이메일 minsok1@chollian.net, minsokwon@naver.com
홈페이지 www.minsokwon.com

ISBN 978-89-285-0849-5
S E T 978-89-285-0359-6　　94380

민속원 아르케북스 055 minsokwon archebooks

조선시대 왕실 조상신에 대한 연구

| 권용란 |

민 속 원

머리말

이 책은 조선시대 국가의례로 실천되었던 문소전 의례, 영희전 의례, 칠궁 의례, 덕홍대원군묘 의례, 세자묘 의례를 통해서 다양한 왕실 조상신의 실재를 확인하고, 해당 의례들의 생성동인과 변화과정을 분석함으로써, 이중적인 형태의 '왕실 조상신'을 이해하고, '조상신'을 중심으로 조선시대 종교문화가 어떻게 형성되었고 다양하게 표현되었는지를 규명하고자 한다.

이 책에서 사용하는 '왕실 조상신royal family ancestors'은 조선시대 국가에서 공식적으로 제향한 왕의 조상신을 모두 포괄하는 개념이다. 왕실 조상신의 범주를 국가를 대표하는 '왕통'을 중심으로 한 이상적이고 이념적인 계보를 유지하려고 했던 '이념적 왕실 조상신 모델'과 왕 개인의 생물학적·존재론적·정서적 질서의 근간이었던 '사친'을 중심으로 한 '정서적 왕실 조상신 모델'로 나눌 것이다. 왕의 생물학적인 부모이면서 왕통 계보에 있었던 경우는 두 모델에 모두 포함된다.

그동안 왕실 조상신이 주로 이념적 모델을 중심으로만 설명되고 주목받아왔던 것을 벗어나, '왕실 조상신'의 전체적인 모습을 조망하고자 한다. 기존에 한쪽으로만 치우쳤던 관심의 대상을 다른 대상으로 옮겨 새로운 렌즈로 들여다보고자 한다. 정서적 왕실 조상신 모델을 부각시키고자 하는 것은, 이념적 왕실 조상신과 동일한 격을 가진 대상으로 보아야 한다는 의미가 아니다. 종묘의례와 마찬가지로 공식적인 국가의례였다는 점과 왕이 친행을 감행한 대상신이었다는 점에서, 두 모델이 '왕실 조상신'이라는 큰 틀에 있어서는 동등한 위상을 가진다는 의미이다. 다양한 왕실 조상신들을 종묘의 뒤 켠이 아니라, 종묘와 함께 각 나름의 자리에서 재조명하고자 한다.

　종묘의 대상신들과 달리, 다섯 의례의 대상신들은 당시 유교의 종법제도나 의리론의 기준에 어긋난다는 점에서 정사正祀/음사淫祀의 기준으로는 음사로 분류되어야 했지만, 공식성을 부여받아 국가의례로 책정되었다. 종묘의 대상신들과 비교할 때, 전혀 다른 과정을 거쳐 합법화되었기 때문에, 이 의례들이 곧바로 음사로 규정되지 않았던 배경과 동인을 분석할 것이다. 일상적인 행동과 차별화된 실천이라는 케서린 벨의 '의례화' 개념에 의존하여, 다섯 의례의 형성과정에 주목할 것이다. 또한 정사에도 음사에도 편입 되지 않았던 의례의 상태를 기존의 정사/음사의 이분법적인 구조로 분석하기에는 한계가 있다고 보고, '준정사準正祀 · 준음사準淫祀'라는 중간단계를 임의로 설정할 것이다.

　다섯 의례가 결과적으로 정사正祀로 책정될 수 있었던 결정적인 동인을 왕의 지속적인 친제 행위와 다섯 의례의 대상신들이 모두 왕의 생물학적 직계혈통이었다는 사실에서 찾고자 한다. 왕의 지속적인 친제를 이끌어낸 내적인 동인을 사친과의 정서적인 친밀감과 유대감을 지속시키고자 했던 情의 마음에서 찾고자 한다. 왕의 지속적인 친제가 조상신에 대한 情의 마음에서 기인했다는 것은, 다섯 의례의 대상신들이 모두 왕의 생물학적 직계혈통이었다는 사실과 의례 생성시기와 당대 정치적인 흐름과 완전히 일치하지 않았다는 사실을 통해서 확인할 것이다. 또한 '조상신'에 대한 보편적인 공감대는 다섯 의례가 기존의 일련의 제도화된 국가의례 책정 과정을 거치지 않고도 공인력을 얻을 수 있게 하였음을 밝힐 것이다.

조선시대 왕실 조상신의 두 모델에 대한 균형 잡힌 이해는, 당시 적장자를 중심으로 한 부계혈통 위주의 조상신만이 아니라, 다양한 조상신이 있었다는 사실을 확인하는 것에만 목적이 있지 않다. 기존의 제도와 원칙의 경계를 넘어서서, 새로운 제도를 만들게끔 하였던 '조상신'의 본질적인 의미를 이해하는 것과 일맥상통한다. 이것은 유교의 조상 제사에 대한 폭넓은 이해로 이끌 것이며, 결국 조선시대 종교문화를 좀 더 유연한 안목으로 볼 수 있게 할 것이다.

조선시대 왕실 조상신을 통로로 종교문화를 이해하는 것은 현재의 제사문화와 무관한 내용이 아닐 것이다. 필자 역시 어려서부터 제사문화에 익숙하다. 한국에서 조상 제사는 제도종교의 테두리와 상관없이 가장 보편적인 의례이면서 뿌리 깊게 자리하고 있는, 어쩌면 제도 종교보다 더 강력하게 모든 한국인들의 인식에 깊이 자리하고 있는 종교문화라 할 수 있다. 필자는 어머니를 통해 불교, 무속, 기독교를 모두 접해봤지만, 어린 시절부터 반복적이고 실제적으로 참여했던 것은 명절과 기일날 제사였다. 일반 종교처럼 특별한 입문 과정도 없고, 평소 종교 활동 같은 것을 하지 않으며 법처럼 꼭 준수해야 하는 것은 아니지만, 제사에 꼭 참석해야 한다는 은근한 강제력과 책임감을 느끼게 했다. 마치 보이지 않는 종교처럼 강한 도덕적인 힘이 있었다. 특히 명절이 되면 그간 실체가 없는 듯 했던 조상 제사가 부각되는데, 이는 종교라는 테두리를 넘어선 것이라 할 수 있다. 이러한 현상을 단지 조선시대에 제도로 정착되었던 역사 때문에 현재까지도 제사문화가 이어질 수 있었다고 보긴 힘들 것이다. 조상 제사의 고정불변의 기능이자 의미라 할 수 있는 생물학적인 정체성과 연관되있기 때문일 것이다. 필자 또한 제사의 형식보다는 근본적인 내용이 중요하다고 보았고, 이 책에서 다룬 다섯 의례의 대상신들을 통해서 확인하려 하였다. 그렇다고 해서 조선시대 유교의 조상제사문화를 현대 사회의 기준에 맞추어 무조건적으로 비판하거나, 제사문화가 변화되는 것을 안타까워하면서 보존해야 한다고 주장하려는 것은 아니다.

　필자는 지도 교수님과 동료들과 함께 했던『국조오례의』강독과 박사과정 중에 참여한 규장각 프로젝트, "조선시대 국가전례사전"에 참여하면서 조선시대 국가사전을 꼼꼼하게 볼 수 있었다. 당시 프로젝트에서 '신령'항목을 집필하면서, 종묘에 그 신주가 봉안되지는 않았지만 국가사전에 등재된, 이 책에서 다룬 다섯 의례의 대상신들을 접하게 되었다. 이 자료가 그동안 왕실 조상신을 종묘에 봉안된 선왕과 선후만을 생각하고 있었던 선입견을 깨뜨렸다. 그간 필자가 가지고 있던 조선시대 유교문화, 특히 제사권을 중심으로 한 가부장적인 사회라는 고정관념이 편견이었다는 것을 확인시키기에 충분했다. 제도와 원칙이 어떻든 간에, 삶의 내용은 다양하고 변화되기 마련이다. "조선시대 改火의례연구"(2004) 라는 소논문을 쓰면서 왕통과 상관없는 왕의 부모에 대한 실체를 어렴풋이 알고 있었던 것을 구체적인 자료를 통해서 확인할 수 있었다. 이후 칠궁에 관한 소논문을 준비하면서 이 문제에 더 가까이 다가갈 수 있었다. 본문의 칠궁의례는 2008년도에 발표한 "조선후기 七宮儀禮와 국가 조상신"(2008)을 보충한 것이다. 칠궁자료를 비롯하여 다섯 왕실 조상신 자료를 모아, "조선시대 왕실 조상신에 대한 연구"(2013)라는 주제로 묶어서 박사학위논문을 완성하였다. 기존에 충분한 연구가 되지 않았던 자료였기 때문에, 무거운 책임감과 부담감을 안고 '조선시대 왕실 조상신에 대한 연구'이라는 주제로 묶어서 해석하였다. 자료를 소개하고 해석하는 첫 시도였던 만큼 무리가 있어 보이는 부분도 있을 것이라고 본다.

　1년 전부터 논문을 다시 보면서 논문을 쓸 당시에는 하지 않았던 현상답사를 하였다. 궁궐 근처에 자리하고 있는 왕실 조상신들의 사당과 남아있는 터를 돌아보면서 자료만 보았을 때와는 또 다른 느낌을 받았다. 칠궁 이외의 사당들은 터만 남아있거나 그 터조차도 찾을 수 없는 경우도 있었다. 칠궁논문을 쓸 당시, 칠궁을 관람하면서 잘 보존되고 있던 비교적 규모가 컸던 사당을 볼 때와는 너무나도 다른 느낌이었다. 건립 당시에는 왕의 애틋하고 간절한 情의 마음이 깃들었던 공간들이 지금은 차도와 건물에 묻혀서 유심히 살펴 보지 않으면 그냥 지나칠 수 있는 곳이 되었다. 미래에 또 어떤 모습으로 변할지는 모르지만, 어쩌면 이것이 역사의 흐름 있는 그대로의 모습일 것이다. 무심한 사람들의 발 걸음 아래에 있던 사당의 터를 보자니, 앉아서 자료만 보면서 유교이념이니 종교개념이니 하는 틀에 맞추어 글을 쓰던 필자의 모습이 힘없이 무너지면서, 그저 부모와 자식 간의 애절한 마음만이 다가왔다. 박사논문에서 미흡하고 부족했던 부분들을 보충하려고 했지만 여전히 부족한 부분이 많음에 마음이 더 무거워졌다. 단지 종묘와 종묘의례라는 거대한 유산에 묻혀 드러나지 않았던 자료들을 소개하고, 자료들이 말하려고 하는 것을 필자의 안목을 통해 전달하려고 한 시도에 이 책의 의의를 두고자 한다. 이 책에서는 조선시대 조상신의 의미를 그저 중요했다가 아니라, 실제적으로 얼마나 중요했는지 왕실 조상신이 생성되는 일련의 과정과 역사를 통해서 확인한 것에 만족하고자 한다.

　박사학위논문을 완성하고 다시 한 권의 책으로 내기까지 가족들이 없었다면 불가능했을 것이다. 딸의 학문적인 성취를 위해 몸을 아끼지 않고 일하시는 어머니의 삶의 모습은 필자에겐 더 할 수 없는 채찍질이자 촉진제였다. 당신의 딸이 원하는 일을 하면서 당당하게 살아가길 바라시는 어머니의 간절한 기도가 마음을 울린다. 거대한 학문의 세계를 마주하며 자신감을 잃고 주저앉으려 할 때마다, 힘을 실어주고 무능한 누나의 경제사정까지 책임지고 있는 동생 한준, 말로 표현하진 않지만 기도로 응원해주고 있는 미국에 있는 형부와 언니, 그리고 그 존재만으로도 기쁨과 희망을 주는 조카 예현과 해나에게 이 책을 바친다.

부족한 박사학위논문을 읽어 주고 사진 촬영까지 도맡아준 후배 박병훈, 책 출간을 권장하고 할 수 있도록 용기를 실어주신 최종성 교수님, 그리고 오랜 시간 원고를 기다려주신 민속원 홍종화 사장님과 편집부 가족들에게 감사의 마음을 전한다.

2015. 12. 30.
권용란

차례

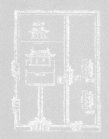

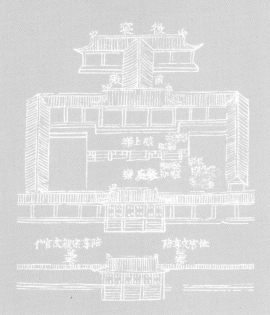

제9장 결론

서론

01 ————

이 책은 조선시대 국가의례의 대상이 된 다양한 형태의 '왕실 조상신'의 생성과정과 그 의미를 규명하고자 한다. 왕실 조상신을 대상신으로 하였던 의례들이 생성되고 변화된 과정을 분석해 봄으로써 각 의례들의 생성동인으로 왕의 행위가 결정적으로 작용했으며, 그 의도 속에는 정치적인 목적 이외에 조상신에 대한 마음이 주요했다는 사실을 밝히고자 한다. 조선시대 종묘의례의 대상이었던 선왕·선후의 왕통王統 계보 이외에도 다양한 왕실 조상신이 국가의례의 대상신이었다는 사실을 확인하고, 어떤 명분과 과정을 거쳐 공식적인 의례의 대상신으로 자리 잡을 수 있었는지 이해하는 것은, 왕실 조상신 자체에 대한 이해뿐만 아니라 조선시대 종교문화를 이해하는 데에도 중요한 통로가 된다.

공식성을 부여받은 왕실 조상신은 왕실에서 사적으로 제향한 조상신과는 완전히 구분된다. 달리 말하면, '왕'의 조상신이 되기 위해서는 공식성을 부여받아야 하는데, 이것은 바로 왕위를 이은 왕통을 의미하며, 우리가 흔히 알고 있는 종묘에 봉안된 선왕·선후이다. 그런데 종묘의 왕통 계보 이외의 공식적인 국가의례에서 제향된 왕의 조상신으로 분류될 수 있는 또 다른 범주의 대상들이 있었다. 이들은 재위 왕의 생물학적인 생부生父·생모生母·생자生子로, 왕통 계보의 경계선을 넘나드는 범주라고 할 수 있다. 왕의 생물학적인 부모이면서 왕통 계보에 있었던 경우는 이 범주에도 포함되었다.[1] 이 책은 종묘의 역대 왕과 왕비의 계보를 '이념적 왕실 조상신'으로, 공식적인 국가의례에서 봉안된 왕의 생물학적인 조상신을 '정서적 왕실 조상신'이라 칭하고자 한다. 따라서 이 책이 사용하는 '왕실 조상신royal family ancestors'은 조선시대 국가에서 공식적으로 제향한 왕의 조상신을 모두 포괄하는 개념이다. 이 책이 다루는 중요 대상은 다양한 정서적 왕실 조상신이지만, 이념적 왕실 조상신과 정서적 왕실 조상신이 중복되는 경우도 있고, 생성과정에서 두 모델이 비교되고 함께 논의되기 때문에, '왕실 조상신'을 모두 포함한다.

정서적 왕실 조상신은 공식성을 부여받았다는 점에서 종묘의 선왕·선후의 왕통과 정치적인 영향력이나 의례의 격으로도 동일한 반열에서 볼 수 있다. 또한 이들은 조선 초기부터 국가가 지향한 유교의 가장 모범적이고 전형적인 조상신에 대한 이념과 실천을 잘 보여주는 대상이었다는 점에서, 조선시대 종교문화를 이해하는 데에 있어서 주요한 통로로 여겨진다. 이러한 점에 착안하여 이 책은 조선시대 종교문화의 커다란 줄기를 파악할 수 있는 통로로 조선시대 왕실 조상신을 연구대상으로 삼고, 다양한 왕실 조상신이 국가의례의 대상신으로 선택되는 일련의 과정 및 배경에 주목하고자 한다. 넓은 의미에서 왕실 조상신의 생성과정에 대한 연구는 '조상신'을 중심으로 조선시대 종교문화가 어떻게 형성되고 다양하게 표현되었는지를 이해하기 위한 것이다.

'조상'[2] 또는 '조상신 의례'라고 하면 다른 어떤 시기보다도 조선시대를 쉽게 떠올

1_ 왕실 조상신을 이념적 조상신 모델과 정서적 조상신 모델로 분류한 기준과 개념에 관한 구체적인 내용은 이 책 2장에서 다루고 있다.

2_ '조상'에 대한 일반적인 정의로는 종교학 사전(The Encyclopedia of Religion)을 참고할 만하다. 여기서는 '조상'을 직접적으로 정의하지 않고, '조상숭배'를 "죽은 친족원에 대한 의례(rites)와 믿음(belief)"이라고 정의하고 있다. '조상'을 '죽은 친족원'으로 폭넓게 설정하고, 조상숭배에 관련된 여러 의례에 대해서는 "죽은 사람의 기일에 그와 혈통이 같은 개인이나 가족 혹은 조상 대대로 내려오는 친족 그룹이 의례를 행하는 것"으로 정의하고 있다. 조상숭배의 특징을 네 가지로 정리하고 있다. 첫째, 조상숭배는 우주론과 세계관, 구체적으로는 영혼관과 사후세계관과 연관되어있다. 더불어 상속 및 계승과 관련된 사회 질서와도 연관되어있다. 둘째, 조상숭배는 종교가 아니라 종교적 실천으로 여겨진다. 일반 종교처럼 교리도 경전이 없으며 개종의 문제와도 상관없다. 주로 가족 또는 친족에 의해서 실천되며, 대부분의 사회에서 더욱 포괄적인 종교적 체계의 일부분으로 존재한다. 셋째, 조상숭배의 의미는 지역마다 다르다. 조상은 신성한 힘이 있다고 여겨지는데, 이것도 그의 가족이나 친족에게 제한된다. 후손들은 조상의 신성한 힘에 대해 효도, 존경, 동정, 때때로 공포의 태도를 가진다. 넷째, 조상숭배는 후손들이 집단적이고 규칙적으로 제사(cult)와 같은 의례를 행할 때만 성립된다. 일반적인 장례식이나 기념의례는 조상숭배로 보지 않는다. 또한 유산이나 사산으로 죽은 경우, 결혼 전에 젊어서

린다. 조선시대 조상신 의례가 그 어느 시대보다도 보편적으로 행해졌고, 그 영향력이 현재에 이르기까지 지속되고 있기 때문일 것이다. 물론 조상은 특정 시대와 상관없이, 개인에게는 생물학적 정체성 및 사회적 위상과 연관된 고정 불변의 의미를 가진다. 더 나아가 조상의 주제를 통해서 죽음관, 영혼관, 내세관 등을 알 수 있는데, 인간이 죽음을 어떻게 받아들이고 극복하려 했는지를 잘 보여주는 세계관이다. 또한 조상은 현실 세계의 사회구조 및 질서를 이해하는 통로가 되기도 한다. 이렇게 볼 때, 조상의 존재가 단순히 한 개인의 생물학적인 정체성과 연관된 것이 아니라, 사후 세계관과 현실 세계에도 영향력을 발휘하고 있다는 것을 의미한다. 또한, 조상은 여타 다른 신들과 달리, 각 혈통을 중심으로 생성되고 영향력을 발휘하기 때문에 인간과 가장 친밀한 신이며, 그 의례는 가장 보편적인 의례라고 할 수 있다. 이러한 이유 때문에 '조상'과 관련된 문제는 시대를 불문하고 전통사회부터 오늘날까지도 중요하게 여겨지며, 학문적으로도 사회, 문화 및 종교를 연구하고 이해할 수 있는 핵심적인 주제이면서 중요한 통로가 된다.

한국 역사에서 조상, 조상의례가 실제적인 생활에 적극 개입되었던 시기는 조선시대

죽은 경우, 조상숭배의 대상으로 보지 않는다.(Helen Hardacre, "Ancestors," In M. Eliade, ed., The Encyclopedia of Religion, Vol. 1, New York: Macmillan Publishing Company, 1987).

위의 사전을 통해서, '조상' 정의와 관련된 두 가지 특징을 발견할 수 있다. 첫째, 조상숭배가 조상개념 및 범주를 설정하는 기준이 된다는 것이다. 조상이라고 하면 일반적으로 직계혈통을 전제하지만, 숭배의 대상이 누가되느냐에 따라서 직계혈통을 넘어서 방계 친족관계까지 확대될 수도 있다. 혈연관계를 더 확장해서 인류의 조상 또는 선조라고 말할 때도 있지만, 일반적으로 조상이라고 말할 때는 조상숭배의 대상을 말한다. 위의 사전에서도 언급했듯이, 조상숭배는 일반적인 종교적 체계 내에 있는 의례가 아니기 때문이다. 다시 말해, 일반적인 종교에서 숭배의 대상이 되는 신들이 경전, 교리, 신도들을 통해서 그 실체가 드러나는 것과 달리, 조상은 조상숭배라는 실천을 통해서만 그 실재가 확인되고 드러나기 때문일 것이다. 이것이 조상과 일반적인 종교에서 숭배하는 神들과 구별되는 특징이라고 할 수 있다. 여기에 덧붙이자면, 일반적으로 숭배의 대상이 되는 조상은 온전한(good) 죽음을 거친 존재여야 한다.

둘째, 조상은 죽음관, 영혼관 등 세계관과 연관되어 있는 종교적 주제이면서, 사회구조 및 사회제도에도 영향력을 끼치는 존재라는 것이다. 따라서 '조상' 개념과 '조상숭배'는 종교적인 주제일 뿐만 아니라 사회와 문화를 이해할 수 있는 중요한 통로가 된다.

이 책에서는 조상이라는 용어가 죽은 가족 즉, 선조를 모두 포괄하는 광범위한 의미를 함축하는 경향이 있다고 보고, '조상'과 '조상신'을 구별하여 쓰고자 한다. 이 책이 다루는 연구대상은 사후에 후손들에 의해서 의례의 대상이 되는 조상만을 지칭한다. 의례의 대상이 되었다는 것을 통과의례의 도식으로 보면, 죽음 → 죽음의례(매장의례+장례의례) → 조상이라는 단계를 거쳤다는 의미이다. 통과의례를 거치지 않으면 영원히 고스트의 단계인 임계적 단계(liminal phase)에 머문다고 여겨진다. 이에 따라 이 책의 연구대상은 일련의 통과의례를 거치고 숭배의 대상이 된 존재만을 가리킨다는 점에서, '조상'이 아닌 '조상신'이라는 용어를 사용할 것이다.

였다고 할 수 있다.[3] 유교이념을 근간으로 건국된 조선은 부계혈통을 중심으로한 조상 개념과 조상의례를 수용하였고, 적장자를 중심으로 조상을 섬기는 종법제도宗法制度를 통해서 이를 실현시키려 하였다.[4] 종법제도에 따라 제사를 지내줄 적장자를 세우는 것은 왕실을 비롯해 일반 대중들에게까지 적용되었다. 조상의례는 국가를 비롯해 일반 대중들에게까지 확장된 보편적인 의례였으며, 나아가 사회와 국가의 질서를 유지하기 위한 핵심적인 제도적 장치였다. 부계혈통을 기준으로 조상의 계보를 형성하고 조상의례를 실천하는 것은 유교 이념을 근간으로 건국된 조선을 유지시키는 근간이었다. 따라서 조선시대 조상의례는 단순히 개인적인 차원에서 조상을 기념하는 것이 아니라, 한 가문의 정체성 확립, 경제적인 분배문제, 사회적 위상, 그리고 사회적 연대와 연관

3_ 한국의 조상에 대한 연구 경향을 보면, 크게 종교학적인 연구와 사회 인류학적인 연구로 나누어 볼 수 있다. 종교학적인 연구는 주로 특정 종교의 영혼관을 고찰하거나, 각 종교의 영혼관을 비교하거나, 그 의례에 집중한다. 사회 인류학적인 연구는 특정 지역의 가족 구조, 더 나아가 사회의 조직을 파악하기 위한 방법으로 조상의례를 조사하고 관찰한다. 그 밖의 한국의 조상에 관한 논의는 1986년 조상숭배를 주제로 개최한 학술대회의 연구 성과가 실린 『한국문화인류학』20, 한국문화인류학회, 1988.을 참고하면 좋다. 민속학 분야에서 나온 조상의례 관련 논문들 외에, 현대 한국의 각 종교전통[불교 · 유교 · 천도교 · 개신교 · 천주교]에서의 조상의례의 형태를 현지조사를 중심으로 서술한 것으로는 편무영 외, 『종교와 조상제사』, 민속원, 2005.을 참고하면 좋다.

4_ 한국 종교연구에서 조상 개념과 관련한 기존의 논의들은 '조상신' 정의의 문제, 즉 누가 조상신이 되는가라는 그 자격 요건을 기준으로 두 가지 입장으로 나뉜다고 볼 수 있다. 조상과 조상숭배에 대한 대표적인 두 명의 학자를 중심으로 보면 먼저, 최길성은 포르테스(M. Fortes)의 정의를 제시하면서, "조상은 살아 있을 때에 일정한 계보 관계로 맺어진 자손이 있는 사자(死者)로서 모든 죽은 자를 의미하는 것이 아니라 조상숭배의 대상이 되는 사자"(최길성, 「한국 조상숭배 연구의 회고와 전망」, 『한국문화인류학』 20, 한국문화인류학회, 1988, 155~156쪽)라고 정의한다. 이는 조선시대 유교국가의 제사권을 중심으로 한 정의이다. 여기서 조상의 자격은 제사권을 가지고 있는 부계혈통을 중심으로 주어진다. 그렇기 때문에 죽어서 제사를 지낼 아들이 없는 경우에는 조상이 될 수 없다. 다른 하나는, 장주근은 『세계대백과사전』의 내용을 근거로 "조상숭배는 농경민족 사이에 뚜렷한 종교 형태로서, 숭배의 대상인 조상에는 시조, 조상신, 죽은 자, 사령(死靈) 등 일정한 범위가 없고, 주로 조상의 영이나 사자의 영에 대한 제사"(최길성, 「한국 조상숭배 연구의 회고와 전망」, 『한국문화인류학』 20, 한국문화인류학회, 1988, 155~156쪽)라는 죽은 자를 모두 포괄하는 대중적인(민속학적) 광의의 개념으로 정의한다.

'조상' 개념에 대한 학자들의 이중적인 관점은, 실제적으로 한국인들의 삶 속에서도 쉽게 발견할 수 있는 현상이었다. 이에 관한 주목할 만한 저서로는, 김종서, 『서양인의 한국 종교 연구』, 서울대학교 출판부, 2006.가 있다. 이 책에 의하면, 한국의 조상의례를 구체적으로 조사하고 기술한 대표적인 서양인으로는 해방이후 서양인으로서 한국의 민속종교를 현장조사를 기반으로 연구한 자넬리 부부(Roger L. Janelli와 임돈희; 양반 동족 마을 현장조사)와 켄달(Laurel Kendall; 농촌 마을 현장조사)이 있다. 이들은 한국의 조상의례에서 보이는 대표적인 형태로 유교 조상의례와 무속의례(조상굿)를 함께 다루었다. 이들에 의하면, 두 의례 모두 조상을 돌보는 역할을 하지만, 유교의 조상의례는 남계친의 결속을 강화하고 조상에 대한 의무를 완수하며 孝를 고취하는 것인 반면, 무속의례는 조상과 다양한 초자연적인 존재들을 달래며 그로부터 받는 고통을 떨쳐버리거나 완화하고자 하는 목표를 가진다. 또한 유교의 조상의례는 조상을 이상화하고 가까운 친족과의 상호 의존성을 강조하는 반면, 무속의례에서 조상들은 위협적이며 가까운 친족에게 의존적이며 친족들에게 해를 끼친다고 한다. 구체적인 내용은 로저 L. 자넬리 · 임돈희 공저, 김성철 역, 『조상의례와 한국사회』, 일조각, 2000을 참조할 것.

된 하나의 견고한 질서와 규범으로 이해될 수 있다.[5]

　조선시대 사회질서이자 제도와도 같았던 조상의례의 근거와 의미를 두 고전을 통해서 이해할 수 있다. 『禮記』에 의하면, 만물은 하늘天에 근본本을 두고, 인간은 선조祖에게 근본을 두고 있다. 이것이 선조를 상제上帝에게 배향하는 이유이다. 교제郊祭는 근본에 보답하고 근원始으로 돌아가는 것이다[6] 라고 하였다. 또한 『荀子』에 의하면, 禮에는 세 가지 근본이 있는데, 하늘과 땅은 모든 생명의 근본이고 선조先祖는 종족의 근본이고 임금과 스승은 다스림의 근본이다. 그러므로 禮는 위로는 하늘을 섬기고 아래로는 땅을 섬기며 선조를 높이고 임금과 스승을 높이는 것이다[7] 라고 하였다. 두 고전을 종합해보면, 하늘이 생명의 근본이라면, 조상은 자신을 비롯하여 가족, 가계의 근본이자 근원이다. 그러므로 조상을 기억하고 기념하는 조상의례는 자신의 근본이자 생명의 근원에 보답하는 보은報恩의 실천행위이며, 禮의 세 가지 근본 중 하나로서 중요한 의미를 가진다.

　이렇듯 조선시대 조상은 고전을 근거로 禮의 명분과 연결되어 중요한 대상으로 여겨

5_ 한국의 조상숭배 중에서 유교의 조상숭배가 비중면에서나 역사면에서 중요했다는 것을, 한국 브리태니커의 "한국의 조상숭배" 항목에서도 확인할 수 있다. 여기서는 조상숭배를 죽은 인척의 혼백과 관련된 여러 가지 종교적 신앙과 의식이라고 정의하면서, 한국의 조상숭배는 ①유교의식인 제례(祭禮)와 ②민간신앙의 가신신앙(家神信仰)이나 ③무속(巫俗)에서 찾아볼 수 있고, 그 가운데 제례가 중심을 이루고 있다고 한다. 민간신앙에서 조상숭배를 가신신앙과 무속, 두 개로 나누어 설명하고 있다. 사전의 설명을 덧붙이면, 가신신앙에서의 조상숭배는 가신의 하나로서 안방의 윗목에 위치한다고 여겨지며, 단지나 항아리, 주머니 속에 쌀을 넣어 두었다가 매년 가을에 신곡(新穀)이 나면 햅쌀로 바꿔 넣으며, 묵은쌀로는 밥을 지어 식구들끼리만 나눠 먹고 남에게는 절대로 주지 않는다. 그 단지 속의 쌀의 양이 늘어나면 풍년이 들고 집안이 잘 되지만, 양이 줄거나 빛이 변하면 흉년이 들거나 집안에 좋지 않은 일이 생긴다고 하여 정성껏 모신다. '제석오가리'(전남)·'조상단지'(전북·경남)·'세존단지'(경북)·'제석주머니'(서울·경기)·'조상님'(충남) 등의 여러 명칭이 있다. 조상신은 종손이나 맏아들의 집에서만 모셔지며, 명절이나 가족의 생일 때 음식을 바쳐 농사가 잘 되고 집안이 무고하며, 자손이 잘 되기를 빈다. 제물로는 밥·떡·나물·돈 따위를 놓으며, 술이나 고기는 놓지 않는다. 제석오가리·세존단지·제석주머니 등의 명칭과 제물에서 드러나듯이 가신신앙에서의 조상은 불교적 성격과 삼신(三神)의 성격, 그리고 농신(農神)의 성격 등이 결합되어 있는 존재로서 유교적 의미의 조상개념과 다르다. 또한, 무속에 관해서는, "무속의 조상숭배와 관련되는 것은 흔히 '조상거리'·'조상굿'이라는 명칭으로 불리는 절차로, 이 절차는 굿하는 집안의 모든 조상을 윗대부터 차례로 모시는 절차로 살아 있는 후손이 조상을 위해 음식을 준비하고 조상을 청하여 조상의 도움을 비는 것이다. 이때 청해지는 조상은 직계·방계의 구분이 없으며 남녀의 구분이 없다는 점에서 직계와 방계, 남녀의 구분이 엄격한 유교적 의미의 조상개념과 차이를 보여주고 있다.<http://premium.britannica.co.kr/bol/topic.asp?article_id=b19j2322b>

6_ 『禮記』「郊特牲」, "萬物本乎天 人本乎祖 此所以配上帝也 郊之祭也 大報本反始也".

7_ 『荀子』「禮論」, "禮有三本 天地者 生之本也 先祖者 類之本也 君師者 治之本也 … 故禮 上事天 下事地 尊先祖而隆君師 是禮之三本也."

졌으며, 조상의례는 禮를 실천하는 행위로 인식되었다. 禮의 근본이란 근원이 되는 존재를 섬기는 것인데, 조상은 자신과 종족의 생명의 근원이기 때문에 살아계실 때처럼 모시는 것이며 이것이 孝이다.[8] 조상을 섬기는 것은 하늘을 섬기는 것事天[9] 과 같다고 보았을 만큼 중요하게 여겼다.

사실, 유교의 조상의례가 실제적으로 사대부를 비롯하여 백성들에게까지 보편화된 시기는 조선후기부터이다.[10] 하지만 조선초기부터 지향했던 이상적이고 모범적인 유교적 조상의례의 형태를 국가차원에서 행한 왕실의 조상신 의례를 통해서 확인할 수 있다고 예상할 수 있다. 왜냐하면 왕실은 국가 이념을 가장 모범적으로 드러내야하고 실천해야 하는 위치에 있었고, 국가의례는 유교 이념에서 비롯된 사회질서를 반영하는 제도이자 規範과 동일한 것이었기 때문이다. 새로운 의례가 국가의례로 책정되기 위해서는 역사적·경전적 전거가 있어야 했고, 국가의 공인을 받아야만 했다.[11] 만약 기존의 국가의례에 변화가 요구된다면, 이에 따른 마땅한 명분과 논의의 과정이 필요했다. 국가의례의 대상신들은 그 자체의 위계질서 안에서 그에 걸맞은 격(위상)을 갖추고 있었다. 만약 이 질서가 흐트러지면, 국가가 지향하는 이념적인 혼란과 사회질서도 위태로워질 수 있었다. 이러한 이유로 국가의례로 채택된 왕실 조상신 의례는 이미 사적인 영역을 넘어선 조선의 이념과 질서를 반영하는 조선시대 유교적 조상신 의례의 표본이자

8_ 『中庸』 19장. "事死如事生 事亡如事存 孝之至也."

9_ 『禮記』 「哀公問」. "仁人之事親也如事天 事天如事親 是故孝子成身."

10_ 조선초기에는 왕실은 물론 사대부와 민간인들에게 유교의례가 충분히 적용되지 못한 상황이었다. 태종대에 대사헌(大司憲) 이지(李至)는 가묘의 법이 잘 지켜지지 않는 것을 지적하면서 사대부가에서는 『朱子家禮』에 따라 가묘설립을 더욱 엄격하게 할 것을 상소하였다(『太宗實錄』 권2, 태종 1년 12월 기미). 조선초기부터 가묘 설립에 대한 법은 있었지만 그 대상은 아직 사대부가에 한정되어 있었다. 세종대에 이르러 2품 이상은 10년까지, 6품 이상은 12년까지, 9품 이상은 15년까지 가묘를 건립하게 하였다. 그러나 이것도 실제적으로 잘 지켜지지는 않았다. 사림(士林)이 등장하는 성종대에도 이에 대한 규제와 처벌을 내세웠지만 잘 지켜지지 않았다. 대체로 유교의 조상신 의례가 정착하는 시기는 양란 이후인 17세기 중반 이후부터로 보는 것이 타당할 것이다. 종법제도와 관련한 유교의 조상의례에 관해서는 지두환, 『조선전기 의례연구-성리학 정통론을 중심으로』, 서울대학교출판부, 1994를 참조할 것.

11_ 조선시대 국가의례 정비는 태종 10년(1410년) 8월에 의례상정소(儀禮詳定所)를 설치한 후, 구체적으로는 태종 11년부터 태종 15년까지 5년에 걸쳐 본격적으로 단행되었다. 이후 『세종실록오례의(世宗實錄五禮儀)』를 출발로 『국조오례의(國朝五禮儀)』(1474), 『국조속오례의(國朝續五禮儀)』(1744), 『춘관통고(春官通考)』(1788), 『대한예전(大韓禮典)』(1897)으로 이어지는 네 번의 대표적인 국가사전 개편이 있었다. 조선전기 국가의례 상정에 관한 구체적인 내용에 대해서는, 김해영, 『조선초기 제사전례 연구』, 집문당, 2003. 73~96쪽을 참조할 만하다.

모범이었다고 판단할 수 있다.

국가의례의 대상신으로 채택된 왕실 조상신은 매우 다양했다. 의례의 대상신이 되었다는 것은 실제적인 신으로 여겨졌다는 증거이면서, 이념적으로도 하나의 신으로 자리매김 되었다는 것을 의미한다. 의례는 단순히 행동의 반복이 아니라, 당대의 사회·정치적 명분과 분위기를 충분히 담지하고 있는 또 하나의 의사소통 체계라고도 할 수 있기 때문이다.[12] 이 책은 의례의 실천행위 속에 이념의 변화도 포함되어 있다는 것을 전제로, 종묘의례 이외의 국가의례로 등록된 왕실 조상신 의례를 연구대상으로 설정한다. 구체적으로는 다섯 의례체제―길례吉禮·가례嘉禮·빈례賓禮·군례軍禮·흉례凶禮―로 분류되었던 조선시대 국가의례 중에서 길례의 대상신이었던 왕실 조상신에 주목하고자 한다.

이 책은 길례 중에서도 혼魂을 대상으로 하는 사당에서 행해진 의례만을 다루고 있다. 물론 사당廟과 더불어 백魄이 있는 묘墓도 함께 다루어야 균형 잡힌 연구가 될 것이다.[13] '내묘외묘內廟外墓'라는 말이 있을 정도로 사당과 무덤은 조상을 모신 동일한 공간으로 여겨졌다. 하지만 국가사전을 기준으로 보았을 때, 무덤이라는 한정적인 공간에서 실천된 의례보다는 사당에서 행해진 의례가 더욱 다양하고 빈번하였다. 몸이 매장된 무

12_ 의례를 단순한 형식의 반복이 아니라, 실제적으로 이념(사고)를 변형시키는 역할을 한다고 본 학자로, Tom F. Driver가 있다. 그는 의례가 질서(order), 공동체(community) 그리고 변형(transformation)의 차원에서 사회에 기여한다고 주장하였다. 특히 그는 변형에 주목하면서, 의례는 사회질서와 인간의 사고구조 모두를 변형시킬 수 있는 힘을 가지고 있는데, 그것이 바로 의례의 매직(magic)이라고 하였다. 여기서 언급하고 있는 매직이란 변형의 테크닉이라고 설명한다. (Tom F. Driver, The Magic of Ritual: Our Need for Rites that Transform Our Lives and Our Communities, Harper San Francisco, 1991, pp. 131~151). 또한 대표적인 의례학자로 꼽히고 있는 Catherine Bell은 의례가 인식과 실천을 모두 통합하고 수렴한다고 보았다.

의례의 형식주의에 대해 상반된 입장을 내세운 두 학자를 주목할 만하다. Catherine Bell은 의례의 요소 중 가장 많이 언급되는 것으로 형식주의(Formalism)를 말한다. 그녀에 의하면, 형식주의는 대비(공식적인 행위/비공식적 행위)와 정도(형식화된 행위의 표현의 다양성)의 견지에서 이해할 수 있다. 형식주의는 그 사회의 기존 질서를 강화시키며, 내용이 변하기 위해서는 형식이 먼저 바뀌어야 한다고 말한다(Catherine Bell, Ritual: Perspectives and Dimensions, New York, Oxford: Oxford University Press, 1997. pp. 139~144; 류성민 옮김, 『의례의 이해-의례를 보는 관점들과 의례의 차원들-』, 한신대학교 출판부, 2007, 273~284쪽). Catherine Bell과는 달리, Frits Staal은 인도의 Vedic Agnicayana Ritual 현지 연구를 바탕으로, 의례의 형식에는 의미가 없으며, 일정한 규칙들에 의해서 통제된다고 주장하였다(Frits Staal, Rules Without Meaning: Ritual, Mantras, and the Human Sciences, New York: P. Lang, 1990).

13_ 이 책에서는 묘(廟)와 묘(墓)를 구분하기 위해서, '묘(廟)'는 '사당'으로, '묘(墓)'는 '묘지' 또는 '무덤'으로 지칭한다.

덤은 한 곳으로 정해져 있었지만, 신주를 모신 사당은 여러 곳에 건립이 가능했다. 이것은 사당의 중심 상징물이었던 신주와 영정을 몸體魄으로 상정하고 그곳으로 혼이 깃든다고 생각했기 때문이다. 무엇보다도 사당이라는 공간이 새로운 조상신이 생성되는 출발점이 되었다는 점에서, 이 책의 연구 대상은 사당에서 행해진 의례로 한정한다.

정조대에 편찬된 『춘관통고春官通考』(1788)를 기준으로 보았을 때, 왕실 조상신 사당은 경모궁景慕宮, 능침陵寢, 진전眞殿, 구진전舊眞殿, 원묘原廟, 궁묘宮廟 등 여섯 개로 나뉘어져 있다.[14] 능침을 제외하고는 모두 사당이다. 경모궁은 정조의 생모 혜경궁 홍씨의 신주를 봉안한 사당이다. 진전은 영희전을 말한다. 구진전은 태조와 세조의 진전을 가리킨다. 『춘관통고』의 편찬연대가 조선후기였기 때문에, 조선전기에 설립된 진전들이 '구진전'으로 분류되어 있다. 원묘는 문소전과 연은전을 말한다. 궁묘는 궁과 묘를 합친 말로 여러 개의 궁과 묘가 이에 해당된다.

이 책은 조선시대 국가의례로 등재된 왕실 조상신 의례 중에서 가장 초기에 생성되어 이후에 생성된 의례들의 전례前例가 된 것을 연구대상으로 한다. 구체적으로는 다섯 왕실 조상신 의례인 문소전文昭殿 의례, 영희전永禧殿 의례, 칠궁七宮 의례, 덕흥대원군묘德興大院君廟 의례, 세자묘世子廟 의례이다. 문소전 의례는 선왕·선후의 위판位版을 모신 원묘에서, 영희전 의례는 선왕의 어진御眞이 있는 진전에서, 칠궁 의례는 후궁이자 왕의 생모의 신주神主를 봉안한 일곱 궁에서, 덕흥대원군묘 의례는 선조宣祖의 생부 신주가 있는 사당에서, 세자묘 의례는 세자로 책봉되었지만 왕이 되기 전에 사망한 네 세자의 신주가 있는 각 사당에서 행해진 의례이다.

첫 번째 연구대상인 문소전 의례는 세종대에 생성되어 임진왜란 당시 소멸될 때까지 건재한 조선전기 대표적인 원묘의례이다. 처음에는 공식적인 원묘의례로서 종묘와 동일한 왕통을 대상신으로 하였지만, 이후에는 생물학적 친계가 봉안대상의 기준이 된다. 문소전 의례는 공식적인 원묘로 출발했음에도 불구하고, 봉안대상의 기준이 변화

14_ 『春官通考』권1「吉禮· 景慕宮; 陵寢; 眞殿; 舊眞殿; 原廟; 宮廟」.

될 만큼 종묘 의례만으로는 해결될 수 없었던 왕의 생물학적 조상신에 대한 태도와 마음을 확인할 수 있다는 점에서 중요한 연구대상이라 할 수 있다.

두 번째로, 영희전 의례는 선왕의 어진을 봉안한 사당에서 행해진 조선후기 대표적인 진전의례이다. 생성초기에는 인조의 생부를 봉안한 공간이었지만 몇몇 선왕의 어진과 함께 봉안되면서 확장되었다. 문소전 폐지 이후, 조선후기 또 다른 형태의 원묘가 어떻게 생성될 수 있었으며, 유지되었는지 확인할 수 있다는 점에서 주목할 필요가 있다.

세 번째로, 칠궁의례는 1753년 육상궁毓祥宮을 시작으로 1912년까지 저경궁儲敬宮·연호궁延祜宮·대빈궁大賓宮·선희궁宣禧宮·경우궁景祐宮·덕안궁德安宮에 각각 봉안된 일곱 왕의 생모를 대상신으로 한다. 왕의 생모였지만 공식적인 의례의 대상신이 될 수 없었던 후궁이라는 점이 합법하지 못했으며, 어머니를 제향의 중심으로 삼았다는 점은 부계혈통 중심의 유교적 조상신 개념에도 어긋났다. 칠궁의례를 통해서 그동안 간과해온 조선시대 왕실 조상신의 독특한 성격을 확인할 수 있을 것이라 생각된다.

네 번째로, 덕흥대원군묘 의례는 제 14대 왕이었던 선조宣祖의 생부, 덕흥대원군을 대상신으로 한다. 덕흥대원군은 살아생전 세자로 책봉된 적도 없었고, 사후에 왕으로 추숭되지도 못했다는 점에서, 문소전과 영희전에 봉안된 선왕들과는 또 다른 성격의 대상신이라 할 수 있다. 게다가 덕흥대원군은 왕위에 오른 선조가 공식적인 의례로 기념할 수 없는 대상이었다. 덕흥대원군묘 의례를 통해서 새로운 형태의 왕실 조상신이 생성될 수 있었던 맥락과 왕실 조상신의 성격도 확인할 수 있을 것이다.

마지막으로, 세자묘 의례는 순회묘順懷廟, 소현묘昭顯廟, 의소묘懿昭廟, 문희묘文禧廟에 각각 봉안된 네 세자를 대상신으로 한다. 이들은 살아서는 세자였지만 왕위에 오르기전 후사도 없이 죽었고, 왕의 부모가 아닌 아들이었다는 점에서 조상신의 위치에도 오를 수 없는 존재였다. 하지만 이 책은 세자묘 의례가 생성 당시에만 행해진 것이 아니었고, 이후에도 지속되었다는 사실과 일찍 죽지 않았다면 왕실 조상신으로 봉안될 것이 예정된 세자였다는 점에 주목하고자 한다. 이 책은 봉안 당시에는 왕의 아들이라는 신분이었지만, 이후 왕들에게는 왕실 조상신으로 그 성격이 변화되었다고 판단하고 비운의 세자들과 관련된 독특한 왕실 조상신 의례의 생성 맥락을 살펴보고자 한다.

지금까지 조선시대 왕실 조상신의 문제를 전반적으로 다룬 독립적인 연구는 전무하다.[15] 다만, 종묘와 관련된 몇몇 연구들을 참조할 수 있을 뿐이다. 종묘가 조선을 대표하는 사당이었고 종묘의례는 규모와 중요도에서 가장 비중 있는 의례였기 때문에 종묘가 주목받아온 것은 당연하다고 할 수 있다. 종묘에 관한 기존의 연구는 크게 정치사적인 것과 의례에 관한 연구로 나누어 볼 수 있다. 정치사에 주목한 연구는 대개 신주의 위차位次와 정치적인 관계를 다루는 데에 주목하였다. 종묘제례를 다룬 연구는 의례의 절차, 제기祭器, 희생犧牲 등의 일반론을 개괄하였고, 종묘제례악을 다룬 연구는 종묘의례에서 연주되는 등가登歌·헌가軒架의 구체적인 가사와 음악에 대한 설명에 주안점을 두고 있다.[16]

종묘 이외의 조선시대 왕실 조상신과 관련해서는 주로 비교적 규모가 컸던 문소전, 영희전, 육상궁 등이 대표적인 연구대상이었다. 특히 조선전기 원묘였던 문소전(세종대에 건립된 新文昭殿)은 처음부터 공식적인 사당으로 건립되었다는 점에서, 종묘와 함께 왕실의 양묘제兩廟制로 비중 있게 다루어져왔다. 하지만 문소전을 단독적으로 다룬 연구는 많지 않으며, 주로 종묘와의 연관성 속에서 국가의례나 정치적인 문제들이 부분적으로 다루어졌을 뿐이다.[17] 문소전을 정치사적인 측면에서 다룬 연구들은 문소전이 임진왜

15_ 조선시대 이전의 왕실 조상신과 관련된 논의를 담고 있는 연구로는 아래의 것들을 참조할 수 있다.
　서영대, 『韓國古代 神觀念의 社會的 意味』, 서울대학교 박사학위논문, 1991.
　崔光植, 『고대한국의 국가와 제사』, 한길사, 1995.
　안지원, 「高麗時代 國家 佛敎儀禮 硏究─燃燈·八關會와 帝釋道場을 중심으로」, 서울대학교 박사학위논문, 1999.
　나희라, 『신라의 국가제사』, 지식산업사, 2003.
　김철웅, 『한국중세의 古禮와 雜祀』, 경인문화사, 2007.

16_ 조선시대 종묘에 관련한 연구로는 아래의 것들을 참고할 만하다.
　지두환, 『조선전기 의례연구-성리학 정통론을 중심으로』, 서울대학교출판부, 1994.
　한형주, 『조선 초기 국가제례 연구』, 일조각, 2002.
　김해영, 『조선 초기 제사전례 연구』, 집문당, 2003.
　이범직, 『조선시대 예학연구』, 국학자료원, 2004.
　지두환, 『세계 문화 유산 종묘이야기』, 집문당, 2005.
　이현진, 「조선후기 종묘정비와 世室論 연구」, 서울대학교 박사학위논문, 2006.
　이현진, 『조선후기 종묘 전례 연구』, 일지사, 2008.

17_ 종묘에 관한 연구 논문들은 기본적으로 문소전도 함께 다루고 있다. 앞의 논문들을 제외하고 문소전을 정치적인 측면에서 다룬 연구로는 이한수, 『세종시대 '家'와 '國家'』, 한국학술정보, 2006; 김정신, 「宣祖代 文昭殿 論爭과 朋黨」, 『韓國思想史學』 22, 한국사상사학회, 2004; 한형주, 「조선전기 文昭殿의 성립과 그 운영」, 『역사민속학』 24, 한국역사민속

란 때 소실되고 난 후 복원되지 않았던 이유를, 조선후기 성리학적 이념이 공고해지면서 유교 이념에 맞지 않는 것으로 평가되어 재건이 추진되지 않았던 당대 정치적인 상황을 그대로 따르고 있다. 그러나 이것은 조선후기에 오히려 공식적인 왕실 사당과 관련 의례들이 전기보다 더 많이 생성되었다는 사실을 간과한 것이다. 비록 문소전에 비해 규모는 작았고 처음부터 국가의 공인을 받지는 못했지만, 차후에 국가의례로 책정된 왕실 조상신 의례들이 증가한 추세를 주목할 필요가 있다.[18] 이러한 사실을 예민하게 보기 위해, 종묘부묘를 중심으로 하는 기존의 사친추숭 개념을 좀 더 유연하게 볼 필요성이 있다.

영희전은 왕의 초상화를 봉안한 조선후기 대표적인 진전이었다는 점에서 건축학과 미술사 분야의 연구가 주를 이루고 있다.[19] 조선후기 영희전의 생성은 사당에 영정을 봉안하는 것을 불교적인 것이라며 금지했던 배불론과는 상반되는 것이었다. 기존의 연구 성과들로는 조선후기에 진전이 건립될 수 있었던 원인과 배경을 충분히 이해하는 데에 한계가 있다. 이 문제는 영정에 대한 미술사적인 이해와 함께, 조상신의 의미를 통해서 해결될 수 있을 것이다. 이를 위해 영희전의 전신이라 할 수 있는 남별전과 숭은전에 대한 이해가 필요하다고 여겨지지만, 기존의 연구는 이마저도 인조仁祖가 사친을 종묘에 부묘하는 추숭과 관련된 정치사적인 문제로만 집중해왔다.[20]

육상궁은 영조의 생모를 모신 사당으로 현재까지도 잘 보존되어 있다는 점에서 건축학적인 연구와 영조의 탕평책과 관련한 정치사적인 연구들이 주를 이룬다.[21] 건축학적

학회, 2007 등이 있다. 문소전을 단독적으로 다룬 논문 중 주목할 만한 것은, 의례를 중심으로 주로 불교적 성격을 중심으로 논의한 정소영, 「朝鮮初期 原廟의 佛敎的 性格과 置廢論 硏究」, 동국대학교 석사학위논문, 1999가 있다. 음악 관련 논의로는 김종수, 「조선시대 魂殿과 原廟 제향악」, 『한국학보』 66, 1992가 있다.

18_ 조선후기에 편찬된 『춘관통고』를 참고하면, 왕의 사친과 관련된 의례인 능침·궁묘 의례가 모두 58항목으로 증가하였다는 사실을 확인할 수 있다.

19_ 장필구, 「복원연구를 통한 永禧殿의 고찰」, 서울대학교 건축학과 석사학위논문, 2004; 조선미, 『韓國의 肖像畵』, 열화당, 1983; 이성미, 『어진의궤와 미술사 - 조선국왕 초상화 제작과 모사』, 소와당, 2012.

20_ 인조의 사친추숭에 관한 정치사적인 입장을 견지한 대표적인 논문으로는 이현진, 「仁祖代 元宗追崇論의 推移와 性格」, 『北岳史論』 7, 북악사학회, 2000; 李迎春, 『朝鮮後期 王位繼承 硏究』, 집문당, 1998. 145~175쪽, 참조.

21_ 육상궁을 건축학적인 입장에서 연구한 논문으로는 朴玉珠, 「七宮의 정원구성 요소에 관한 연구」, 성균관 대학교 석사

입장의 논문은 육상궁을 조선시대 묘사廟祠제도를 알 수 있는 중요한 공간으로 파악하면서 그 구조와 설계에 주목하였다. 정치적인 입장에서 서술한 논문들은 육상궁의 건립 배경을 영조의 탕평책과 연관시켜 영조가 왕통의 정당성을 세우고 왕권을 강화하고자 육상궁을 건립했다는 해석을 내놓고 있다. 이러한 해석도 가능하지만, 당시 성리학적 의리론이 강하게 대두된 시기라는 점을 고려해보면, 이것은 오히려 왕통의 정당성을 더욱 약하게 할 수 있었다고 해석할 수도 있다. 따라서 기존의 해석만으로는 후궁이었던 생모를 굳이 국가의례의 대상신으로 만들었던 원인을 충분하게 이해하기에는 부족하다고 판단된다.

문소전, 영희전, 육상궁 이외의 왕실 조상신과 관련한 단편적인 논문들도 소수 있지만, 이 역시 사당의 건축 양식 및 미술사적인 변화를 중심 주제로 삼고 있다.[22] 이렇게 이 책이 다룰 다섯 왕실 조상신 의례의 대상들을 보면, 명백하게 유교의 종법제도에 위배되는 측면이 있다. 더불어 사친을 국가의례의 대상신으로 삼으려 했던 왕들은 사친에게도 적장자가 아니었기 때문에, 왕위에 오르기 전에도 생부에 대한 의례의 책임은 사실 없었다. 칠궁의 대상신은 부계혈통 중심의 유교의 종법제도뿐만 아니라, 유교의 조상 개념에서도 완전히 벗어난 경우이다. 당시의 정사正祀/음사淫祀라는 이념적인 틀로 보았을 때, 이것은 당연히 음사의 영역에 속하는 행동양식이었다. 정치적인 상황과 연관해 살펴보아도 이와 같은 왕실 조상신 의례가 생성된 것은 쉽게 이해할 수 없다. 조선을 중요한 정치적 변화에 따라 시기를 나누면, 국가의 기틀을 잡았던 세종대, 사림士林의 등장과 함께 국가의 기틀을 어느 정도 완성한 성종대, 사림의 본격적인 영향력이

학위논문, 2002; 정정남,「王辰倭亂 이후 南別宮의 公廟的 역할과 그 공간 활용-장서각 소장『소공동홍고양가도형』·『사대부가배치도형』의 분석을 통하여-」,『건축사연구』18, 한국건축역사학회, 2009가 있다. 정치적인 입장에서 서술한 연구 논문으로는 임민혁,「조선후기 영조의 孝悌논리와 私親追崇」,『조선시대 사학보』39, 조선시대사학회, 2006; 鄭景姬,「朝鮮後期 宮園制의 성립과 변천」,『서울학연구』23, 서울학연구소, 2004가 있다. 육상궁을 정치적인 측면에서 서술하면서도 그 의례에 집중한 연구로는「영조의 私親宮·園 조성과 幸行」,『장서각』15, 한국학중앙연구원, 2006이 있다.

22_ 비교적 최근의 연구들로는 아래의 것들을 참고할 만하다.
趙暎俊,「19世紀 王室財政의 危機狀況과 轉嫁實態: 壽進宮 財政의 事例分析」,『경제사학』44. 경제사학회, 2008; 조영준,「조선후기 궁방(宮房)의 실체」,『정신문화연구』31, 한국정신문화연구원, 2008; 정정남,「효종대 仁慶宮內 宮家의 건립과 그 이후 宮域의 변화」,『서울학연구』39, 서울학연구소, 2010; 정정남,「조선시대 壽進宮의 기능과 주변 박석[磚石]길의 의미해석」,『한국건축역사학회 학술발표대회 논문집』2011년도 추계학술발표대회 자료집, 2011 등이 있다.

발휘된 중종대, 양란이후 성리학적 이념에 따라 대명의리론大明義理論이 대두되고 탕평책으로 인해 왕권이 강화되었던 숙종대, 영조대, 정조대로 볼 수 있다. 이것은 국가사전이 편찬된 시기와도 거의 일치한다.

　사림의 영향력이 강했던 중종대에는 성리학적 정통론이 강조되면서 문소전은 종묘를 위협하는 것으로 여겨져 폐지논의가 일어나기도 했다. 조선후기에 본격화된 성리학적 의리론을 염두에 둔다면, 왕의 사친을 챙기기보다는 왕실의 정통성에 더욱 충실해야 했다. 또한 사림의 실제적인 정치력이 강화된 선조대에 선조 자신이 사친을 공식적인 의례의 대상신으로 삼았다. 양란을 겪은 후 피폐해진 국가를 회복시키고 혼란스러운 시대를 바로 잡으려는 과정에서 성리학적 의리론이 강조되었다. 이에 따라 종법에 따른 왕위 계승의 원칙이 준수되어야 했지만, 그렇지 못할 경우에는 혈통보다는 성인聖人이 왕위를 계승해야 한다는 기본 입장이 우세하였다. 적장자가 아닌 왕에게는 선왕이 생물학적인 생부보다 우선시되는 의리론적인 부자관계가 성립되어, 왕은 사친을 챙기기보다는 왕통에 따라 선왕을 생물학적인 아버지처럼 섬겨야 했다. 그럼에도 불구하고 조선후기 인조대부터 영조대에 이르기까지 왕의 혈통을 중심으로 한 사친은 꾸준히 의례의 대상이 되었다. 이렇듯 왕실 조상신의 생성과 변화의 과정은 유교적 이념이 공고해지는 정치사적인 흐름과의 상관관계만으로도 완전히 이해할 수 없으며, 정사/음사의 이념적인 틀로도 포착될 수 없다고 판단된다. 오히려 이것은 의례의 생성과정과 연관된 당대의 맥락과 조상신에 대한 왕의 태도를 통해서 이해될 수 있을 것이다.

　기존의 연구들이 주로 종묘를 중심으로 정치사적인 관점에서 이루어진 것은, 왕이 사친을 국가의례의 대상신으로 삼은 것을 조상신의 생성과 연관해서 생각하기보다는, 종묘에 부묘되는 추숭의 과정에만 관심을 기울였기 때문일 것이다. 하지만 조상신 의례가 당시 사회질서이자 국가 질서로 중심을 잡고 있었다는 사실을 생각해본다면, 비록 종묘에 비해 규모면에서나 비중에 있어서 차이가 있을지라도 다양한 왕실 조상신의 사당과 그 의례에 주목하지 않으면 안 될 것이다. 그동안 왕실 조상신은 연구 대상에서부터 소외되어 주목받지 못했다. 이 책은 조선시대 유교의 조상신 개념에 대한 전체적인 그림을 그리기 위해서, 그동안 간과되어 온 왕실 조상신에 주목할 필요가 있음을 제안하는 바이다.

유교의 종법제도와도 상관없이 보이고, 성리학적 이념에도 어긋나 보이는 대상들이 어떻게 공식적인 왕실 조상신 의례로 채택될 수 있었을까? 어떻게 이 의례들은 곧 바로 음사로 규정되지 않고 조선후기에도 생성되고 유지될 수 있었을까? 이러한 문제를 해결하려면 왕실 조상신이 결과적으로 국가의례로 채택되기까지의 상황과 과정에 주목할 필요가 있다. 음사로 취급될 만한 의례들이 곧 바로 음사로 규정되지 않고 결국 국가의례로 채택되었다는 사실에 주목하여, 각 의례들의 생성과정과 관련된 담론과 실천을 면밀히 분석해야 한다. 이 책은 위와 같은 기본적인 물음을 바탕으로 조선시대 다양한 왕실 조상신의 생성동인과 배경 그리고 그 성격을 '조상신'의 생성이라는 종교학적인 측면에서 살펴보고자 한다.

이 책은 의례를 다른 행동과 차별화시키는 행동방식이라고 보고, 그 결과보다는 형성과정에 주목한 캐서린 벨Catherine Bell의 '의례화Ritualization' 개념에 의존할 것이다.[23] 한국학계에서는 '의례화'라는 용어보다는 '예제화禮制化' 또는 '정례화正禮化'라는 개념도 통용되고 있지만, 이 두 용어는 의례가 제도로 정착하기까지의 과정보다는 그 결과에 더 주안점을 두는 경향이 있다고 여겨진다. 이미 제도화된 의례에 초점을 두게 되면 규범적이고 정치적인 문제에만 주목할 우려가 있다. 이 책은 '의례화'의 개념을 변화를 포함한 생략과 쇠퇴의 과정까지도 모두 포괄하는 넓은 의미로 사용하고자 한다. 사실, 의례의 '변화' 과정을 관찰하기 위해서는 그 생성과정뿐만이 아니라, 그 반대 방향인 쇠퇴 및 소멸의 과정도 함께 보아야 하기 때문이다. 생성과정은 의례공간의 확보, 의례의 생성, 의례의 추가, 의주儀註의 증가 등을 말한다. 반대로 쇠퇴과정은 의례공간의 축소와 의례의 축소, 대체, 간소화, 소멸 등을 말한다. 물론 이 책이 주목하는 것은 주로 조상신의 생성과정이 되겠지만, 만들어진 이후에 쇠퇴 및 소멸의 과정을 통해서

23_ Catherine Bell, Ritual Theory Ritual Practice, New York, Oxford: Oxford University Press, 1992; Catherine Bell, Ritual: Perspectives and Dimensions, New York, Oxford: Oxford University Press, 1997; 류성민 옮김,『의례의 이해-의례를 보는 관점들과 의례의 차원들-』, 한신대학교출판부, 2007을 참조할 것.

도 조상신에 대한 이념의 변화를 읽어낼 수 있다는 점에서 의례화의 양방향을 함께 살펴보고자 한다. 따라서 이 책이 사용하는 의례화 개념은 의례가 공식적인 자격을 갖추기까지의 과정들인 해당의례가 선택된 생성명분, 구체적인 공간인 사당의 확보, 실천적인 측면인 의례의 형성을 모두 포괄한다.

또한 이 책은 왕실 조상신의 의례화 과정을 보다 면밀하게 살펴보기 위해서는 기존의 정사/음사의 이분법적인 구조로는 분석하기에는 한계가 있다고 본다. 정사에도 음사에도 편입되지 않았던 의례의 중간 단계를 임의로 설정하여 '준정사準正祀(semi-proper ritual) · 준음사準淫祀(semi-improper ritual)'라고 명명하고자 한다.

이 책은 왕실 조상신의 의례화 과정을 살펴보면서 의례화의 생성 동인의 단서를 왕의 행동과 의례 대상에서 찾고자 한다. 다시 말해, 왕실 조상신 의례를 처음부터 음사로 규정되지 않게 하고, 각 시기별 주요한 정치적인 흐름까지도 넘어설 수 있도록 한 권위와 명분을 제공한 것이 바로 왕의 행동이었고, 그 대상이 왕의 생물학적 직계혈통이었다는 사실에서 찾고자 한다. 그 이유는 공식적인 논의와 합의의 과정을 거쳐서 합당한 명분과 체계적인 의례의 형태를 갖추기도 전에 왕이 반복적으로 친제를 단행하였고, 이것을 반복하였다는 공통적인 사실을 확인할 수 있기 때문이다. 또한 왕이 이렇게 행동을 하도록 이끌어낸 근원적인 동인을 의례 대상을 향한 왕의 마음이었다고 보고, 이것이 함축적으로 표현된 각 의례의 명분에 주목하고자 한다. 이 책은 각 의례의 명분과 왕의 친제의 행동을 각각 왕실 조상신 의례화의 내적 동인과 외적 동인으로 보고, 이것을 면밀하게 살펴보고자 한다.

또한, 공통적인 의례 생성의 동인과 과정을 살펴보고, 다섯 왕실 조상신의 의례화의 과정을 구체적으로 분석해 볼 것이다. 의례화의 동인으로 왕의 행동과 함께 그 명분이 무엇이었는지를 살펴보고, 구체적인 실천으로서의 의례의 종류와 절차, 그리고 의례화의 결과로 생성되거나 소멸된 왕실 조상신의 계보를 확인할 것이다.

이 책은 기존의 정치적 혹은 건축학적 관점으로 왕실 조상신 의례나 제도를 연구한 논문들을 활용하면서, 의례화 과정에 주목하는 종교학적 연구를 통해 한쪽 방향으로만 조명되었던 왕실 조상신에 관한 기존의 연구에 균형을 맞추고자 한다. 조선시대 종교문화의 다양성과 유연성을 풍부하게 이해할 수 있게 할 것이다.

이 책의 일차자료는 왕실 조상신 의례가 수록된 국가사전國家祀典이다. 완성되지는 못했지만 가장 처음 등장한 『세종실록오례의世宗實錄五禮儀』를 비롯하여, 이후 네 번의 예제禮制 개편을 통해 편집된 성종대의 『국조오례의國朝五禮儀』(1474)·영조대의 『국조속오례의國朝續五禮儀』(1744)·정조대의 『춘관통고春官通考』(1788)·고종대의 『대한예전大韓禮典』(1897)이다. 여기에 순종 원년(1907년 7월 23일)에 단행된 조선의 마지막 의례 개정안의 내용까지도 포함시킬 것이다. 그리고 각 의례가 생성되기까지의 시대적인 분위기와 상황을 알 수 있는 자료로 『조선왕조실록朝鮮王朝實錄』과 『승정원일기承政院日記』를 일차자료로 삼는다.

이 책은 크게 여덟 부분으로 구성된다. 다소 생소한 연구대상을 효과적으로 이해하기 위해, 귀납적인 서술방식을 택하였다. 2장과 3장은 이 책이 제시하는 왕실 조상신의 두 모델과 왕실 조상신 의례의 분석 방법을 먼저 논의함으로써 앞으로 다룰 다섯 의례들의 이해의 토대로 삼고자 한다. 2장에서는 일반적인 조상신과 구분되는 왕실 조상신의 성격과 배경에 대해서 논의할 것이다. 왕실 조상신의 범주를 '이념적 왕실 조상신 모델'과 '정서적 왕실 조상신 모델'로 분류하고, 생성명분의 성격, 의례, 계보의 성격 등을 기준으로 비교할 것이다. 3장에서는 정서적 왕실 조상신 모델을 이해하기 위한 공통 생성동인을 내적동인과 외적동인으로 나누어 살펴보고, 정서적 왕실 조상신의 의례화를 포착하기 위한 기본적인 틀로서, 의례화의 세 가지 구조를 '정사─준정사·준음사─음사'로 제시할 것이다. '준정사·준음사'라는 중간단계를 통해서 어떻게 설명될 수 있는지를 논의하고, 결과적으로 정사의 범주가 어떻게 변화되었는지 볼 것이다.

4장에서 8장까지는 2장과 3장에서 미리 살펴본 왕실 조상신 두 모델의 성격의 차이와 정서적 모델의 의례화의 구조를 통해서 정서적 왕실 조상신이 생성되는 과정과 그 구체적인 내용을 확인하는 것이다. 연구대상의 순서는 사당의 규모를 기준으로 문소전, 영희전, 칠궁, 덕흥대원군묘, 세자묘 등으로 하였다. 사당의 규모는 곧 의례의 규모와 조상신의 위격과도 어느 정도 일맥상통한다는 점에서 비교적 규모가 큰 것을 우선순위로 하였다. 각 장의 구성은 기본적으로 왕실 조상신 의례의 생성 동인으로서의 왕의 행동과 명분, 의례의 형성과 변화, 그리고 그 결과 생성된 왕실 조상신 계보 등의 세 부분으로 이루어질 것이다.

4장에서는 조선전기 대표적인 원묘이자 정서적 왕실 조상신 사당 중 가장 처음으로 건립된 문소전에 주목할 것이다. 먼저, 문소전의 생성과 관련된 담론을 살펴볼 것이다. 고려의 전통을 그대로 이어받은 원묘가 종묘와 이중적으로 지속될 수 있었던 명분이 무엇이고, 이후 추가된 왕실 조상신 사당에 어떤 영향을 끼쳤는지를 살펴볼 필요가 있을 것이다. 둘째, 세종대에 문소전이 공식적으로 설립되기 이전의 원묘라 할 수 있는 구문소전과 광효전이 어떻게 운용되었고 변형되었는지를 고려의 원묘와 비교할 것이다. 세종대에 조선전기의 원묘인 '문소전'이 만들어지고, 이후의 겪었던 공간과 의례의 변화과정도 살펴볼 것이다. 셋째, 구체적인 의례의 종류와 시일, 변화과정을 살펴보고, 문소전 의례가 정사의 범주에 속하게 되면서 형성된 정서적 왕실 조상신의 계보적 특성을 확인할 수 있을 것이다.

5장에서는 조선후기 대표적인 진전이었던 영희전의 의례화를 다룰 것이다. 첫째, 영희전의 전신이라 할 수 있는 광해군대의 남별전南別殿과 인조대의 숭은전崇恩殿의 의례화를 살펴볼 것이다. 여기서는 전란이라는 상황에서 구진전의 어진들이 일시적으로 봉안되었던 사실과 그로 인한 공간상의 변화에 주목한다. 그리고 인조가 자신의 생부의 사당을 이곳에 마련하게 된 과정과 동인을 남별전과 연관해서 분석할 것이다. 둘째, 숭은전이 영조대에 국가사전에 상정되어 정사로 되기까지의 과정을 살펴볼 것이다. 숙종대와 영조대에 성리학적 의리론이 강조되고 왕권이 더욱 강화된 시대적인 상황에서, 영희전의 의례화가 어떻게 가능할 수 있었는지를 살펴볼 것이다. 또한 임진왜란 이후 문소전이 복원되지 않았던 상황에서 진전이 성립할 수 있었던 동인을 조상신과 관련하여 확인할 것이다. 영희전 의례가 정사의 범주에 속하게 되면서 어떤 계보가 생성되었는지를 확인하게 될 것이다.

6장에서는 왕의 생모였던 후궁들을 모신 칠궁의 의례화를 다룰 것이다. 첫째, 칠궁 중 가장 먼저 생성된 육상궁이 자리 잡을 수 있었던 유교의 명분과 근거가 무엇이었는지를 확인할 것이다. 둘째, 초기 숙빈묘에서 육상궁으로 이어지는 의례화를 추적해 볼 것이다. 이 과정에서 숙빈묘와 비슷한 사례에 해당되는 봉자전이 어떠한 명분과 과정을 통해서 생성되고 폐지되었는지를 간략하게 검토할 필요가 있다. 봉자전과 비교하여 숙빈묘의 의례화는 어떠한 점에서 달랐고, 어떠한 동인에 의해 정례正禮로 정착될 수 있었는지를 확인할 것이다. 여기서는 숙종대부터 영조대가 왕권이 강화된 시기였으며, 성리학적 의리론이 강화된 시기였다는 상황도 고려할 것이다. 셋째, 이렇게 생성된 육상궁과 이후의 여섯 개의 궁들의 구체적인 의례의 절차, 시일, 축문의 내용 등을 살펴볼 것이다. 넷째, 칠궁 의례가 정사의 범주로 편입되면서 새롭게 추가된 왕실 조상신의 계보적 성격에 대해 규명할 것이다.

7장에서는 선조의 사친을 모신 덕흥대원군묘의 의례화를 다룰 것이다. 먼저, 사가私家에 있던 덕흥대원군묘가 무엇을 계기로 공론화되었고, 어떤 유교의 명분이 선택되어 공식적인 의례로 승격화될 수 있었는지를 살펴볼 것이다. 둘째, 덕흥대원군묘의 위격이 어떻게 달라졌는지 사당의 중심, 제사 주체, 봉안세대, 의례의 절차 및 축문 등을 통해서 살펴볼 것이다. 셋째, 덕흥대원군묘 의례가 정사로 되면서 사묘私廟 의례의 표본이 되었다는 사실과 결과적으로 생성된 왕실 조상신 계보가 무엇인지를 논의할 것이다.

마지막으로 8장에서는 세자묘의 의례화를 다룰 것이다. 첫째, 세자묘 중에서 가장 먼저 생성된 명종대의 순회묘의 의례화를 중점적으로 살펴볼 것이다. 후사를 남기지 못하고 죽은 순회세자에 대한 의례가 어떤 계기로 공론화되었고, 그 명분은 무엇인지를 확인할 것이다. 둘째, 순회묘가 건립된 이후 세 세자묘가 어떻게 확립되었고, 세자묘만의 특징을 사당의 형태, 봉안 대수의 원칙, 묘호의 유무 등을 통해서 살펴볼 것이다. 셋째, 세자묘 의례의 위격을 의례의 종류와 축문, 신주 등을 통해서 생각해볼 것이다. 결과적으로 세자묘 의례가 정사의 범주에 속하게 되면서 어떤 계보를 형성할 수 있었는지를 설정해 볼 것이다.

왕실 조상신의 이중적 모델:
이념적 모델과 정서적 모델

02 —————

조선시대 '왕실 조상신'은 종묘의 선왕·선후와 그 밖의 여러 사당에서 제향한 조상, 두 가지 범주 모두를 포괄한다. 왕실 조상신이 두 가지 범주로 설정되었던 것은 조선이 왕조국가였기 때문이다. "국가"는 "왕가王家"로 전환될 가능성이 높았고, 왕가는 "국을 대표하는 가家"로서 사대부가나 민가와는 다른 공적인 성격을 강하게 지니고 있었다.[1] 공적인 성격과 더불어 왕실은 왕을 중심으로 하는 가족이라는 사적인 성격도 지니고 있었다. 왕실은 왕 중심의 정치를 하였던 시대였다는 점에서 사대부가와 대중들의 모범이자 표본이 되어야 하는 공적인 영역에 속했지만, 동시에 왕을 가장으로 하는 왕가라는 사적인 영역에도 속하는 이중적인 범주 안에 있었다. 왕실이 처했던 공·사의 이중적인 상황과 위치는 왕실 조상신과 관련해서도 동일하게 적용되었다고 할 수 있다.

1_ 이한수는 조선시대 '가(家)의 질서'와 '국가의 질서' 사이의 연속과 단절의 문제가 정치의 핵심적인 논쟁이었는데, 특히 세종대에 "국가"에 대해 많은 논의가 있었다는 점에 주목하였다. 그에 따르면, 조선은 왕조국가의 특성상 "국가"는 "왕가"로 전환될 가능성이 높다. 왕가는 "국을 대표하는 가"로서 사대부가나 민가와는 다른 공적인 성격을 강하게 지니고 있다. 그러나 조선의 정치가들은 "국가"가 "왕가"로 환원되는 것을 경계하였고, 이런 과정에서, '가'와 '국가'의 긴장관계가 지속적으로 이루어졌다. '가'의 질서에 따라 처리하는 것은 '사정(私情)'이며, 국가 질서에 따라 처리하는 것을 '공도(公道)'라고 한다. 이렇게 가와 국가의 질서에서 파생되는 문제는, 이를 예(禮)와 법(法), 경(經)과 권(權), 그리고 문(文)과 무(武)의 긴장 관계를 통해서 고찰하고 있다. 이에 대한 구체적인 내용은 이한수, 『세종시대 '家'와 '國家'』, 한국학술정보, 2006을 참조할 것.

이상적인 조건 하에서는 종법제도에 따라 재위에 올랐던 왕이 죽은 후, 왕통을 잇는 선왕이 되고 혈통으로도 다음 왕의 생부가 되어야 했다. 이때 '왕통'은 혈통을 전제로 한 개념으로, 동일 혈통 내에서 왕위를 계승하는 것을 말한다. 다시 말해, 재위에 있던 왕은 사후에 후대 왕의 이념적 조상신이면서 동시에 정서적 조상신이 되어야 했다. 그러나 후대로 갈수록 혈통을 중심으로 한 적장자가 왕위에 오르지 못하는 경우가 발생하였고, 왕통과 혈통의 계보가 일치하지 않는 예상치 못한 일이 발생하기 시작했다.[2] 왕통을 중심으로 한 조상신과 혈통을 중심으로 한 조상신이 일치하지 않게 되었고, 설사 왕통과 혈통이 일치하는 경우일지라도, 왕들이 종묘에서의 의례만으로는 만족하지 못했다.

이글은 이러한 왕실의 성격을 반영하여 왕실 조상신의 범주를 '이념적 왕실 조상신 모델ideological royal family ancestor model'과 '정서적 왕실 조상신 모델emotional royal family ancestor model'이라는 이름으로 나누어 보고자 한다.[3] 이념적 모델의 대상은 종묘에 모셔져 있는 선왕·선후이며, 정서적 모델은 종묘만으로 여과될 수 없었던 여타 다른 공식적인 의례에서 모셔진 왕실 조상신들을 대상으로 한다. 정서적 모델의 기준은 생물학적 직계혈통이다. 이에 따라 이념적 왕실 조상신 모델에 속한 대상이 정서적 왕실 조상신 모델에 속하는 경우도 있다.

이글이 사용하는 '이념적'이라는 말은 국가를 대표하는 공적인 규범·제도·질서를 상징하며, '왕통'을 중심으로 한 이상적이고 이념적인 계보를 유지하려고 했던 조상신 계보를 의미한다. 이와는 달리, '정서적'이라는 말은 왕 개인의 생물학적·존재론적·정서적 질서order의 근간을 상징하며, 보편적인 '조상신'이 가지는 가장 중요한 성격 중 부모와 자식 간의 긴밀한 정서적 힘emotional power을 표현한 조상신 계보를 의미한다. 정서적 모델은 조상신과 후손 사이의 강한 친밀감power of affinity을 근간으로 하는 조상

2_ 조선시대 적자계승으로 왕위에 오른 경우는 문종, 단종, 연산군, 인종, 현종, 숙종, 순종 일곱 왕뿐이었다.

3_ 유형이 이상적인 형태로 실제적인 상황과는 거리를 둔 관념적인 것이라면, 반면 모델은 실제적인 상황을 집약한 구체적인 형태로 드러나는 것이라고 할 수 있다.

신에 대한 실제적·대중적·관성적 관념이 투영된 것이다. 물론 왕통과 혈통이 일치하는 경우도 있기 때문에 왕통과 혈통이 반드시 대비되는 개념은 아니다. 단지 이글에서 사용하는 왕통 개념은 종묘에 신주가 있는 왕위계승의 계보를 가리키며, 혈통개념은 재위왕의 직계혈통을 말한다.[4]

두 왕실 조상신의 범주는 구체적으로 생성명분의 성격, 의례의 성격, 그리고 그 결과로 생성된 왕실 조상신 계보라는 세 가지 기준으로 구분될 수 있다. 각 사당을 합법적으로 생성시킨 명분, 국가 의례 분류체계에서 어디에 속하는지, 그리고 의례가 생성되고 지속된 결과로 만들어진 조상신 계보를 중심으로 비교할 수 있다.

첫 번째 왕실 조상신을 구분하는 기준은 생성명분의 성격이다. 두 모델의 사당들이 성립할 수 있었던 유교 명분의 성격에 따른 구분이다. 이념적 왕실 조상신의 사당이었던 종묘는 조선초기부터 좌묘우사左廟右社(왼쪽에는 종묘, 오른쪽에는 사직)의 원칙에 따라, 국가의 정묘正廟이자 실질적인 중심 제장祭場이었다. 국가의 상징이자 공적인 법칙과 규범이 엄격하게 적용된 곳이라 할 수 있다.

반면, 정서적 왕실 조상신의 사당들은 情(私情)에 호소하는 조상신을 의례화하는 과정에서 생성되었다. 앞으로 살펴보겠지만, 종묘에 모신 몇몇 왕들의 신주 및 영정을 이중적으로 봉안한 원묘인 문소전과 진전인 영희전은 친친지의親親之義, 왕의 생모이자 후궁을 모신 칠궁은 모이자귀母以子貴, 그리고 선조의 생부를 모신 덕흥대원군묘는 소생지은所生之恩, 세자였던 생자를 모신 사당인 세자묘는 애통지지정哀痛之至情이 생성명분이었다. 생성명분이 모두 사적인 情과 연관되어 있다. 이러한 점에서 정서적 왕실 조상신 사당들은 왕실의 사적인 가묘家廟이자 사묘私廟에서 출발하였다는 것을 알 수 있다.

두 번째 왕실 조상신의 모델을 구분하는 기준으로 의례의 성격을 들 수 있다. 국가 의례 체계에서 각 모델이 어디에 속했는지에 따라 의례의 규모, 성격 및 역할이 다르다. 두 모델의 성격은 물론 위상 내지 격이 어떻게 달랐는지도 확인할 수 있다. 종묘의

4_ '왕통'에 대비되는 용어로 '혈통'을 쓸 수도 있지만, 이글의 연구대상은 어버이와의 정서적 친밀감을 바탕으로 생성된 조상신 계보라는 점에서 '정서적'이라는 용어를 선택하였다.

례는 국가건국과 함께 초기부터 국가사전에 대사大祀[5]로 분류되었다.

구체적인 종묘의례는 사맹월四孟月과 납일臘日에 행하는 정기제가 대표적이다. 그리고 속절俗節—정조正朝·한식寒食·단오端午·추석秋夕·동지冬至·납일—과 삭망朔望에 행하는 의례, 매달 행하는 천신제薦新祭가 있다. 임시제로는 국가에 재해가 생기거나 특별한 행사가 있을 때 그 연유를 알리는 기고제祈告祭가 있다. 그리고 봄과 가을에 영녕전에서 행하는 의례 등이 있다. 종묘의례는 가장 이상적이고 정교한 형태의 조상신 의례로서 '정례正禮'라는 상징적인 의미뿐만 아니라, 실질적인 국가 질서와 규범과 연관된 중요한 실천행위였다. 대표적인 종묘의례인 '사시급납향종묘의四時及臘享宗廟儀'의 기본절차를 보면, 선왕·선후를 제향하는 절차와 칠사七祀를 제향하는 절차, 그리고 배향공신配享功臣을 제향하는 절차의 삼층 구조로 되어 있다. 단순히 선왕·선후만이 아니라 국가의 안녕을 위해 공헌한 배향공신도 함께 모신다는 점에서, 종묘의례는 그야말로 국가를 상징하는 대표적인 의례였고 종류와 절차도 커다란 변화 없이 지속되었다.

정서적 조상신 의례들은 "속제俗祭"의 영역으로 분류되었다. 속제는 대사·중사·소사의 기준과 범위에는 벗어나지만, 그렇다고 폐기할 수도 없었던 왕실의 조상신과 관련된 의례들을 모아놓았다고 할 수 있다. 고려시대부터 지속되어 온 왕실 의례들을 완전히 폐기하지 못하고 유교 의례 체계로 재편성하면서 따로 상정된 영역이라고 할 수 있다.[6] 따라서 속제에 속한 의례들은 사적인 정情의 성격이 강한 '정례情禮'라고 할 수 있다. 이는 정례正禮와 대비되는 개념으로 '정사情祀', '속례俗禮', '별제別祭'라고도 하였다.

속제에 속했던 정서적 조상신 모델의 의례들은 원묘의례, 진전의례, 칠궁의례, 덕흥대원군묘 의례 그리고 세자묘 의례가 있었다. 정서적 모델 의례들은 그 이름만큼 다양했으며, 규모와 내용이 각각 달랐다. 기신의례를 비롯하여 봄, 가을 정기의례 등 다양

5_ 이러한 세 가지 분류 방법은 가장 보편적이고 일반적인 기준에 따른 것이다. 제사의 규모에 따라 봉헌되는 제물과 희생도 달라진다(『周禮』「肆師」. "立大祀 用玉帛牲牷 立次祀 用牲幣 立小祀 用牲."). 제사를 드리는 주체가 누구냐에 따라 제사의 등급이 매겨지기도 한다. 천자는 모든 신들에게 제사를 드릴 수 있는 자격이 있으며, 제후는 자신이 부여받은 영역에 있는 신들에게만 제사를 드릴 수 있다(『禮記』「祭法」. "有天下者祭百神 諸侯在其地則祭之 亡其地則不祭.").

6_ 이에 대해서는 이글 4장에서 다루고 있다.

하게 행해졌다. 또한 종묘와는 달리 의례의 변화 과정이 매우 유동적이었다. 처음부터 일정한 원칙에 의해서 만들어진 것이 아니라, 사당이 생성된 이후에 해당 의례들을 나름의 격에 맞추어 구성해가는 과정이 있었기 때문이다.

또한 종묘와는 달리 의례의 변화과정이 매우 유동적인 모습을 보였다. 처음부터 일정한 원칙에 의거해서 만들어진 것이 아니라, 사당이 생성된 이후에 해당 의례들을 나름의 격에 맞추어 구성해가는 과정이 있었기 때문이다. 의례규모뿐만 아니라 그 세부 항목들에 있어 종묘의례는 초기부터 고정적이었던 반면, 정서적 조상신은 조선시대 내내 산발적으로 생성되었고, 의례의 규정과 종류도 다양하게 나타났다.

세 번째 왕실 조상신 모델을 구분하는 기준으로 중심 계보를 주목할 필요가 있다. 이념적 왕실 조상신 모델은 왕통을 중심으로 이루어진다. 왕통은 위차位次라고도 하며, 대의명분에 따라 왕위에 올랐거나 왕으로 추존된 선왕·선후의 계보로 정치적인 계승을 중심으로 한다. 주지하다시피, 왕통 중심의 조상신은 종묘[7]에 봉안된다. 조선의 27대 왕 중에서 현재 종묘 정전에는 19위의 왕과 29위의 왕후가, 영녕전에는 태조의 사대조4代祖를 비롯한 16위의 왕과 18위의 왕후가 각각 봉안되어 있다.[8] 선왕·선후가 종묘에 봉안되기 위해서는 '조공종덕祖功宗德'[9]의 원칙에 따라, 묘호廟號[10]를 부여받아야 했

7_ 흔히 '종묘'라고 할 때는 공간적인 측면에서 종묘 정전뿐만 아니라 영녕전까지를 포함하지만, 의례의 측면에서는 종묘 의례와 영녕전 의례를 분리해서 지칭한다.

8_ 태조 이성계는 자신의 4대 조상인 목조·익조·도조·환조를 이씨의 시조(始祖)로 삼아 조경묘(肇慶廟)를 설립하고 봉안하였다. 이후 조선은 이들을 종묘에도 봉안하고 종묘의례의 대상신으로 삼았다. 그러나 이들은 조선이 건국되기 이전의 태조의 조상신들이었기 때문에, 조선건국 이후 왕실 조상신의 생성과 변화를 충분히 담지하고 있지 못하다고 판단되어 이글의 대상에 포함시키지 않는다. 또한 왕실 조상신은 역대 시조들과도 구분된다. 역대 시조들은 조선 건국에 공로를 세웠다고 판단되는 선대왕(先代王)들이다. 조선은 이들의 공로를 인정하고 그 전통을 이어간다는 의미에서 국가 의례의 대상신으로 삼아, 향역대시조의(享歷代始祖儀)에서 중춘(仲春)과 중추(仲秋)에 제향하였다. 그러나 이들은 왕실 조상신 의례의 대상신이 아니었다.

9_ 국가를 창업하거나 국난에서 국가를 구하고 국가의 무질서와 혼돈을 바로 잡는 대업을 이룬 경우에는 '조'를, 선왕의 정통을 이어서 태평성대를 계속 이어간 경우에는 '종'자를 붙인다. 그러나 조공종덕의 기본적인 원칙은 철저하게 지켜지지 않았고 시기에 따라 예외적인 상황이 발생하면서 복잡한 형태를 띠게 되었다.

10_ 묘호는 중국 고대부터 있었다. 생전에 공덕이 있는 황제에게만 묘호가 부여되었다. 전한(前漢)-후한(後漢)시기에는 오직 고조와 세조에게만 묘호가 올려졌다. 당나라 때부터는 거의 모든 황제에게 묘호가 올려졌다. 그러나 대부분 '종'자의 묘호를 받았다. 송나라 때에는 태조만이 '조'자의 묘호를 받았다. 명나라 때에는 오직 태조와 성조만이 '조'자의 묘호를 받았다. 또한 나라를 개국한 황제의 묘호는 일반적으로 '태조', '고조', '세조'로 정하였다. 그리고 제후는 직계 선조의 4대를, 천자는 직계 선조의 5대를 추증(追贈)하여 '조'자를 붙여 종묘에 올릴 수 있었다. 한국의 경우, 문헌상 신

다. 묘호를 올린다는 것은 재임했던 왕이 종묘의례의 대상신이 되어 공식적인 국가의 례를 받는 자격을 얻게 되었다는 것을 의미한다.[11] 따라서 종묘는 왕통 중심의 조상신 계보와 '제도적 정통성'이라는 상징적인 의미를 내포한다고 할 수 있다.

이와는 달리, 정서적 왕실 조상신 모델은 혈통을 중심으로 이루어진다. 혈통은 세차 世次라고도 하며, 정리情理에 따라 조상신으로 모셔진 경우이다. 여기에는 선왕·선후를 비롯해서, 왕의 혈통과 연관된 생부·생모·생자가 모두 포함된다.

정서적 왕실 조상신 모델에 대한 이해를 돕기 위해, 봉안된 대상신들을 보면 〈표 1〉 과 같다. 먼저, 각 의례가 행해진 사당들은 규모에 따라 전殿·궁宮·묘廟로 나뉘었다. 전殿에는 문소전과 영희전, 궁宮에는 칠궁이었던 육상궁·저경궁·대빈궁·연호궁· 선희궁·경우궁·덕안궁, 묘廟에는 덕흥대원군묘와 세자묘였던 순회묘·소현묘·의소 묘·문희묘가 각각 속한다.

라의 무열왕(제29대, 604~661)에게 '태종'이라는 묘호가 처음으로 올려졌다. 고려시대에는 태조 왕건(제1대, 877~943) 에게만 '조'자의 묘호를 올렸으며, 원나라의 간섭을 받던 시기의 왕들(충렬왕·충선왕·충숙왕·충혜왕·충목왕·충정 왕·공민왕·우왕)을 제외하고는 모두 '종'자의 묘호를 올렸다.

11_ 첫째, 왕위에 재임했었던 왕만이 묘호를 받을 수 있었던 것은 아니었다. 이런 경우는 후대에 이르러 왕은 아니었지만, 왕족에게 묘호를 올려 종묘에 모셨던 것으로, 세자로 책봉되었다가 왕위에 오르기 전에 일찍 죽었거나, 후대의 왕이 적통이 아닌 경우 자신의 직계 조상을 찾아 묘호를 부여했던 일이 해당된다. 예컨대, 문조(文祖, 1809~1830)는 헌종의 아버지 효명세자로, 왕위에 오르지 못했지만, 헌종 원년(1834)에 왕으로 추존되면서 '익종(翼宗)'이라는 묘호를 받았 다. 이후 고종 4년(1897)에 고종이 황제로 즉위하면에, 왕위의 정당성을 얻기 위해 문조를 자신의 아버지로 삼았다. 그 러면서 묘호를 황제의 격에 맞추어 '문조익황제文祖翼皇帝'로 추존하였다. 또한, 덕종은 세조의 아들이자 성종의 아버 지인 의경세자로, 성종 7년(1476)에 '덕종'이라는 묘호를 받았다. 원종은 선조의 서자 중 5남이자 인조의 아버지인 정 원군으로, 왕위에 오르지 못했지만 인조 10년(1632)에 '원종'이라는 묘호가 올려졌다. 장조(莊祖, 1735~1762)는 영조의 아들 사도세자로, 왕위에 오르지 못했지만 '장종(壯宗)'이라는 묘호가 올려졌다. 고종 36년(1899)에 '장종'이라는 묘호 를 '장조'라고 고쳐 올렸다. 이후 고종 4년(1897)에 고종이 황제로 즉위하면서, 장조는 고종의 4대조인 고조로서 묘호 를 황제의 격에 맞추어, '장조의황제莊祖懿皇帝'로 추존하였다. 이들이 종묘에 모셔지기까지는 여러 정치적인 문제와 얽혀 있었다. 이러한 정치적인 문제와 상관없이 태조의 4대조인 목조·익조·도조·환조는 태조의 직계조상이었기 때문에 모셔졌다. 둘째, 왕위에 올랐지만 끝내 묘호를 받지 못하고 종묘에서 제외된 왕들도 있다. 연산군과 광해군은 폐위된 임금으로 묘호가 없으며, 따라서 종묘에 모셔지지 못함으로써 왕실 조상신이 될 수 없었다.

<표 1〉정서적 왕실 조상신 의례의 대상신과 생성 계보

사당명		대상신	생성 계보
전(殿)	문소전	태조·태종·세종·문종·세조·예종·성종·중종·인종·명종+선후	왕통생부왕실조상신
	영희전	태조·세조·원종·숙종·영조·순조	(비)왕통생부왕실조상신
궁(宮)	칠궁	영조의 생모 숙빈 최씨·원종의 생모 인빈 김씨· 경종의 생모 희빈 장씨·진종의 생모 정빈 이씨· 장조의 생모 영빈 이씨·순조의 생모 수빈 박씨· 영친왕의 생모 엄귀인	후궁생모왕실조상신
묘(廟)	덕흥대원군묘	선조의 생부 덕흥대원군	비왕통생부왕실조상신
	세자묘	순회세자묘:명종의 맏아들 순회세자 소현묘: 인조의 맏아들 소현세자 의소묘: 장조의 맏아들 의소세자 문희묘: 정조의 맏아들 문희세자	무후자왕실조상신

각 사당에 봉안된 대상신들을 모두 살펴보면, 문소전에는 태조·태종·세종·문종·세조·예종·성종·중종·인종·명종과 왕후들이, 연은전에는 덕종, 영희전에는 태조·세조·원종·숙종·영조·순조가 봉안되었다. 칠궁에는 영조의 생모 숙빈 최씨·원종의 생모 인빈 김씨·경종의 생모 희빈 장씨·진종의 생모 정빈 이씨·장조의 생모 영빈 이씨·순조의 생모 수빈 박씨·영친왕의 생모 엄귀인이 대상신이었다. 덕흥대원군묘에는 선조의 생부인 덕흥대원군이, 순회묘에는 명종의 맏아들 순회세자, 소현묘에는 인조의 맏아들 소현세자, 의소묘에는 장조의 맏아들 의소세자, 문희묘에는 정조의 맏아들 문희세자가 대상신이었다. 또한 각 사당에 봉안된 대상신들을 보면, 생성계보를 알 수 있다. 문소전에는 왕통생부왕실조상신 계보가, 영희전은 (비)왕통생부왕실조상신 계보가, 칠궁에는 후궁생모왕실조상신 계보가, 덕흥대원군묘에는 비왕통생부왕실조상신 계보가, 세자묘에는 무후자왕실조상신 계보가 생성되었다. 선왕·선후를 비롯해서, 왕의 혈통과 연관된 생부·생모·생자가 모두 포함되었음을 확인할 수 있다.

정서적 왕실 조상신 의례의
생성동인과 과정

03 ————

생성동인

의례화의 세 단계: 情祀—準正祀 · 準淫祀—正祀

앞장에서 조선시대 왕실 조상신의 범주가 이념적 왕실 조상신 모델과 정서적 왕실 조상신의 이중적 모델로 분류될 수 있음을 확인하였다. 그리고 두 모델의 차이점을 생성명분의 성격, 의례의 성격, 그리고 조상신의 중심 계보라는 세 가지 기준으로 나누어 살펴보았다. 이러한 이해를 바탕으로, 정서적 모델이 처음부터 正祀로 결정되어 고정된 형태로 유지된 것이 아니라, 오랜 논의와 일련의 과정을 거쳐 생성되었다는 점에 주목할 필요가 있다. 정서적 왕실 조상신의 생성 과정의 특성을 이해하기 위해서, 먼저, 왕의 사적인 조상신 의례가 국가의 공인을 받아 생성될 수 있었던 공통적인 동인을 면밀하게 살펴볼 것이다. 그리고 나서 의례가 실천된 공간, 시일 및 절차 등이 생성되고 변화되는 의례화의 공통적인 과정을 분석할 것이다.

1. 생성동인

1) 내적 동인: 생물학적 보본반시의 마음, 情

정서적 왕실 조상신 의례를 생성시킨 내적 동인을 한마디로 말한다면, 생물학적 부모(조상신)에 대한 '情의 마음' 또는 '情(私情)'이라 할 수 있다. 돌아가신 부모에 대한 마음을 단박에 끊지 못하고 가까이에서 모시고자 하는 마음으로, 일반적인 조상신 의례의 동기이면서 근본적인 원인이다. '마음'이라는 말을 '情'으로 치환할 수는 없지만, 마음의 영역 중 부모에 대한 사랑 내지는 강한 친밀감의 감정을 함축적으로 담고 있는 용어이다.

돌아가신 부모에 대한 마음, 情은 '보본반시報本反始'의 유교 이념을 통해서 선명해진다. 『禮記』에 의하면, 만물은 하늘天에 근본本을 두고, 인간은 선조祖에게 근본을 두고 있다. 이것이 선조를 상제上帝에게 배향하는 이유이다. 교제郊祭는 크게 근본에 보답하고 근원始으로 돌아가는 것이다[1] 라고 하였다. 또한 『荀子』에 의하면, 禮에는 세 가지 근본이 있는데, 하늘과 땅은 모든 생명의 근본이고 선조先祖는 종족의 근본이고 임금과 스승은 다스림의 근본이다. 그러므로 禮는 위로는 하늘을 섬기고 아래로는 땅을 섬기며 선조를 높이고 임금과 스승을 높이는 것이다[2] 라고 하였다. 두 고전을 종합해보면, 하늘이 생명의 근본이라면, 조상은 자신을 비롯하여 가족, 가계의 근본이자 근원이다. 그러므로 조상을 기억하고 기념하는 조상신 의례는 자신의 근본이자 생명의 근원에 보답하는 보은報恩의 실천행위이며, 禮의 세 가지 근본 중 하나로서 중요한 의미를 가진다.

보본반시의 이념은 유교 의례의 핵심적인 명분이면서 禮, 곧 질서의 근간이 된다. 그렇다면 정서적 왕실 조상신 제사와 보본반시를 연관해서 보았을 때, 조상신을 향한 情의 마음이 구체적으로 어떻게 표현되었을까? 각 의례의 명분으로 무엇이 선택되었는지를 살펴보면 알 수 있을 것이다.

문소전과 영희전의 친친지의, 육상궁의 모이자귀, 덕흥대원군묘의 소생지은, 순회묘의 애통지지정의 명분은, 모두 情의 마음에서 비롯된 것이다. 이것이 정서적 왕실 조상신의 내적 생성 동인이었다고 할 수 있다. 각각의 명분을 친친지의의 마음情, 모이자귀

1_ 『禮記』「郊特牲」. "萬物本乎天 人本乎祖 此所以配上帝也 郊之祭也 大報本反始也".

2_ 『荀子』「禮論」. "禮有三本 天地者 生之本也 先祖者 類之本也 君師者 治之本也 … 故禮 上事天 下事地 尊先祖而隆君師 是禮之三本也."

의 마음情, 소생지은의 마음情, 애통지지정의 마음情이라고 표현해도 좋을 것이다.

보본반시의 유교이념을 근간으로 하는 조상신 의례를 정서적 모델의 내적 동인과 연관해서 보면, '생물학적 보본반시'가 더 정확한 표현일 듯하다. 이에 반해, 국가의 상징이자 공적인 법칙과 규범이 엄격하게 적용되는 이념적 왕실 조상신에게 적용된 명분은 '의리론적 보본반시'였다고 할 수 있다.

〈표 1〉 정서적 왕실 조상신 의례의 내적 생성 동인

생물학적 보본반시의 情=명분	親親之義(문소전 · 숭은전) 母以子貴(육상궁) 所生之恩(덕흥대원군묘) 哀痛之至情(순회묘)

생물학적 보본반시의 마음을 부모에 대한 '孝'로 압축적으로 말할 수도 있을 것이다. 효의 명분은 유교 제사의 근본이념인 보본반시에 충실한 것이기 때문에, 돌아가신 부모를 살아계신 것처럼 섬기고, 곁에 계신 것처럼 모시는 것을 孝[3] 라고 보았다. 돌아가신 부모를 모시는 것을 하늘을 섬기는 것事天[4] 것과 같으며, 이것을 효라고 보았을 만큼 중요하게 여겼다.

부모에 대한 情을 표현한 명분들이 효와 연관되어 있다고 해서 무조건적으로 받아들여진 것은 아니다. 언제나 禮의 틀 안에서 그 합법성의 여부가 논의되었다. 『예기』에 의하면, 禮는 사람의 情에서 나온 것으로, 그것을 조리에 맞게 형식화하여節文 백성들의 경계坊로 삼는 것이다.[5] 라고 하였다. 예는 사람의 정에서 비롯된 것으로, 예를 통해서 정을 표현한다는 것이다. 동시에 일정한 형식과 시대적인 이념의 틀, 즉 나름의 질서 안에서 표현될 수 있도록 한 일종의 경계선을 제시한다. 이 틀 안에서 정을 표현해야만 하는 것이 예이며, 이것에서 지나치게 情의 마음 쪽으로 기울면, 효의 의미도 퇴색

3_『中庸』 19장. "事死如事生 事亡如事存 孝之至也."

4_『禮記』 「哀公問」. "仁人之事親也如事天 事天如事親 是故孝子成身."

5_『禮記』 「坊記」, "禮者 因人之情 而爲之節文 以爲民坊者也."

되는 것으로 여겨졌던 것이다. 하지만 정서적 모델의 내적 생성동인은 적극적인 왕의 행동으로 나름의 독특한 과정을 통해서 지속적으로 발현될 수 있었다.

2) 외적 동인: 왕의 반복적인 親祭

생물학적 보본반시의 情의 표현이 의례 생성의 내적 동인이었다면, 이것을 국가의례의 형태로까지 이끌어낸 외적 동인은 왕의 반복적인 친제였다. 왕의 의례 행위는 신하들로 하여금 그렇게 할 수밖에 없도록 자극한 또 다른 강요의 힘이 실린 언어였다.[6] 왕의 행동이 논리적으로 맞다, 그르다의 문제를 떠나서 그렇게 할 수밖에 없다는 지점에서 논의를 출발하게끔 한 힘으로 드러났다. 이것이 실제적인 정치적 문제와 연결된 동인이든 그렇지 않든, 왕의 의도된 행위이든 아니든 새로운 전통을 만들어낼 수 있었던 왕의 의례 행위가 가진 힘이었다.

왕의 의례 행위는 정서적 조상신을 공식적으로 제향할 수 있게 하였다는 점에서 사적으로도 중요했지만, 왕의 정치적인 전략으로도 유용했다. 이것은 기존의 禮의 일정한 법규와 형식에서 벗어난 다분히 사정私情에 호소하는 것이었기 때문에, 명분상으로는 음사에 가까웠음에도 불구하고 정치적으로 정사正祀로 정착될 수 있었다. 결과적으로 왕실 조상신의 범주와 인식을 변화시키고 강화시킬 수 있었던 것이다.

왕의 행위는 그에 합당한 명분이 있어야 했다. 특히 의례는 국방과 더불어 국가의 大事(國之大事 在祀與伐)[7]로 여겨졌기 때문에, 왕의 거둥한 장소와 목적은 공론화될 수밖에 없었다. 바꾸어 말하면, 국가의 공인을 받아 제정된 국가의례에만 참여할 수 있었던 왕이 그 밖의 특정 의례에 참여한다는 것은 의례에서 봉안되는 신에게 국가의 공인을

6_ David I. Kertzer에 의하면, 의례는 합의가 부족한 연합을 끌어오는데 있어서 중요한 정치적인 역할을 한다(David I. Kertzer, Ritual Politics, and Power, Yale University Press New Haven and London, 1988. p. 78).

7_ 왕이 궁궐 밖으로 거둥이라도 하는 날에는 국가 전반의 방위체계가 비상사태로 들어갔다. 조선후기 왕이 궁궐 밖으로 이동하는 경우 국가의 전반적인 국정운영이 어떻게 되었는지에 대해서는 신명호,「조선후기 국왕 行幸時 국정운영체제」,『朝鮮時代史學報』17, 2001을 참조할 것.

받을 수 있는 가능성을 부여할 수 있다는 의미이다. 다시 말해, 왕의 친제는 공식적인 의례의 대상이 아닌 신을 제향할 수 있는 상황으로 분위기를 조성하고, 결국 공식성을 부여할 수밖에 없게 만든 동력으로 작용할 수 있었다. 또한 의례를 행하는 주체가 왕일 경우, 여기에 반응하는 사람들의 태도도 비일상적인 것으로 바뀐다.

이렇게 왕의 의례행위가 비일상적인 힘과 권위를 가질 수 있었던, 즉 외적 생성동인으로 볼 수 있는 이유를 두 가지로 생각해볼 수 있다. 첫째, 왕실 조상신 의례의 생성 과정을 보면, 왕이 새로운 의례를 만들 것을 명령하거나 논의하라고 하기 전에 언제나 왕이 친히 의례를 행하는 일이 먼저 있었다는 사실이다. 왕의 친제는 단순히 일회성 행차로 끝난 것이 아니라 지속적으로 이루어졌다. 만약 왕이 사적인 情에 이끌려 한두 번 정도로 행했다면, 그저 사친에 대한 인지상정人之常情으로 무마되었을 것이다.

둘째, 당시 왕이란 존재는 규범적인 영향력을 미칠 수 있는 힘을 가지고 있었다. 왕의 행동은 사회질서뿐만 아니라 왕 자신의 정치적인 입지에 긍정적인 또는 부정적인 영향력을 미칠 수 있는 민감한 사안이었다. 왕의 친제는 이미 사적인 영역에 있는 것이 아니라 변화를 일으킬 수 있을 만한 강력한 명령이자 매개와도 같았다.

따라서 왕의 지속적인 의례 행위는 외적으로는 왕이 일정한 장소에 친히 거둥하여 직접 의례를 실천하고 이것을 보여주는 것이었으며, 그 행위로 인해 사친추숭의 문제를 공론화의 장으로까지 이끌어낼 수 있었다.[8] 다시 말해, 왕의 반복적인 의례 행위 자

---

8 의례의 행동에 주목한 이론으로는 1970년대에 유행한 퍼포먼스(performance) 이론과 프렉티스(practice) 이론을 주목할 만하다. 먼저 퍼포먼스 이론의 논점을 네 가지로 볼 수 있다. ①의례는 하나의 이벤트(Event)이다. 즉 의례는 문화가치를 표현하거나 상징적인 문헌을 재현할 뿐만 아니라 실제로 사람의 인식과 해석에 변화를 초래한다. 이에 따라 사람들이 의례를 통해서 그들의 세계를 만들어 가는 창조성과 그것을 행하는 육체성이 강조된다. ②의례는 틀지우기(Framing), 즉 메타커뮤니케이션의 틀을 제공하여 메시지를 이해시킨다. ③의례에 몰입(flow, 분출)과 집중(concentration)을 통해 존재와 의식의 변형(transformation)이 성취되며, 이것이 축자적 커뮤니케이션이나 순수한 오락과의 차이점이다. ④의례는 자신의 행동과 정체성을 돌아보게 하는 자기반성(reflexivity)이다.
    퍼포먼스 이론은 기존에 간과되어 온 의례의 능동적인 부분, 변화와 변형으로서의 역할을 강조하였다. 그리고 다양한 행동-연극, 스포츠, 놀이, 쇼 등과 의례, 축제, 치료, 춤, 음악, 드라마 등 사이의 유사한 구조(극적인 과정, 몸의 표현의 중요성)를 강조하였다. 하지만 이러한 점이 다양한 행동과 의례의 중요한 차이점을 설명하지 못하게 한다는 비판을 받기도 하였다.
    프렉티스 이론은 인간 행위를 praxis 혹은 practice로 인식하는 분위기에서 나왔다. 이 용어는 칼 막스(Karl Marx)가 인간 행위에 본질적으로 나타나는 생산적이고 정치적인 차원들을 강조하는 말로 사용한 것에서 유래되었다. 퍼포먼스 이론과 마찬가지로 의례에 대한 기존의 구조적이고 의미론적인 접근 방법보다는 역사적 변화를 일으키는 행동으로 보

체가 이미 다른 행동과 구별되는 의례화의 단초가 되어, 이것을 공론의 장에서 논의할 수 있게 하고 합법화시킬 수 있는 명분을 선택하게 하여 결국 국가의례로 책정되게끔 하였다. 왕의 의례 행위는 이러한 일련의 과정을 가능하게 한 의도와 목적을 지녔다는 점에서, '왕의 의례화 전략'이라고도 할 수 있겠다. 의례의 생성을 이끌어낸 왕의 행위 내부에 감추어진 전략적인 부분에 주목하면, '왕의 친제의 힘'이라고도 할 수 있을 것이다. 이것이 바로 정서적 왕실 조상신 의례 생성의 외적 동인으로 작용하였다.

한편, 왕이 몸소 의례를 실천함으로써 기대한 목적 내지는 효과를 조상신 의례의 기능과 연관시켜서 생각해 볼 수 있다. 조상신은 유교의 여타 다른 인귀[9] 들과는 달리,

---

고, 의례행동 그 자체에 관심을 가진다. 그러나 프렉티스 이론은 어떻게 인간 존재가 자신들의 사회적 및 문화적 환경을 재생산하고 재형성하는지, 그 창조적 전략이 무엇인지에 관심을 가진다는 점에서 구별된다. 프렉티스 이론은 퍼포먼스 이론보다 좀 더 거시적인 안목을 가지고 특정한 유형의 인간의 행동(춤, 연극, 스포츠 등)보다는 문화활동 일반의 작동 방식(정치, 사회적)과 그것의 변화 과정 그리고 사회관계의 지배-종속이라는 정치적인 관계가 어떻게 만들어지고 조정되는지에 관심을 가진다.

Catherine Bell에 의하면, ①의례는 선험적인 행위나 전적으로 독립된 행위 형태가 아니라 행위전반의 실제적인 맥락에서 분석되고 이해되어야 한다. 의례화의 방법, 전통, 전략이 무엇인지를 봄으로써 어떻게 왜 다른 행위와 차별화하는지를 보아야 한다. ②경험의 구성체인 몸을 중요하게 보아야 한다. ③의례는 권위의 표현수단이 아니라, 권위와 복종의 관계를 구성하는 수단, 즉 권위를 만드는 수단이다. 실천이론에 대한 보다 자세한 내용은 Catherine Bell, Ritual Theory Ritual Practice, New York, Oxford: Oxford University Press, 1992. Catherine Bell, Ritual: Perspectives and Dimensions, New York, Oxford: Oxford University Press, 1997. pp. 76~83; 류성민 옮김, 『의례의 이해-의례를 보는 관점들과 의례의 차원-』, 한신대학교출판부, 2007, 154~174쪽을 참조할 것.

9_ 유교의 신들은 기본적으로 제사를 받는 대상에 따라 하늘의 신인 천신(天神), 땅의 신인 지기(地祇), 인물 신인 인귀(人鬼) 등으로 나뉘며 조상신은 바로 세 번째 인귀의 영역에 해당된다. 인귀는 다시 세 부류인 사회·문화적 영웅, 여귀, 그리고 생물학적인 조상신으로 나뉜다.

인귀는 국가 혹은 마을제사에서도 숭배되었다. 조선시대 국가사전에 포함된 인귀의 종류를 『국조오례의』를 기준으로 보면 다음의 표와 같다.

『국조오례의』의 인귀의 종류

의례 종류	인귀 종류	신화 내용
享先農儀	帝神農氏 · 后稷氏	농사짓는 방법을 처음으로 가르친 사람 · 농사를 가르쳐준 사람
享先蠶儀	西陵氏	양잠하는 법을 처음으로 가르친 사람
享歷代始祖儀	歷代始祖 · 功勞王	단군과 기자를 비롯하여 조선시대 이전까지 국가를 위해 공을 세웠다고 인정되는 왕들
享先牧儀	先牧	말을 처음으로 먹인 사람
享馬社儀	馬社	말을 처음으로 탄 사람
享馬步儀	馬步	사람과 말에 해를 끼친다는 귀신
享禡祭儀	軍神	군대가 머무는 곳에 있는 군신
享酺祭儀	酺神	농작물에 해를 끼치는 신
享司寒儀	玄冥	겨울과 북쪽을 관장하는 사람
厲祭儀	厲鬼	죽어서 제사를 받지 못하는 귀신

의례의 주체와 객체와의 생물학적인 연대가 중요하다. 이로 인해 조상신 의례는 단순히 기념과 감사의 의미를 넘어서서 실제적으로 자손과의 소통의 의미로 여겨졌다.[10] 사람이 죽으면 백은 땅으로, 혼은 위로 흩어진다는 것으로 중국 고대로부터 이어져 내려오는 죽음에 대한 유교적 입장이다.[11] 이것을 그대로 받아들이면 조상신 제사는 그저 기념의 의미만을 가진다. 그러나 실제적으로 사람들은 조상신 제사를 기념을 위해서만 행하지 않았다.

죽음을 혼백의 흩어짐이라고 설명한 원시유교의 입장을 발전시킨 남송南宋의 주자朱熹(1130~1200)는 당시 실질적으로 사람들이 느끼고 경험한 귀신의 존재에 주목하였다. 주자는 "조상의 정신과 혼백은 이미 흩어졌어도, 일부는 자손의 정신과 혼백으로 이어지는 것이 있다. 그러므로 자손이 제사의 禮에서 정성과 공경을 다하면, 바로 조상의 혼백을 불러올 수 있다"[12] 고 하였다. "제사를 지내는 자는 그의 자손이므로 결국 동일한

위의 『국조오례의』의 인귀의 종류는 당나라 현종(玄宗) 때의 『대당개원례(大唐開元禮)』를 참조한 것이었다. 『국조오례의』에서는 제사를 그 대상에 따라 네 가지로 구분하고 각각의 제사 이름도 다르게 부른다. 천신에 대한 제사를 사(祀), 지기에 지내는 것을 제(祭)라고 하고, 인귀에 지내는 것을 향(享)이라고 하고, 이에 더하여 문선왕(文宣王)에게 지내는 것을 석전(釋奠)이라고 한다(『國朝五禮序禮』 권1「吉禮·辨祀」).
또한 『禮記』「祭法」에 의하면, 신화적인 인물들이 인귀로 설정되었던 기준은 백성에게 법을 베푼 자, 죽기까지 나라의 일을 열심히 한 자, 국가를 위해 힘을 아끼지 않고 안정시킨 자, 큰 재앙을 물리친 자, 큰 환란을 막은 자이다(『禮記』「祭法」. "夫聖王之制祭祀也 法施於民則祀之 以死勤事則祀之 以勞定國則祀之 能禦大菑則祀之 能捍大患則祀之 是故厲山氏之有天下也 … 此皆有功烈於民者也.").

10_ 안영상에 의하면, 성리학내에서도 조상에 대해 이중적인 태도를 취한다. 원시유교 논리에 기반한 조상신은 일정 기간 실체적으로 존재한다고 보는 성호학파와 성리학의 논리를 더욱 내재화시켜 죽은 조상은 임시적으로도 존재하지 않으며 단지 자기 정신의 일부라고 보는 영남 퇴계학파를 대표적으로 꼽고 있다. 더불어 마테오리치는 천주교적 관점에서, 조상제사가 의미를 갖기 위해서는 영혼불멸설을 받아들여야 한다는 입장을 취했다고 한다. 성리학내에서도 조상 혼백의 정체성이 어떻게 다르게 이해될 수 있으며, 천주교와 구별되는 점이 무엇이었는지를 잘 서술하고 있다. 좀 더 자세한 논의는 안영상, 「천주교의 천주(상제)와 영혼불멸설에 대한 영남퇴계학파의 대응양식」, 『시대와 철학』 16, 한국철학사상연구회, 2005를 참조할 것.

11_ 『禮記』「郊特牲」. "魂氣歸于天 形魄歸于地."
그러나 고대로부터 중국의 민간 신앙에서는 사람이 죽으면 육체는 썩어 없어지더라도 그 혼은 온전히 존재한다고 여겼다. 살아있을 때 그대로의 감정과 사고 즉 정체성을 그대로 유지하고 있다고 생각했다. 사실 이것은 중국뿐만이 아니라 세계 어디서든 발견할 수 있는 영혼관이다. 이러한 사고로 인해 사람이 영혼은 죽음으로서 끝이 아니라, 여전히 살아있으면서 살아있는 사람들에게 어떤 방식으로 영향력을 발휘할 수 있다고 믿어졌다. 고대적인 죽음관은 이후 지속적으로 유교의 전통적인 죽음의 이해와 공존하였다.

12_ 『朱子語類』 권3. "祖考之精神魂魄雖已散 而子孫之精神魂魄自有些小相屬 故祭祀之禮盡其誠敬 便可以致得祖考之魂魄."

기—氣이기 때문에 감응하여 소통하는感通 이치가 있다."[13] 고 하였다. 소통의 문제는 죽음을 혼백의 흩어짐으로 본 입장과는 별도로, 동일한 기를 소유한 동일 혈통을 전제로 한 조상과 후손들의 "감응感應"이라는 의미에서 매우 중요한 문제였다. 따라서 조상신 제사는 살아계실 때처럼 조상신과 마음을 나누는 것, 情을 나누는 것이다. 이러한 의미에서 감통(감응)은 정서적 친밀감을 유지하기 위한 교감이며, 여기서 얻는 정서적 만족감이자 충족감이다.

감통이 원칙적으로 동일한 기를 소유한 동일 혈통을 전제로 한다는 점을 상기하면, 조상신 의례를 통한 연대감과 소속감을 '생물학적 감성 공동체 의식'이라고 할 수 있을 것이다. 이러한 情의 교류를 위해, 왕은 지극히 사적이고 기존 규범에 위배되는 의례였음에도 불구하고 몸소 실천하는 무리수를 두었다고 해석할 수 있다. 다시 말해, 왕의 친제는 수많은 논란과 반대 그리고 당대의 정치적인 상황과 이념에 부딪쳤던, 어찌보면 감정적인 행동이었다. 왕이 논란을 일으키고 무리하면서까지 행동할 수밖에 없었던 이유는 바로 이러한 조상신 의례의 의미와 기능과 연관되어 있다. 그렇지 않았다면 종묘의례를 통해서도, 즉 이념적 왕실 조상신에 대한 의례만을 통해서도 충분히 '효'와 자신의 정체성을 재확인할 수 있었고 오히려 '왕'으로서의 정통성을 합법적으로 드러내는 효과를 얻을 수 있었기 때문이다.

왕이 기대한 조상신 의례의 목적이자 효과라 할 수 있는 감통(감응)은 정서적 모델 의례를 생성시킨 내적, 외적 동인을 모두 아우른다. 더 이것이 왕으로 하여금 의례를 행할 수밖에 없게 한 목적이며, 그 결과로 기대한 의례의 효과라고 할 수 있다. 네 가지로 생각해 볼 수 있다.

가장 우선적인 것은 생물학적인 정체성을 확인하는 것이다. 이것을 통해서 존재론적 의미도 확인하게 한다. 또한 주기적으로 조상신과 情을 교류하는 감통의 원리를 통해서 정서적 친밀감을 유지할 수 있었고 이로 인해 감성적 안정감을 가질 수 있다. 더불

13_『朱子語類』권3. "人死雖終歸於散 然亦未便散盡 故祭祀有感格之理....然奉祭祀者旣是他子孫 必竟只是一氣 所以有感通之理."

어 자식으로서, 후손으로서 마땅히 해야 할 효를 발현함으로 도덕성도 지킬 수 있었다.

2. 의례화의 세 단계: 情祀－準正祀 · 準淫祀－正祀

유교 이념으로 출발한 조선은 벽이단론闢異端論이라는 이념적인 틀을 기준으로 하여, 실천적인 측면을 정사正祀와 음사淫祀로 나누었다. 정사/음사의 이분법적인 구도에 따라, 정사의 기준에 맞지 않는 의례는 모두 음사로 분류되었다. 정사/음사의 개념과 분류 기준에 대해서는 두 고전을 참고할 만하다. 『禮記』에 의하면, "제사할 바가 아닌 것에 제사지내는 것을 음사라고 하며, 음사에는 복福이 없다."[14] 라는 구절이 있다. 또한 『左傳』에 의하면, "신은 제사지내지 못할 만한 자의 제사를 흠향하지 않으며, 백성들은 자기 친족이 아닌 대상에게 제사지내지 않는다."[15] 라고 하였다. 『예기』의 구절은 제사할 바 즉, 제사를 받는 대상이 유교의 원칙과 질서에 부합하는 대상이어야 하며 그렇지 못하면 제사를 드려도 복을 받지 못한다는 의미를 내포한다. 『좌전』의 구절은 제사를 지내는 사람과 제사를 받는 대상의 관계가 일정하게 정해진 범위를 벗어나면 안 된다는 것을 강조한다. 두 고전 모두 의례 주체와 객체의 자격과 그 범위에 관해 규정함으로써, 유교의 원칙과 질서 안에서 제사를 지내야만 신도 그 제사를 받으며, 제사 지내는 사람도 복을 받는다는 것을 역설하고 있다. 정사/음사의 기준이 실제적으로 적용된 대상은 유교와 타종교가 될 수도 있었고, 같은 유교 내에 있는 주변 의례들일 수도 있었다. 이글에서 다루는 다섯 의례들은 기본적으로 유교 내에서 이루어진 정사/음사의 구분이다.

조선시대 유교 의례를 정사/음사로 나누었던 기준은 공식성의 유무가 중요했다. 공식적인 의례가 되지 못하는 경우는 대부분 '음사'의 대상으로 치부되어 공격을 받곤 하

14_ 『禮記』「曲禮」. "非其所祭而祭之 名曰淫祀 淫祀無福."

15_ 『左傳』「僖公」 10年. "神不歆非類 民不祀非族."

였다. 실제적으로 조선 초기 국가의례를 정비하는 단계에서 국가의례로 상정될 수 있었던 기준은 고려시대에 행해진 의례들인『상정고금례詳定古今禮』와 당시 명나라에서 실행되고 있던『홍무예제洪武禮制』, 그리고 중국에 전례를 두고 있는 고제古制였다.[16]

〈표 2〉는 정사/음사로 의례를 분류하였던 기본 유형basic type을 나타내며, 이것은 조선이 지향했던 조선 초기 종묘와 문소전에 적용해보면, 균형 잡힌 기본 유형balanced-basic type이었다고 할 수 있다. 이 구도를 왕실 조상신 모델에 적용해서 보면 〈그림 1〉과 같이 표현할 수 있다.

〈표 2〉 의례의 기본 유형(basic type)

정사	음사

〈그림 1〉 조선 초기 정사의 범주 안에 있는 이념적 왕실 조상신

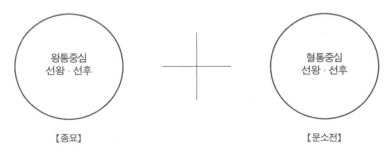

| 왕통중심
선왕·선후 | 혈통중심
선왕·선후 |
| 【종묘】 | 【문소전】 |

16_ 하지만 이것은 커다란 기준이었을 뿐 실제로 의례 하나하나의 상정배경을 살펴보면, 제각각 다양한 전거를 가지고 있다. 예컨대 종묘의 묘제(廟制)를 보면, 경전에 근거하여 소목제(昭穆制)를 기본으로 천자는 7묘, 제후는 5묘이다. 그러나 이것은 어디까지나 이상적인 주(周)나라의 모델이었다. 조선전기 국가의례 상정에 관한 구체적인 내용에 대해서는 김해영,『조선초기 제사전례 연구』, 집문당, 2003, 73~96쪽을 참조할 것. 최종성은 조선시대 음사 논의가 공식종교와 비공식종교를 구분 짓는 기준에 사용되었다고 지적하면서, 공식적인 전례에 속하지 않는 무속의 제사는 그릇된 제사로 여겨졌다고 한다. 이에 대한 구체적인 내용은 최종성,『조선조 무속 國行儀禮 연구』, 일지사, 2002, 제Ⅱ장을 참조할 것.

〈그림 1〉은 정사의 범주 안에 종묘와 문소전의 선왕·선후가 모두 포함되었다. 문소전은 처음에는 국가의 공인을 받아 마련되었기 때문에[17-] 정사正祀의 범주에 속했다. 조선초기에는 종묘의례와 함께 문소전 의례도 정사의 테두리 안으로 수용되어, 종묘는 이념적 모델을 문소전은 동일한 대상을 다시 봉안하여 왕의 사적인 정을 표현하는 사당으로 나름의 균형balance을 이루고 있었다. 그러나 이 균형은 단지 왕통중심 모델과 혈통중심 모델이 일치하는 경우 즉, 종묘와 문소전에 봉안된 조상신이 동일한 경우만을 전제로 한다.

초기 왕실 조상신은 정사의 테두리 안에서 각 사당의 목적대로 균형을 유지하는 듯 하였다. 그러나 예상과는 달리, 재위에 오른 왕의 생물학적 계보가 왕통과 달라지면서 문소전에는 혈통중심의 정서적 모델이 봉안되기에 이르렀다. 또한 후대로 갈수록 다양한 형태의 정서적 조상신이 생성되면서 초기의 정사 안에 자리했던 왕통과 혈통의 왕실 조상신 균형이 흔들리기 시작하였다. 결과적으로는 이들 모두 정사의 범주 안에 포함되었지만 처음부터 그랬던 것은 아니다. 따라서 이후에 생성된 정서적 모델들을 '정사/음사'라는 결과론적이고 단일한 구도만으로 본다면, 다양한 정서적 모델들의 변화과정의 복합성을 이해할 수 없을 것이다.

이글은 정서적 왕실 조상신 모델의 생성과정을 설명하기 위한 개념으로, 의례형성과정에 주목한 케서린 벨Catherine Bell의 "의례화Ritualization" 개념을 사용하고자 한다. '의례화'라는 용어는 동물행동학자들에 의해서 처음으로 사용되었으며, 그 대표적인 학자로 줄리안 헉슬리Julian Huxley가 있다. 그는 의례화를 행동학Ethology적인 차원에서, 동물들의 양식화되고stylized 반복적인 몸짓gesture과 자세—예컨대, 짝짓기와 적을 공격하는 행동 등—를 가리키는 말로 사용하였다.[18-] 이것을 인간의 행동에 적용하여 정의한 학자로는 로날드 그라임스Ronald L. Grimes가 있다. 그의 정의는 행동학적인 차원에 근거

17_ 이후의 변화과정은 이책 4장에서 다루고 있다.

18_ Julian Huxely, "A Discussion on Ritualization of Behaviour in Animals and Man", Philosophical Transactions of the Royal Society of London. Series B, Biological Sciences, Vol. 251, No. 772, The Royal Society, 1966.

한 것으로, 동물과 마찬가지로 인간도 의례화의 행동을 취하는 의례화의 동물로 간주한다. 의례화는 사람들이 의도하지 않아도 생태학적, 유전학적 그리고 정신신체증적(심신증)으로 행동하도록 되어 있는 잠재적인 몸짓이다. 이런 의미에서 의례화는 선택이 아닌 필연적인 것이며, 기능과 실용적인 목적보다는 의미, 의사소통, 연행 등의 차원이 중시되었다. 대표적인 의례로는 계절, 농업, 풍요(다산), 예언(점술), 장례식, 치유와 관련된 것들이다. 이것들은 주로 인간의 몸과 인간을 둘러싼 환경이 서로 연관되어있으며 의존하고 있다는 것을 잘 보여준다.[19]

초기 헉슬리가 행동학적인 차원에서 의례화 개념을 사용한 것과 달리, 벨은 의례의 형성 과정에 주목하였다. 벨에 의하면, 의례화란 다른 실천들practices과 차별화하는 실천practice 행위이자 행동방식이다. 의례화의 특성은 일상과는 구별된 공간에서 이루어지며, 일정한 틀을 가진 몸짓과 소리로 이루어진다. 다시 말해, 일상적인 것들을 질적으로 다른 것으로 구조화시키는 것이다. 이러한 의례화에는 어떤 의도가 잠재되어 있기 때문에 전략적strategic이며, 문화적으로 타당한 범주들과 뉘앙스를 가지고 있다는 점에서 상황적contextual이라고 한다.[20]

'의례화'라는 용어를 적극적으로 언급하지는 않았지만, 캐서린 벨의 의례화 개념과 비슷한 관점을 견지한 최근의 학자로 조나단 스미스Jonathan Z. Smith를 주목할 만하다. 그에 의하면, 의례는 우연accident이라고 할 수 있는 행위에 의미가 부여되고 규칙적으로 반복되면서 만들어진다. 우연적인 행동이 의례로 되는 것은 전략적인 선택 속에서 이루어진다.[21] 캐서린 벨과 조나단 스미스는 모두 의례를 고정적이고 정형화된 것으로

19_ 그는 사람들이 왜 의례라는 행위를 실천하는가라는 의례 기원의 문제를 인간의 근원적인 행동 방식의 원인에서 찾고자 한 것이다. 그의 의례화 개념과 관련해서 좀 더 부연하자면, 그는 '의례화(Ritualization)'와 '의례화하기(Ritualizing)'라는 용어를 구분해서 설명한다. 이 두 용어는 밀접하게 연관되어 있지만, 의식(Consciousness)과 의도(Intention)에서 정도의 차이가 있다. Ritualizing이 더욱 의도적이며, 의식적인 것으로 의례의 초기 단계(Nascent Ritual)라고 할 수 있다. 즉 본능적으로 이루어지는 의례화의 과정을 의도적으로 활성화시키는 것을 'Ritualizing'이라는 용어로 표현하였다 (Ronald L. Grimes, Beginnings in Ritual Studies, University of South Carolina Press, 1995. pp. 40~57).

20_ Catherine Bell, Ritual Theory Ritual Practice, New York, Oxford: Oxford University Press, 1992.

21_ Jonathan Z Smith, Imagining Religion, The University of Chicago Press; Chicago and London, 1982. pp. 54~56.

보지 않았다는 점에서 동일한 입장을 취한다. 이들의 연구 대상은 이미 만들어진 의례가 아니라, 의례가 형성되는 과정과 원인이었다. 기존의 의례를 종교 영역에 한정시켜서 설명하려 했던 것을 벗어나, 인간의 모든 행동 중 하나의 유형으로 봄으로써 좀 더 유연한 안목으로 의례를 관찰할 수 있게 하였다.

조나단 스미스는 캐서린 벨과 마찬가지로 의례가 생성되는 과정에 집중하였지만, 벨은 의례의 형성에 있어서 반드시 숨은 의도가 있다는 '전략적'인 측면을 강조하였다는 점에서 조나단 스미스와 다르다. 여기서 '전략적'이라는 말은 주로 정치적인 의도나 전략으로 이해할 수 있다. 정치적이라는 말을 넓은 의미의 힘의 논리라고 보았을 때, 이것은 정서적 모델의 생성동인에서 살펴본 것들이다. 이글이 주로 집중하는 생성동인은 왕실 조상신 계보의 생성과 연관된 종교적인 측면인 만큼 정치적인 의도만으로 한정짓지 않을 것이다.

위와 같은 의례화 개념을 통해 조선시대 왕실 조상신의 의례화 과정을 더욱 면밀하게 분석하기 위해서, 이글은 의례화의 단계를 '정사正祀(proper ritual)'와 '음사淫祀(improper ritual)'의 이분적인 틀 사이에 '준정사準正祀(semi-proper ritual)' 혹은 '준음사準淫祀(semi-improper ritual)'라는 전이적 단계를 추가하여 삼중구조로 이해하고자 한다. 이글은 정서적 조상신 의례가 공인되기 전부터 이미 의례화가 시작되었다고 보고, 이것을 명확하게 이해하기 위해 임의의 중간단계를 설정할 필요성을 제시하고자 한다. 유교의 기본적인 의례의 분류방식이었던 정사/음사의 구도 속에 '준정사·준음사'의 중간단계를 설정할 것을 제안하는 것이다.

이글이 제안하는 준정사·준음사의 단계는 실제적으로는 아직 정사로도 음사로도 결정되지 않은 상태, 즉 정사와 음사의 중간지점을 말한다. 준정사·준음사의 단계는 이후 공인력을 획득하면 정사로, 그렇지 못하면 음사로 그 방향이 결정될 수 있는 두 개의 잠재적인 가능성을 함유하고 있다. 이러한 잠재성은 혼란과 불확실성 그리고 새로운 것이 창조될 가능성 모두를 함축하고 있는 전이적인transitional 성격을 나타낸다고 할 수 있다. 이 단계는 어디까지나 과정과 방향성을 표현하기 위한 것이지, 실제적으로 공식적인 의례화의 단계로 설정되어 있었다고 확정하는 것은 아니다. 새로운 모델들을 어디에, 어떻게 위치시켜야 할지 아직 결정되지 않은 상태, 즉 기존의 틀로 분류될 수 없는 혼돈과 무질서가 내재된 중간지대의 의례에 대한 감각을 제고하는 차원에서 구조적으로 설정한 것일 뿐이다.

앞에서 언급하였듯이, 정사의 범주 안에서 이념적 모델과 정서적 모델이 균형을 유지하는 것이 왕실 조상신 의례의 '기본 유형basic type'이자 이상적인 유형이었다. 그러나 시간이 갈수록 정사 내의 왕통과 혈통이 달라지고, 다양한 정서적 모델이 생성되면서 불균형을 이루게 되었다. 〈표 3〉을 참조하면, 정사/음사의 두 기둥 사이에 준정사·준음사가 생성된 것과 같다. 즉 정사/음사라는 기본 유형이 불균형 유형unbalanced-basic type으로 변화된 것이다. 구체적인 대상은 〈그림 2〉와 같다.

〈표 3〉 의례의 불균형 유형(unbalanced-basic type)

정사	준정사 · 준음사	음사

〈그림 2〉 정사/음사 유형에 따른 왕실 조상신의 두 모델

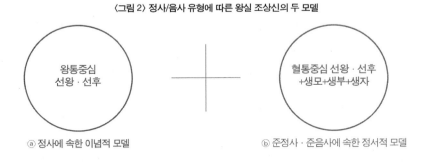

ⓐ 정사에 속한 이념적 모델　　　　　　ⓑ 준정사 · 준음사에 속한 정서적 모델

ⓐ는 기존의 정사의 범주에 있던 왕통중심의 선왕·선후가, ⓑ는 혈통중심의 정서적 모델인 선왕·선후, 생모, 생부, 생자가 준정사·준음사의 범주에 머물러 있는 것을 나타낸다. 준정사·준음사의 구체적인 대상은 영희전의 선왕·선후, 칠궁의 생모, 덕흥대원군묘의 생부, 세자묘의 생자 등이다.

준정사와 준음사가 각각 정사와 음사로 결정되었던 동인은 달랐다. 먼저 정서적 조상신 의례가 생성되어 정착되는 경우는 준정사의 단계를 거친다고 할 수 있다. 준정사가 완전히 정사로 전이되는 것, 즉 공인력을 획득하여 국가사전에 등록되도록 불을 지펴준 것은 왕의 지속적인 의례 행위였다. 왕의 행위가 잠재적으로 공인력을 함축한다는 점을 상기해보면, 정사와 비슷한 힘을 가진 또는, 정사와 비슷하다는 의미의 '준정사'라고 할 수 있다. 준정사 단계의 의례들은 이미 정사와 같은, 정사에 근접한 힘을 가진다. 또한 공식적으로 설정된 단계는 아니지만, 그 지향점이 다분히 정사쪽으로 향해 있었다는 점에서 반半합법적인, 반半공식적인semi-official 성격을 가진다. 앞서 살펴본 대로, 왕의 반복적인 친행은 공인력을 얻을 수 있는 또는 적어도 그것을 공론화시켜 버리는 분위기를 조성시켰다는 점에서 의례 생성의 결정적인 동인이었다고 할 수 있다. 행위 내부에 감추어진 힘에 주목하면, 왕의 반복적인 행위의 방향이 정사를 향하고 있었다고 할 수 있으며, 이것을 이글은 준정사의 임의의 단계로 설정할 수 있을 것이다.

한편 준정사와는 달리, '준음사'는 생성되었던 의례들이 축소되거나 소멸되는 경우를 말한다. 왕의 의례화가 준정사를 정사로 전이시키는 동인으로 작용하였다면, 준음사를 완전히 음사쪽으로 전이시킨 동인은 여러 가지이다. 기존에 생성되었던 의례들이 전란으로 권위를 상실하여 전통의 힘을 잃고 소멸되거나, 경제적인 이유와 일제의 압력 등으로 사당이 통폐합되거나, 의절이 간소화되는 경우가 그것에 해당된다. 먼저, 의례가 소멸한 경우는 이미 국가의 공인력을 상실함으로써 음사로 분류되는 과정을 겪을 때 발생한다. 가령, 문소전이 임진왜란 당시 소멸되어 이후 복원되지 않았던 경우가 이에 해당된다. 이렇게 다시 복원되지 않았던 것은 처음 생성되었던 명분이 더 이상 권위를 발휘하지 못하고 쇠퇴하였기 때문이다.

또한 아직 폐지되진 않았지만 의례의 규모가 축소된 경우는 방향성이 정사보다는 음사를 향하고 있다고 볼 수 있다. 예를 들면, 고종대에 생모를 모신 일곱 개의 사당들이 한 공간으로 통합되고, 의례의 종류가 축소되고, 절차가 간소화되었던 경우 등이 대표적이다. 당시에는 일제의 침략과 함께 경제적인 이유가 강했다. 마찬가지로 덕흥대원군묘와 세자묘의 경우도 고종대에 철폐되었다. 이렇게 사당과 의례규모의 축소는 그만큼 의례의 영향력과 공신력이 줄어들었다는 의미에서, 음사에 근접해가는 '준음사'로 볼 수 있다.

앞에서 살펴본 것을 다시 되짚어보면, 왕실 조상신의 두 모델은 정사/음사의 구조에서 정사에 포함되어 이상적인 균형을 유지하고 있었다. 그러다가 예상치 못한 정서적 모델이 다양하게 생성되면서 그 균형이 깨어지기 시작하였다. 이 부분을 이글은 정사/음사의 중간단계인 준정사·준음사로 설정하였다. 준정사·준음사의 과정을 거친 정서적 조상신 모델은, 각각 정사와 음사로 분류되면서 결과적으로는 지속적인 갈등의 구조가 아니라 융합과 흡수의 구조를 이루었다고 할 수 있다.

준정사·준음사의 과정을 거친 정서적 조상신 모델은, 각각 정사와 음사로 분류되면서 결과적으로는 지속적인 갈등의 구조가 아니라 융합과 흡수의 구조를 이루었다고 할 수 있다. 〈표 4〉를 보면, 정사/음사의 구도 속에 준정사 혹은 준음사가 각각 자리를 잡은 변형된 유형transformed-basic type을 이루고 있다. 이것을 왕실 조상신 두 모델을 중심으로 표현한 〈그림 3〉을 보면, 정사의 범주 안에 왕통중심의 선왕·선후뿐만 아니라 혈통중심의 선왕·선후, 생부, 생모, 생자 등도 모두 포함될 수 있음을 확인할 수 있다. 정사/음사의 이분법적 외연은 변하지 않았지만 그 내연이 확장된 형태를 이루고 있다. 이는 정사의 범주에 이념적 왕실 조상신 모델과 정서적 왕실 조상신 모델이 공존하게 되는 '이중모델double model'의 통합의 구조라 할 수 있다. 격에 따라 다시 분류하면, 왕통중심의 선왕·선후가 중심에 있고, 그 다음에 혈통중심의 선왕·선후 그리고 생부·생자가 삼중구조로 배치될 수 있을 것이다. 결과적으로 왕실 조상신의 두 모델이 정사/음사의 기본 모델 속에서 확장된 형태로 공존한다.[22]

22_ Victor Turner는 성인식을 다루면서, Pre-Liminal(Structure; 기존 질서의 유지)/Liminal(Anti-Structure; 기존 질서가 와해되거나 깨진 상태)/Post-Liminal(Structure; 변화된 구조)의 세 단계로 나누어 설명하였다. 터너의 구조와 반구조의 변증법을 적용해서 보면 '준정사준음사'를 반구조(Anti-Structure)라고 할 수 있으며, 반구조로 여겨졌던 모델이 다시 사회구조의 틀 속에 재배치되었다고 할 수 있다(빅토 터너 지음, 박근원 옮김, 『의례의 과정』(Victor Turner, The Ritual Process: Structure and Anti-Structure), 한국심리치료연구소, 2005.

〈표 4〉 의례의 변형 유형(transformed-basic type)

정사 + 준정사	음사 + 준음사

〈그림 3〉 정사의 범주 안에 있는 왕실 조상신의 삼중 구조

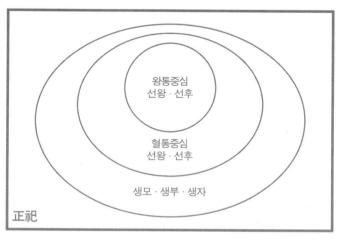

이것은 의례라는 실천의 범주만이 아니라 이념의 구도를 함께 변화시켰다. 정서적 왕실 조상신 개념이 공인력을 얻어 정사의 범주 속으로 포함되면서, 정사 속에 조선시대 왕실 조상신이 이념적 모델과 정서적 모델이라는 이중적인 형태를 가지게 된 것이다. 물론, 정서적 모델은 이후에 변화를 겪었지만 그 시기가 주로 조선말기 고종대와 순종대였기 때문에 정서적 모델 자체가 소멸되었다고는 볼 수 없다. 따라서 두드러진 변화는 축소와 소멸보다는 생성에 있다는 점에는 의심의 여지가 없다. 왕실 조상신 개념의 외연과 내연의 확장은 두 모델이 격에 상관없이 유교의 장場에서 동일한 '조상신'으로 자리매김 되었다는 의미이기도 하다. 따라서 禮라는 테두리의 외연 속에 이념적 왕실 조상신과 정서적 왕실 조상신은 모두 '왕실 조상신'이라는 확장된 내연으로 포섭되었던 것이다.

한편, 두 모델은 모두 정사의 범주 안에 있었지만 생성과정이 달랐던 것처럼 성격도 달랐다.

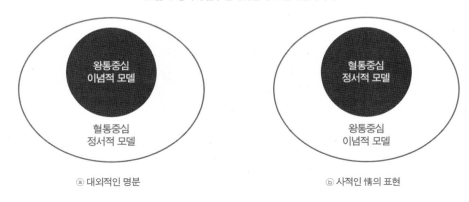

〈그림 4〉 정사의 범주 안에 있는 두 모델의 일차목적

ⓐ 대외적인 명분   ⓑ 사적인 情의 표현

〈그림 4〉는 정사의 틀 안에서 균형을 이루는 이념적 모델과 정서적 모델을 일차목적(가운데 원의 검은 부분)의 충족도에 따라 나타낸 것이다. 정사 안에 있던 두 모델은 모두 '왕실 조상신'을 봉안한다는 의미와 공식적인 국가의례로서의 모범적, 상징적 의미를 동시에 가진다. ⓐ는 대외적인 목적을 기준으로 보았을 때, 가운데 검은 색 부분이 왕통중심의 이념적 모델이 중심을 이룬다. 종묘의례는 대외적으로는 국가를 상징하는 것이 우선시 되었고, 실제적으로 情의 감정을 만족시키는 명목적인 조상신 의례의 목적은 그 다음이다. 반면에 ⓑ는 조상신에 대한 실제적인 情의 감정을 만족시키는 목적으로 보았을 때, 가운데 검은 색 부분이 혈통중심의 정서적 모델이 중심이 되고 있음을 나타낸다. 공식적인 왕실 조상신 의례라는 대외적인 목적은 그 다음이다. 결과적으로 두 모델은 적절한 역할의 균형을 이루었다고 할 수 있다. 의례의 일차 목적이 무엇이냐에 따라서 동일한 조상신도 다른 마음과 의례로서 제향되었던 것이다.

왕실 조상신의 두 모델이 처음에는 정사/음사의 구도 속에서 대립과 갈등을 이루는 듯 했지만, 결과적으로는 정사로 포섭되면서 외연과 내연이 확장되었다. 외연의 측면에서 보면 正祀의 범주가 확장되었고, 내연의 측면에서 보면 情祀의 성격을 그대로 유지한 채 正祀에 수용되어 결과적으로 확장되었던 것이다.

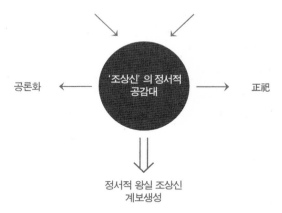

〈그림 5〉 정서적 왕실 조상신의 생성 구조

생물학적 보본반시의 마음(情) + 왕의 반복적인 친제(準正祀)

'조상신'의 정서적 공감대

공론화

正祀

정서적 왕실 조상신
계보생성

　정리하면, 생물학적 보본반시의 마음, '정'은 지극히 감정적이고 감성적인 명분이었지만 받아들여졌다. 이것이 가능했던 것은 '조상신'이라는 정서적 공감대가 있었기 때문이다. 정서적 왕실 조상신의 내적, 외적 생성동인의 근원적인 동력은 생물학적 조상신에 대한 마음이었다고 할 수 있다. 이것은 당시 누구나 공감하는 보편적인 마음이었기 때문에, 음사쪽 보다는 정사를 향한 반공식성을 가진, 기존의 국가의례들과는 다른 형태로 유지될 수 있었다. 국가의례 사전에 등재되면서 합법성을 얻어 정사로 자리 잡게 되었다. 살아생전의 신분과 위상에 따른 다양한 왕실 조상신 계보가 생성되었지만, 이들은 모두 생물학적 조상신이라는 공통분모를 가지고 있었다.

문소전
의례

04 ————————

조선 초기 원묘 의례의 변화

친친지의親親之義의 구현과 생물학적 보본반시의 계보

문소전으로의 통합과 의례의 형성

문소전
의례

세종 15년(1433)에 건립된 문소전은 임진왜란 당시 소실될 때까지 조선전기 대표적인
원묘였다. 정서적 왕실 조상신 사당중 가장 먼저 생성되었고, 종묘와 함께 양묘제兩廟制
의 한 축으로 여겨질 정도로 비중이 컸다. 다른 정서적 모델과 달리, 문소전은 공식적
인 절차를 거쳐 설립되었다. 공식성을 입고 출발했지만, 이후 초기 설립의 원칙과 봉안
계보를 재정립해야하는 상황에 직면하였다. 가장 중요한 문제는 봉안 계보의 선택이었
고, 종묘와 다른 계보를 형성하게 된다. 이것을 이해하기 위해서는 문소전이 공식적인
원묘로 설립되기 전, 원묘 형태의 구문소전舊文昭殿과 광효전光孝殿에 대한 이해가 필요
하다. 이글은 태종대에 건립된 '구문소전'[인소전(仁昭殿)이었다가 이후 문소전으로 개칭됨]과 세종
대에 건립된 '문소전'을 구분하기 위하여, 시기적으로 먼저 건립된 태종대의 문소전을
'구문소전'으로, 세종대의 것을 '문소전'으로 각각 구분하여 명명하기로 한다. 먼저, 문
소전이 생성되기 전부터 이미 의례화의 단초를 마련한 구문소전과 광효전의 생성과 변
화의 요인들을 간략하게 볼 것이다. 두 번째로, 공식적인 사당으로 건립될 수 있었던
문소전의 성립 명분과 봉안된 조상신들의 중심 계보가 무엇이었는지를 볼 것이다. 세
번째로, 문소전의 공간적 특성과 의례의 종류 및 변화과정을 분석할 것이다.

1. 조선 초기 원묘 의례의 변화

『漢書』에 의하면, 원묘는 중국 한漢나라 혜제惠帝 때 고조高祖를 기념하기 위해 세운 패궁沛宮에서 기원한다. 이에 대한 주석을 보면, 원묘의 '原'은 '이중重', '중복'이라는 의미로 신주가 이미 정묘正廟인 종묘에 봉안되어 있지만, 다른 공간에 또 하나의 사당을 건립하였다는 것[1] 이다. 또한 『史記』에 의하면, '원'이란 '다시原'라는 의미로, 선조가 이미 팔묘八廟에 있지만 또 다른 사당을 세운 것을 원묘라 한다[2] 고 하였다. 이처럼 원묘는 정묘인 종묘가 있음에도 불구하고, 또 다른 공간에 사당을 마련했던 것을 말한다.

중복된 사당이란 의미의 '원묘'는 '진전'과 혼용되기도 하였다. '진전'은 말 그대로 선왕·선후의 초상화眞[3] 가 봉안되어 있는 전殿을 가리킨다. 원묘와 진전은 선왕·선후의 중복된 사당이라는 동일한 의미를 가지지만, 그 봉안물이 신주냐 초상화냐에 따라 각각 '원묘'와 '진전'으로 명명되었다고 할 수 있다. '초상화를 봉안한 전殿'이라는 의미의 '진전'은 조선보다는 고려시대에 많이 사용되었다.

세종대의 문소전이 건립되기 전, 원묘의 과도기적 모습은 구문소전과 광효전을 통해서 확인할 수 있다. 먼저, 구문소전은 태조와 태조의 비 신의왕후神懿王后 한씨韓氏의 영정을 봉안한 사당이다. 이곳은 본래 신의왕후 한씨의 혼전魂殿이었으며, 1396년(태조 5)에 개성의 궁궐 안에 처음 건립되었다. 태조 7년(1398), 한씨를 신의왕후로 추존하면서 '인소전'이라 명명하였다. 그러다 태종 5년(1405)에 도읍을 한양으로 이전하면서 인소전을

1_ 『漢書』 卷22, 「禮樂志」 2. "至孝惠時 以沛宮爲原廟 <注> 師古曰 原 重也 言已有正廟 更重立也."

2_ 『史記』 卷8, 「高祖本紀」. "謂原者 再也 先旣已八廟 今又再立 故謂之原廟."

3_ 왕의 초상화를 가리키는 용어로는 어진(御眞)·진용(眞容)·진영(眞影)·성진(聖眞)·용루(龍樓)·수용(晬容)·성용(聖容)·어용(御容)·영정(影幀)·신어(神御) 등이 있다. 이중에서 '어진'과 '영정'이 가장 보편적으로 사용되었다고 할 수 있다. 이성미에 의하면, 현존하는 어진 관련 도감의궤(都監儀軌)에서는 도사(圖寫)의 경우에는 '어용'(御容) 또는 '어진'이라는 용어가 사용되었다. 모사(模寫) 또는 이모(移模)의 경우는 '영정'(影幀)이라는 말이 가장 보편적으로 사용되었고, '어진'이라는 단어도 사용되었다고 한다. '어진'이라는 단어는 1713년(숙종 39)에 행해진 어진 도사과정에서 신하들의 논의를 거쳐 쓰도록 한 한국식 한자어라고 한다. 자세한 내용은 이성미, 『어진의궤와 미술사 - 조선국왕 초상화의 제작과 모사』, 소와당, 2012, 19~23쪽을 참조할 것. 이글은 왕의 초상화를 가리킬 때는 '어진'을, 왕후 또는 왕과 왕후의 것을 함께 언급할 때는 '영정'이라는 용어를 사용하고자 한다.

창덕궁 서북쪽으로 옮겼다. 태종 8년(1408), 태조가 승하였고 혼전을 인소전으로 정하면서 '문소전'이라 개칭하였다.[4] 태종 10년(1410) 7월 26일, 문소전에 있던 태조와 신의왕후의 신주를 종묘에 부묘하였고, 3일 후에 태조와 신의왕후의 초상화眞를 봉안하고 태종이 친히 제사를 지냈다.[5] 이때부터 태조와 신의왕후의 혼전이었던 구문소전은 종묘 이외의 왕실 사당으로서, 즉 원묘의 역할을 하게 된 셈이다.

두 번째로 조선 초기 원묘로 태종과 왕후 원경왕후元敬王后 민씨閔氏의 혼전이었던 광효전이 있다. 세종 2년(1420) 7월에 원경왕후가 돌아가시자 창덕궁 동북쪽에 혼전을 마련하였고, '광효전'이라 하였다. 세종 4년(1422)에 태종이 승하하자 혼전을 광효전으로 정하였다. 이후 세종 6년(1424)에 태종과 원경왕후를 종묘에 부묘하고, 그 위판位版을 광효전에 봉안하면서 원묘로 전환되었다. 구문소전과 마찬가지로 광효전도 혼전이었던 공간이 원묘로 전환된 셈이다.[6]

이렇게 구문소전과 광효전이 자연스럽게 원묘로 자리잡을 수 있었던 배경을 고려의 진전을 통해 이해할 수 있을 것이다. 고려의 진전은 국가사전에 대사大祀[7]로 분류되어 있었던 경령전景靈殿과 원찰願刹 혹은 원당願堂의 형태로 나누어 볼 수 있다. 경령전은 유교의 사전체제를 바탕으로 만들어진 태조와 현 국왕의 4대 직계를 모시는 5실제로 운영되었다. 하지만 이곳에서의 실제적인 의례의 형식과 내용은 불교식이 많았으며, 그 시일도 사전祀典 그대로 엄격하게 준수되지는 않았다. 원찰 혹은 원당은 선왕·선후의

4_ 『太宗實錄』권16, 태조 8년 8월 신축. "改仁昭殿爲文昭殿."

5_ 『太宗實錄』권20, 태종 10년 7월 갑오. "奉安太祖康獻大王及神懿王后之眞于文昭殿 親祭之 文昭殿朝夕獻官 以入番宦官及內侍官爲之."

6_ 이현진에 의하면, 조선 초기 혼전은 궁궐이 공사 중이었기 때문에 국왕이 거처하는 궁이나 궐 밖에 마련되기도 하였다. 태조와 신의왕후의 혼전이었던 구문소전은 창덕궁 서북쪽에 있었고, 태종과 원경왕후 혼전이었던 광효전이 창덕궁 동북쪽에 있었던 것이 그 예이다. 이 두 혼전은 종묘 부묘 후에 원묘로 전환된 유일한 경우라고 한다. 이후 1433년(세종 15)에 새로운 문소전이 건립되면서부터 궐 밖에 세우던 혼전들을 궐내에 건립하거나 기존 전각을 이용하였다고 한다. 이에 대해서는 이현진, 「조선 왕실의 혼전」, 『조선시대 문화사 (상)』, 일지사, 2007을 참조할 것.

7_ 김철웅에 의하면, 조선과는 달리 고려의 원묘는 태묘보다 더 중요하게 취급되었다. 그 근거로서 경령전에서 국왕의 즉위식, 군례 장수를 전선으로 파견하는 의식, 왕비 책봉 의식, 왕의 맏아들을 낳았을 때 축하의식, 왕태자를 책봉하는 의식, 왕태자의 칭호와 부(府)를 세우는 예식, 왕태자의 관례를 거행하는 의식 등이 행해졌음을 지적하고 있다. 金澈雄, 「고려시대 太廟와 原廟의 운영」, 『國史館論叢』第106輯, 국사편찬위원회, 2005를 참조할 것.

명복을 빌기 위해 사찰에 마련한 사당이다. 왕과 왕후가 승하하면, 이곳에 영정을 봉안하고 혼전으로 삼았고 종묘 부묘 후에도 유지되었다. 이렇게 고려의 진전은 이분화 된 형태였으며, 실제적으로는 왕실의 사적인 공간의 성격이 강했던 원당에서 의례가 더 많이 행해졌다. 이렇게 고려 진전의 특징은 '영정'과 '불교'였다고 할 수 있다. 그러나 이것은 조선으로 넘어오면서 변화되기 시작하였다.

먼저, 원묘의 공간이 불당에서 궁궐로 이동하였다. 다음의 실록내용은 태종이 인소전 터를 정하면서 불당도 함께 지어야 할지를 논의한 것이다.

> 내가 처음에는 진전만 세우고자 하였는데, 김첨金瞻이 불당佛堂이 있어야 마땅하다고 말하니, 함께 짓는 것이 가하다고 하였다. 지신사知申事 황희黃喜가 말하기를, "불당 하나를 짓는 것이 비록 폐가 없다고는 하시지만, 후세에 법을 남기는 것이면 옳지 못합니다." 고 하였다.[8]

태종은 김첨이 진전과 불당이 함께 있어야 마땅하다고 말한 것을 어떻게 처리해야 할지를 물었다. 이에 대해 황희는 후세에 관례가 될 것을 염려하면서 반대하였다. 그 결과는 세종 1년(1419)의 실록을 통해서 확인할 수 있다.

> 각 도道에 있는 사찰寺社의 승려들이 계속해서 부처의 뼈와 사리를 올리므로, 허조許稠는 돈화문敦化門 안으로 들어오는 것을 허락하지 말라고 청하였다. 임금(세종)은 이 말을 받아들여, 문소전불당文昭殿佛堂에 모아 두도록 하였다.[9]

구문소전 안에 불당이 있었다는 사실을 "문소전불당文昭殿佛堂"이라는 표현으로 짐작할 수 있다. 태종대에 이미 이념적으로는 배불론을 표명하였지만, 내부적으로는 여전

8_ 『太宗實錄』 권11, 태종 6년 5월 병진. "予初欲只置眞殿 金瞻言宜有佛堂 可令幷營 知申事黃喜曰 營一佛堂 雖曰無弊 但垂法後世則未可也."

9_ 『世宗實錄』 권5, 세종 1년 8월 기해. "各道寺社僧人 續進佛骨及舍利 許稠請勿許入敦化門內 上從之 命聚置于文昭殿佛堂."

히 불교적인 관습이 남아 있었다는 사실을 예상할 수 있다. 그러나 사찰 안에 진전을 두었던 고려의 원찰과는 달리, 구문소전의 전각殿閣 안에 불당을 따로 두는 형태로 변화되었다. 사당과 불당이 여전히 짝을 이루었지만, 불당은 더 이상 사당의 중심이 아니었다. 진전이 불당 안에 마련되었던 고려와는 달리, 궁궐 안으로 들어옴으로써 공간의 중심이 불당에서 궁궐로 이동한 것이다.

공간의 변화와 함께 반혼返魂의 상징물도 변화되었다.

> 김첨金瞻이 아뢰기를, "진영眞影을 베푸는 것은 불씨佛氏와 노자老子에게서 비롯되었고, 한漢나라 초기初年에 비로소 시작되었습니다. 송宋나라 인종仁宗에 이르러 그 제도가 번성하여 집 수천 간間을 세워 종묘를 소홀하게 여기고 진전眞殿을 중요하게 여기며 모두 소찬素饌을 베풀었으니, 불씨佛氏의 도道에서 연유한 것입니다." 라고 하였다.[10]

김첨은 초상화를 봉안하는 것은 부처와 노자에게서 비롯된 것으로 말한다. 이것이 한나라를 거쳐 송나라 때에 번성하여 종묘보다 더 중요하게 여겨졌다고 지적한다. 김첨의 비판에도 불구하고 구문소전에는 태종 10년(1410) 태조의 종묘 부묘 후, 태조와 신의왕후의 영정이 봉안되었다.[11] 하지만 이후 광효전에는 태종과 원경왕후의 위판이 봉안되었다. 구문소전과 광효전의 공간 중심과 반혼의 상징물의 변화과정을 보았을 때, 고려의 경령전과 원당이 통합된 형태였다고 볼 수 있다. 고려시대 원당을 중심으로 하는 구습이 한 번에 단절되지 못한 과도기적 모습이라 볼 수 있다.

이것은 태조와 신의왕후의 기신제에 관한 실록의 내용을 통해서도 확인할 수 있다. 구문소전에서 처음으로 기신제를 지내기로 한 것은 태종 17년(1417)이었다.

10_ 『太宗實錄』 권10, 태종 5년 12월 신사. "金瞻啓曰 眞影之設 本於佛老 漢初始起 至宋仁宗 其制大盛 立屋數千間 以宗廟爲輕 眞殿爲重 皆設素殽 因佛氏之道也 然立眞殿 非古也."

11_ 그리고 나서 두 달 후, 구문소전에 신의왕후의 새로 그린 화상(新畫)를 봉안하였다.(『太祖實錄』 권20, 태종 10년 9월 기묘) 1년 후, 태조의 어진도 평양에 있는 진전에 있는 것을 가져와 화공(畫工)으로 하여금 모사(摹寫)하게 하여 구문소전에 봉안하였다(『太宗實錄』 권21, 태종11년 5월 을유). 영정이 낡거나 손상되었을 경우에는 다시 그려서 봉안하는 것이 관례였던 것이다.

변계량卜季良은 일찍이 상정소제조詳定所提調가 되어 예조에 의논하기를, "태조와 신의왕후의 기신에 다만 사찰에서 재齋를 베풀고 원묘에서 제祭를 지내는 것은 불가하다고 하니, 문소전에서 제사지내기를 청하는 계목啓目을 올리고자 한다."고 하였다.[12]

의례상정소儀禮詳定所 제조였던 변계량卜季良은, 태조와 신의왕후 기일에 사찰에서 재齋만 베풀고 원묘에서 제사祭는 안 된다고 한 것에 대해 문소전에서 제사지내는 계목을 올리고자 한다고 예조와 논의하는 내용이다. 아무래도 관성적으로 고려시대 사찰에서 올리던 기신제의 관습을 완전히 벗어나지는 못한 것으로 보여진다. 선왕의 원묘가 궁궐 근처로 이전되었지만 여전히 불교의 재가 행해지던 현실을 지적한 것이다.

구문소전에서 친향親享을 처음 시작한 때는 태조와 신의왕후가 종묘에 부묘되고 3일이 지난 뒤인 태종 10년(1410) 7월 29일이었다. 이후 태종 15년(1415)에 예조와 의례상정소에서 '문소전친향의文昭殿親享儀'를 상정하였다.[13] 처음 문소전친향의는 종묘와 동일한 사시대향四時大享이었지만, 태조는 몇 달 후 사시대향을 없애기로 하고 조석상식朝夕上食과 속절제俗節祭만 지내기로 결정한다.[14] 그러나 1년 만에 사시대향을 복원시켰다.[15] 이렇게 확고한 원칙 없이 우왕좌왕했던 것은, 당시 마땅히 참고할 만한 전례도 없었고 시기적으로도 건국초기였기 때문일 것이다. 이것은 아직 구문소전과 광효전 의례가 조선의 공식적인 국가의례로 자리 잡지 못했다는 것을 의미한다.[16]

12_ 『太宗實錄』 권34, 태종 17년 9월 기사. "卜季良嘗爲詳定所提調 議於禮曹曰 太祖及神懿王后忌晨 只設齋於佛祠 闕祭於原廟不可 欲上啓目 請祭文昭殿."

13_ 『太宗實錄』 권29, 태종 15년 3월 신축. "禮曹與儀禮詳定所上諸祀儀 參稽古典及今朝廷禮制 詳定宗廟親祫儀 攝事儀 朔望奠儀 祈告儀 薦新儀 祭中雷儀 文昭殿親享儀 風雲雷雨壇祈雨儀以獻."

14_ 『太宗實錄』 권30, 태종 15년 9월 정유. 당시에는 구문소전 이외에 태조의 진전들과 능에서도 사시대향을 행하고 있었다. 지방(경주·전주·평양)에 있던 태조 진전의 경우에는 4맹삭 대향과 유명일의 별제를 각 해당 도의 사신과 수령으로 하여금 행하도록 하였다. 그러다가 태종 15년(1415) 9월 3일에, 경주·전주·평양의 태조진전의 사시 대향을 없앤다.

15_ 『太宗實錄』 권32, 태종 16년 7월 정유. "復文昭殿 濬源殿 健元陵 齊陵四時大享祭."

16_ 이러한 사정은 구문소전 뿐만 아니라 산릉과 태조의 여러 진전도 마찬가지였다. 사실, 다른 의례보다 사시대향은 종묘와의 긴장관계를 초래할 수 있는 것이었다. 의례의 규모를 보았을 때, 사시대향은 가장 큰 것으로 원묘의례와 확연히 구별되고 더 높은 위상을 보여주는 것이었다. 어찌 보면, 조선 초기 원묘 및 여러 능과 진전의 의례는 종묘와 대등한 자리 내지 뚜렷한 차이가 없었다고도 볼 수 있겠다. 태종 15년(1415)에 문소전 친향 의주(儀註)를 정하면서 여러 집사

한편, 불교식 재齋에서 유교식 제祭로 변화됨에 따라 사당에 올리는 제수도 달라져야 했다. 제수를 육선肉饍으로 할 것인가 아니면 소찬素饌으로 할 것인가를 결정하는 문제가 논의되었다.

> 임금(태종)이 말하였다. "만일 불가佛家에 진전을 둔다면 마땅히 소찬을 써야 하지만, 따로 실室을 마련하였다면 고기를 쓰는 것이 마땅하다. 다만 평일에 즐기시던 어육魚肉·포해脯醢 등의 제물로 드리라."[17]

태종은 구문소전에 올리는 제물을 평소에 즐기시던 육선을 올리라고 한다. 이제 구문소전은 예전과는 달리 사찰 안에 있는 것이 아니기 때문이다. 이미 불당과 분리된 공간에서는 소찬이 아닌 다른 것을 올릴 수 있었다. 하지만 이것은 단번에 실현되지 못했다.

> 임금(태종)이 말하였다. "내가 지난번에 생선鮮味을 문소전에 드리고자 하니, 모두 말하기를, '원묘에는 고기를 쓰는 것이 마땅치 않습니다.' 하여서 그만두었다. 이것은 불씨의 법이다. 제수는 종묘의 禮를 쓰지 않으면서 오직 기명器皿만 종묘를 따르는 것이 어찌 그릇되지 않느냐?"[18]

위의 실록은 태종이 구문소전에 생선鮮味을 올리고자 하였는데, 원묘에는 고기를 올리지 않는 것이라는 신하들의 반대로 그만두었다는 내용이다. 이것은 불교의 법이기 때문에 구문소전에 올리는 제기만 종묘의 禮 즉, 유교의 禮를 따르고 그 내용물은 따르지 않는 것이 잘못된 것이라 지적하고 있다.

(執事)를 종묘 집사의 직품(職品)에 의거하기로 결정한 데에서 이를 추측할 수 있다.

17_ 『太宗實錄』 권10, 태종 5년 12월 신사. "上曰 若於佛家置眞殿 則宜用素飧矣 別立其室 則宜用肉也 但以其平日所嗜魚肉 脯醢等物薦之."

18_ 『太宗實錄』 권30, 태종 15년 8월 갑술. "上曰 予於向者 欲以趁時所得鮮味 輒獻文昭殿 皆謂原廟不當用肉 遂止 是乃佛 氏之法 其殽不用宗廟之禮 唯器皿獨依宗廟 豈不誤哉."

이상을 정리하면, 구문소전과 광효전은 고려시대의 진전과는 다른 모습으로 변화되었다. 사당의 근거지가 변함에 따라 의례 주관자도 자연스럽게 승려에서 왕으로, 반혼의 상징물은 영정에서 위판으로 변화되었다. 이에 따라, 제물도 소찬에서 육선으로 바뀔 수 있었다. 사당과 반혼의 상징물, 그리고 의례의 제반 사항이 변화되는 과정에서 고려의 불교와 영정이 결합된 '진전'의 개념이 탈색되어 갔음을 확인할 수 있다.

구문소전과 광효전 의례는 공식적으로 유교적 원묘의 형태로 건립된 것이 아니라, 고려의 불교적 색채를 지닌 원묘의 모습 그대로를 이어나간 셈이다. 관습도 사회의 시스템으로 보면, 고려의 구습을 그대로 유지하였다는 것은 불교와 영정의 요소를 담지한 고려 진전의 모습이 여전히 남아있었다. 조선 초기 원묘형태를 가졌던 구문소전과 광효전 의례는 원묘에 대한 새로운 운용의 원칙이 정해지지 않은 상황에서 암묵적으로 이루어진 셈이다.

유교적 이념으로 건국된 조선이라는 점을 상기해보면, 원묘는 불교의 색채가 강한 고려의 원당에서의 의례의 모습을 담고 있었다는 사실과 공인력을 가지고 실천되었다는 점에 주목할 필요가 있다. 고려의 경련전을 모델로 삼기보다는 원당과 원당 의례의 잔재가 연속되고 있었다는 사실을 확인하였다. 그러나 구문소전과 광효전에 대한 폐지여부 논의는 없었다. 이것은 재위 왕의 생물학적인 부모가 선왕과 동일했기 때문에 별다른 논란 없이 진행되었다고도 생각할 수 있다. 조선 초기 유교적 이념을 실천하기 위해 태종대에 의례상정소를 설치하여 국가의례 전반을 새롭게 정비하였다. 그리고 세종대에 국가의례를 좀 더 단단하게 다지기 위해 고례를 검토하게 하였다. 이러한 시대적인 분위기에서 종묘이외의 사당에서 별도의 의례를 재고의 여지없이 실천했다는 것은 쉽게 이해할 수 없다. 따라서 구습의 잔재만으로는 충분히 설명될 수 없다고 본다. 왕의 생물학적 부모가 아무리 종묘에 봉안되어 있었어도 종묘의례에서 할 수 없는 부분이 있었기 때문이다. 이것은 조상신에 대한 마음, 情의 표현이고 여기에서 얻는 충족감 때문이다. 따라서 이글은 문소전이 다른 정서적 왕실 조상신 모델들과 달리, 처음부터 공식성을 부여받아 설립된 사당으로 보이지만, 내적인 동인에는 왕의 의지와 행동이 주요했다고 본다. 구문소전과 광효전부터 왕의 의지와 행동이 이후 문소전 설립으로 이끈 동력이 되었다고 본다.

구문소전과 광효전 의례는 완전히 조선의 원묘로 자리 잡은 형태는 아니었으므로 정사로도 음사로도 분명하게 분류되지 않은, 그러나 국가의 반半공식적인 의례였다는 점에서 '준정사'의 성격을 가진다고 할 수 있겠다.

2. 친친지의親親之義의 구현과 생물학적 보본반시의 계보

고려와 조선의 과도기적 모습으로 유지되었던 구문소전과 광효전 의례가 조선의 확고한 원묘[19] 의례로 정착하였던 시기는 세종이 문소전을 건립한다는 교지를 반포한 때부터라고 할 수 있다. 세종 15년(1433) 5월 3일, 세종은 새로운 원묘로 문소전을 건립하는 이유와 운용의 원칙을 다음과 같이 말하였다.

> 돌이켜 생각하건대, 원묘를 설치하는 것은 역대가 같지 아니하여 송조宋朝에서는 제관諸觀의 신어神御를 합하여 경령궁에 모셨으니, 곧 情·禮에 적중한 것이다. 지금 태조와 태종의 원묘를 각각 따로

19_ 조선시대 원묘의 시초를 계성전(啓聖殿)으로 보는 경우도 있다. 계성전은 태조의 선조 환조(李子春)의 혼전이다. 태조 3년(1394)에 이성계가 환조의 영정을 경천사에 봉안하였다가, 태조 6년(1397)에 왕실의 원찰로 흥천사가 세워지자 이곳으로 모시고 진전으로 삼았다. 정조 2년(1400)에 이곳을 '계성전'이라 하였고, 태종대에 이르러 사시, 유명일, 삭망일마다 의례를 행하였다. 환조의 신주가 영녕전에 부묘되면서 세종 6년(1424)에 혁파되었다. 원묘의 개념이 종묘 이외의 별도의 이중적인 사당이라는 점에 비추어볼 때, 영녕전이 부묘된 후에 계성전이 혁파되었기 때문에 원묘의 시초로 보기는 어렵다.
또한 몇몇 지방에 마련된 태조의 사당과 원묘를 구분할 필요가 있다. 이것은 한(漢) 나라 때 군국(郡國)에 고조의 사당을 세웠던 제도를 따른 것으로 그 대상이 태조에 국한되었다는 점, 그리고 장소가 도성 밖이었다는 점에서 원묘의 성격과는 다르다. 조선시대 구문소전 이외의 태조의 어진을 봉안한 사당은 지방에 다섯 곳—영숭전·집경전·준원전·목청전·경기전—이 더 있었다. 그 건립 시기와 공간적 의미는 다음의 표와 같다.

진전	건립연대	소재지	공간적 의미
영숭전(永崇殿)	국초	평안도 평양	고려의 古都이자 고려의 서경
집경전(集慶殿)	국초	경상도 경주	신라의 古都이자 고려의 東京
준원전(濬源殿)	태조 5년	영안도 영흥	桓祖의 舊邸이며 태조가 태어난 곳
목청전(穆淸殿)	태종조	경기도 개성	태조 잠저시의 舊宅地
경기전(慶基殿)	태종 10년	전라도 전주	國系의 御鄕인 전주부성의 남문안

세운 것은 옛 제도에 맞지 아니할 뿐 아니라, 후세의 자손이 각각 묘묘廟를 세우면 사당神宇이 너무 많아져서 계속하여 시행하기 어렵지 않을까 염려된다. 이에 예관에게 명하여 고금의 제도를 참작하여, 궁성 안에 침전寢殿을 다시 세워 이름은 그대로 문소전으로 하고, 후대에 봉사하는 신위는 오실五室을 넘지 못하게 하였다. 신어지물神御之物과 예악禮樂의 기구를 모두 새롭게 고쳐서 일대一代의 규범을 창립하여 만세의 법전으로 정하였다.[20]

세종의 말을 네 가지로 요약해 볼 수 있다. 첫째, 태조와 태종의 원묘를 각각 따로 세운 것은 옛 제도 즉, 송나라의 경령궁에 근거하여 볼 때에 맞지 않는다는 것이다. 또한 후세의 자손들이 각각 사당을 세우면 너무 많아져서 그 의례들을 시행하기 어려워질 것이라는 점이다. 둘째, 고금의 제도를 참작하여 궁성 안에 침전寢殿을 다시 세우고 이름을 그대로 '문소전'으로 한다는 것이다.[21] 셋째, 봉사하는 신위는 오실五室을 넘지 못하게 한다. 넷째, 이곳에 모신 조상신들을 위한 물건과 예악에 관한 것을 모두 새롭게 제정하여 만세의 법전으로 정한다는 것이다.

1) 친친지의親親之義의 구현

조선이 유교이념으로 건국되었다는 사실을 상기해보면, 구문소전과 광효전 의례는 불교적 구습의 잔재로 지속되어서는 안 된다. 또한 왕의 사적인 의례의 성격이 강했기 때문에 정리되어야 할 듯한데, 오히려 세종대에 공식성을 갖추었다. 불교적 잔재와 공식성이라는 문제가 유교적 이념에 어긋난다고 볼 수 있는데, 처음부터 두 의례에 대한 단절은 논의되지 않았다. 다시 말해, 구문소전과 광효전의 과도기를 거쳐 조선전기 공

20_ 『世宗實錄』권60, 세종 15년 5월 을묘 "顧念原廟之設 歷代不同 宋朝合諸觀神御 安於景靈宮 乃得情禮之中 今我太祖太宗原廟各異 非惟不合古制 慮後世子孫各立其廟 百世之後 神宇不勝乎繁 可繼可述 不亦難乎 肆命禮官 參酌古今 宮城之內 改建寢殿 仍號文昭 後代奉祀 無過五室 凡其神御之物禮樂之具 一切更新 創立一代之規 定爲萬世之典."

21_ 세종 14년(1432) 10월 29일 예조에서 새 원묘의 이름을 문소전으로 결정한다(『世宗實錄』권58, 세종14년 10월 갑인). 전호가 문소전으로 결정되기 전에 효선전(孝先殿)·소효전(昭孝殿) 등의 후보가 있었고 봉성전(奉誠殿)으로 결정하여 예조에 올렸다. 그러나 약 한달 후, 문소전으로 결정되었다.

식적인 원묘가 생성된다. 그렇다면, 종묘 이외의 공간을 따로 만들어 이중적으로 왕실 조상신들을 모셨던 근본적인 명분은 무엇이었을까?

> 임금(세종)이 지신사知申事 안숭선安崇善에게 이르기를, "원묘를 설치한 것은, 대를 이은 임금이 돌아가신 이를 섬기는 것을 살아계신 것처럼 섬기기 위함이다. 천향薦享을 살아계실 때처럼 하여 종묘 제사와 구별하기 위한 것이다." 고 하였다.[22]

> 명종이 말하길, "세종께서 원묘를 두신 것은 평상시 아침·저녁을 올리는 것을 본받아, 오직 부모님을 가까이에서 모시는 도리親親之義를 중시한 것이다." 라고 하였다.[23]

원묘는 돌아가신 부모님을 마치 살아계신 것처럼 모시기 위해 마련된 공간이었다는 것을 세종의 말을 통해서 확인할 수 있다. 또한 세종이 원묘를 세운 것은 한나라의 원묘제도를 본 뜬 것으로, 부모님이 살아계신 것처럼 아침, 저녁 수라를 올려 가까이에서 모시고자 하는 '친친지의'를 구현하기 위한 것이다. 따라서 원묘의 명분은 부모親을 곁에親 계신 것처럼 '情'을 표현하는 것이다.

친친지의의 구현은 '혼전魂殿'과 '원묘' 개념이 혼용되었던 것에서도 확인할 수 있다. 혼전은 장례를 치른 날부터 종묘에 부묘祔廟할 때까지 신주虞主를 두는 공간이다. 혼전에서는 '혼전조석상식魂殿朝夕上食', '혼전사시급납향친향魂殿四時及臘親享', '혼전속절급삭망친향魂殿俗節及朔望親享'이 행해졌으며, 시일時日은 아침·저녁은 물론 사시와 삭망 그리고 속절로 원묘의례와 동일하다.

사실, 종묘에 신주(우주)를 부묘하면 혼전의 역할은 끝나지만, 고려시대와 조선 초까지는 종묘 부묘후에도 혼전에 선왕·선후의 영정을 봉안하고 지속적으로 의례를 행하기

22_ 『世宗實錄』 권54, 세종 13년 12월 을묘 "上謂知申事安崇善曰 原廟之設 繼世之君 欲事亡如存 凡所薦享 一如生時 以別於宗廟之祭."

23_ 『明宗實錄』 권5, 명종 2년 5월 무인. "慈殿曰 世宗設原廟 象平時爲朝夕之奠 只重其親親之義也云."

도 하였다. 이때 혼전의 역할이 원묘와 동일했다고 볼 수 있다. 혼전과 원묘의 역할과 개념이 철저히 구분되기 시작된 것은 세종대에 문소전이 건립되면서부터이다.

　'친친지의'의 명분은 생물학적인 부자관계를 전제한다. 이것이 원묘와 종묘의 기능이 다를 수밖에 없었던 근본 원인이다. 친친지의의 구현이라는 원묘의 생성명분은 종묘의 생성명분과 대비된다. 종묘와 원묘는 모두 왕실 조상신을 모시는 사당이었지만, 왕통 중심 계보를 봉안한 종묘는 왕통의 정당성을 드러내고 그 제도적 합법성을 인정받는 정치적 성격이 강한 공간이라 할 수 있다. 원묘의 성립배경에서 정치적인 성격을 배제할 수 없지만 가장 중요한 성격은 조상신을 가까이 모시고자 하는 친친지의였다는 점에서 종묘와 대비된다. 종묘와 원묘 각 공간의 성격과 의례의 성격 및 시일이 달라지는 원인도 이것에 근거한다.

> 근본에 보답하고 근원을 돌아본다報本反始는 것은 『禮經』의 법도이며, 돌아가신 부모님을 살아계신 것처럼 섬기는 것은 지극한 효성이다. 그러므로 역대 제왕이 종묘를 세워 태고의 禮를 숭상한 것은 종묘를 신성神聖하게 여긴 것이며, 또한 원묘를 지어 부모를 살아계실 때처럼 섬긴 것은 원묘를 친근하게 여긴 것이다.[24]

　세종은 '효'를 나의 근본인 부모의 은혜를 보답하고 돌아보는 것, 즉 『禮經』의 "보본반시"를 근거로 말한다. 종묘와 원묘는 모두 돌아가신 부모님을 섬긴다는 보본반시의 이념에 따른 지극한 효성의 발로이다. 그러나 종묘는 일정한 거리를 두고 경건하고 신성하게 여기는 것, 원묘는 평상시처럼 부모님을 가까이에서(親) 섬긴다는 점이 구별된다고 한다. 따라서 종묘와 원묘 모두 넓은 의미의 '효'를 바탕으로 생성되었지만, 종묘는 왕통을 중심으로 한 보본반시를, 원묘는 혈통을 중심으로 한 보본반시를 표현하고 따른다고 하겠다.

24_ 『世宗實錄』 권60, 세종 15년 5월 을묘 "報本反始 禮經之常 事亡如存 孝誠之至 故歷代帝王 旣立宗廟 禮尙太古 所以神之也 又設原廟 事以平生 所以親之也."

원묘와 종묘의 구현하는 바가 달랐다는 것은 다음의 실록을 통해 더욱 분명하게 확인할 수 있다.

종묘는 신도神道로 섬기므로 禮가 극히 엄숙하여, 의례를 행할 때마다 두려워하는 마음이 크고 사람들로 하여금 두렵게悚然한다. 문소전은 오로지 살아계실 때와 같이 모습이 완연하고, 그 마음이 기쁘고 슬하에서 얼굴을 뵈옵는 날과 같다.[25]

종묘는 "신도로서 섬기는 예神道之禮"를 명분으로 삼기 때문에 사적인 '情'과 친근함보다는 엄숙한 '禮'와 '두려움'이 강조된다. 이와는 달리, 원묘는 조상신들을 마치 살아계실 때처럼 친근하게 모시기 위한 것이므로 禮의 형식보다는 마음이 강조된다. 이렇게 볼 때, 종묘와 원묘는 각각 정묘/별묘, 신도지예/친친지의, 왕통/직계혈통이라는 대비점을 가진다고 할 수 있다. 양쪽 모두 동일한 왕실 조상신을 모신다는 점에서는 이중적 또는 중층적 구조를 이루고 있지만, 구현하고자 했던 명분만은 명백하게 구별되었다.

2) 생물학적 보본반시의 계보

친친지의의 구현은 문소전 설립에 관한 세종의 교지에서, 봉안 신위는 5실을 넘어서는 안 된다는 내용에서도 확인할 수 있다. 봉안 세대수에 대한 문제는 문소전을 설립하기 전인 세종 13년(1431)부터 이미 논의된 것으로 확인된다.[26] 세종은 집현전으로 하여금 문소전에 봉안할 세대수를 고제를 상고하여 정하라고 명하였다. 집현전에서는 당나라와 송나라의 전례를 들어 불천지위不遷之位로 봉안했다는 사실을 알렸지만, 황희와 몇몇 신하들은 종묘가 두 개가 되는 것과 같다며 반대하였다. 세종과 신하들은 재차 논의

25_ 『太宗實錄』 권30, 태종 15년 8월 갑술. "然念宗廟以神道事之 禮極嚴肅 每當行事 戰兢祗畏 令人悚然 而文昭殿專象生平 容儀宛然 情懷悅懌 怳如承顏膝下之日."

26_ 『世宗實錄』 권54, 세종 13년 12월 신해.

하였고 결국 5대까지만 봉안하기로 결정한다.[27] 조상신과의 친親을 기준으로 삼는 5대 봉안은 종묘의 불천지위와는 명백히 구분되는 것으로 친친지의의 성격이 드러나는 부분이다.

문소전의 봉안 세대수를 5실을 넘지 말라는 원칙은 위차(왕통)와 세차(혈통)이 동일한 것을 전제로 하여 종묘에 부묘된 선왕이 당연히 문소전에 부묘될 것이라 전제한 것이었다. 적장자의 왕위 계승이 이루어지지 않는 돌발 상황이 발생했을 때, 문소전에 재위 왕의 생물학적 계보를 중심으로 한 어버이를 봉안해야 하는지, 아니면 종묘와 동일하게 왕통을 중심으로 한 어버이를 봉안해야 하는지에 대한 세부 규정은 없었다.[28] 후대로 갈수록 왕통과 혈통이 동일하지 않은 왕의 재위하면서 봉안계보를 결정해야하는 상황에 처했다. 핵심적인 쟁점은 문소전에 왕위에 오른 적이 없는 현왕의 생부를 봉안할 수 있느냐 없느냐였다. 문소전의 봉안 대상을 결정해야 하는 상황은 단순히 왕통이냐 혈통이냐 선택의 문제만을 의미하지 않는다. 재위 왕의 생부가 아닌 선왕을 문소전에 봉안하면, 돌아가신 부모님을 살아계신 것처럼 모시기 위해 설립된 문소전의 의미가 유명무실해질 수 있었다. 문소전의 봉안대상을 결정하는 과정은 문소전이 설립된 목적이자 명분이었던 '친친지의'가 실제적으로 어떻게 구현되어갔는지 확인할 수 있기 때문에 중요하다. 더 나아가 당시 생물학적 조상신의 의미를 알 수 있는 대목이다.

재위 왕의 생부가 왕통과 일치하지 않았던 상황에 처음으로 직면했던 때는 성종대였다. 당시에는 세조와 예종을 한꺼번에 문소전에 부묘해야 하는 문제에도 봉착하였다.

먼저, 세조와 예종의 부묘문제를 살펴보자. 세조가 승하한 후 예종이 즉위하였지만 얼마 되지 않아 예종도 승하하였다. 예종의 뒤를 이어 왕위에 오른 성종은 한꺼번에 두 왕을 문소전에 부묘해야 하는 상황에 직면하였다. 당시 문소전 4개의 실室에는 태조 · 신의왕후, 태종 · 원경왕후, 세종 · 소헌왕후, 문종 · 현덕왕후의 위판이 봉안돼 있어서, 세조와 예종을 모두 부묘하기에는 실수가 부족했다. 세조와 예종을 모두 봉안하려

27_ 『世宗實錄』 권55, 세종 14년 1월 18일.

28_ 조선시대 적자계승으로 왕위에 오른 경우는 문종, 단종, 연산군, 인종, 현종, 숙종, 순종 7왕뿐이었다.

면 부득이하게 1실을 옮겨야만 하는 상황이었다. 이 문제와 관련된 논의를 실록을 통해 살펴보자.

> 신숙주가 대답하기를, "태조·태종·세종·문종을 4실室로 하였는데, 만약 세조를 부묘한다면 5
> 실室로 차게 됩니다. 그렇다면 예종은 부묘할 만한 실室이 없습니다. 신의 생각으로는 문소전은 종묘
> 의 법칙例이 아니고, 오로지 부모님을 살아계실 때처럼 모시는 도리親親之義를 숭상합니다. 이에 따라
> 이전에는 공정왕을 부묘할 수가 없었습니다. 만약 예종을 올려서 부묘한다면 문종의 신주는 부득이
> 옮겨야 마땅할 것입니다. 지금 문종을 옮기고 세조를 부묘하는 것이 편하겠습니다." 고 하였다.[29]

신숙주는 태조를 제외하고는 친소親疎의 원칙에 따라 위판을 옮기는 것이 정리情理와 예의禮義에 합당하다고 말한다. 문소전은 친친지의의 명분에 따라 마련된 만큼 방계가 아닌 직계 조상신을 봉안하는 것을 원칙으로 하기 때문에 공정대왕(정종)도 부묘하지 않았다고 덧붙인다. 결론적으로 세조와 예종을 부묘하되 문종의 신주를 옮기는 것이 좋겠다고 한다. 신숙주가 말한 '친소'는 생물학적인 부자관계를 의미하였고, 이것은 원묘의 기본 성격대로 생물학적인 부자봉사父子奉祀의 기준을 따른 것이었다. 문종과 세조는 형제관계였기 때문에 세조가 부묘되면 문종과 세조는 근친·부자봉사라는 문소전의 원칙에 어긋난다. 따라서 형제관계였던 문종과 세조를 1世로 파악하여 문종을 체천하는 것이 가장 타당하다고 본 것이다. 이것은 문소전의 5대 세대수 봉안은 생물학적 부자관계를 기준으로 한다는 원칙으로 결정한 것과 같았다.

성종대에 문소전의 봉안대상과 관련한 두 번째 문제는 성종이 생부 의경세자懿敬世子 (1438~1457, 세조의 장남이자 예종의 형)을 문소전에 부묘하고자 한 것이었다. 성종은 생부를 종묘와 더불어 문소전에도 부묘하려고 하였다. 다음의 실록 내용을 통해 이러한 사실을 확인할 수 있다.

29_ 『成宗實錄』 권6, 성종 1년 6월 신미. "叔舟對曰 太祖太宗世宗文宗爲四室 若祔世祖則滿五室 然則睿宗無室可祔 臣意文
昭殿非宗廟例 專尙親親之義 故前此恭靖王不得祔焉 若睿宗升祔 則文宗不已得當遷矣 今遷文宗 而祔世祖爲便."

원상院相 등을 불러 전교傳教하기를, "문소전의 실수室數는 한정적으로 정해져 있는데, 만약 회간왕懷簡王을 봉안祔하면 예종은 마땅히 천조遷祧되어야 하는가?" 하니, 모두가 말하기를, "전殿은 더 지을 수 있으나, 성상께서 이미 예종을 어버이考라고 일컬었으니 천조할 수 없습니다."고 하였다.[30]

성종의 생부는 의경세자이지만, 성종은 예종의 뒤를 이어 왕위에 올랐고 이미 문소전에도 예종이 성종의 아버지 자리에 있었기 때문에 옮길 수 없다는 논리였다. 의경세자를 봉안하면 아버지가 두 분(二父)이 된다. 대신들은 종묘와 마찬가지로 문소전에도 위차를 기준으로 성종과 예종을 부자관계로 설정하고 있었던 셈이다.

성종이 의경세자의 문소전 봉안 가능 여부를 공론화시킨 다음날, 정희왕후(세조의 정비이자 의경세자의 어머니)는 이 문제를 다시 원상들과 논의하였다. 부묘를 반대한 신하들은 아버지가 두 분이 되어버리는 양존兩尊의 문제에 더하여, 의경세자가 왕위에 오른 적이 없었다는 자격을 문제삼았다. 문소전의 선왕들과 함께 부제祔祭할 수 없다는 것이다.

이와 달리, 부묘를 찬성한 신하들은 사친을 돌아보는 것이 정의情義라는 명분을 내세웠다. 왕위에 오른 적이 없다는 의경세자의 자격요건에 관해서는, 태조의 4대 조상인 목조 · 익조 · 도조 · 환조도 모두 왕위에 오른 적이 없지만 종묘에 부묘되었다는 사실을 들어 반박하였다. 의경세자의 문소전 부묘에 관한 찬반 대립은, 정희왕후가 의경세자를 부묘하되 문소전의 5실에 빈 공간이 없으니 별묘別廟를 세울 것으로 결정하면서 일단락되었다. 이것은 문소전에서 예종의 위판을 옮기지 않고, 문소전의 별묘를 마련하여 성종의 생물학적 아버지도 봉안할 수 있게 한 그야말로 절충안이었다. 별묘는 세차와 위차, 혈통과 왕통이 일치하지 않으며 왕위에 오른 적이 없는 생부를 원묘에 합법적으로 봉안하기 위해 마련된 또 하나의 공간인 셈이었다. 5실을 넘지 말라는 원칙에 위배되지 않으면서, 의경세자를 조상신으로 섬기고자 했던 성종의 마음까지 충족시킬 수 있는 결정이었다. 이러한 과정을 거쳐 마련된 의경세자의 사당, '의묘'는 의경세자가

30_『成宗實錄』권59, 성종 6년 9월 경오. "召院相等傳曰 文昭殿室數有限 若祔懷簡王則睿宗當遷耶 僉曰 殿可以增造 睿宗則上旣稱考 不可遷也."

종묘에 부묘(1475)된 이후 '연은전'으로 개칭되었고, 경복궁의 옛 세자궁터로 이전되었다.[31] 문소전과 연은전이 동일한 원묘로 여겨졌다는 사실을 다음의 실록을 통해서 확인할 수 있다.

> 부제학 주세붕 등이 상차하기를, "제후 5묘는 성인聖人이 제정한 것입니다. 문소전에 5실, 연은전에 2실이면 태묘 외에 따로 7묘七廟가 있는 것인데, 과연 禮에 맞겠습니까? 또 5실을 넘어서는 안 된다는 것은 선왕의 훈계입니다. 비록 문소전을 늘리지 않더라도 연은전을 늘리면 1실이 늘어나는 것은 마찬가지이니 선왕의 유교遺敎에 맞겠습니까?"[32]

명종대에 인종을 문소전에 부묘하는 문제를 논의하는 내용이다. 인종을 문소전이나 연은전에 부묘하는 문제를 논의하면서 만약 연은전에 부묘하려면 1실을 증축해야 하는데, 이것은 기존의 문소전 5실에 1실이 늘어난 것과 같다고 본 것이다. 문소전과 연은전은 공간적으로는 분리되어 있었지만 동일한 원묘로 인식되고 있었던 것이다. 문소전이 왕통을 전제로 혈통을 중심으로 한 조상신 계보가 봉안된 첫 원묘였다면, 의묘는 생전에 왕위에 오른 적이 없는 왕통을 벗어난 왕실 조상신을 봉안한 첫 원묘였다고 할 수 있다. 결과적으로 '문소전―의묘' 체제는 조선전기의 독특한 형태의 원묘로 형성되었으며, 이는 문소전의 봉안 계보가 혈통 중심으로 확고하게 방향을 잡았다는 것을 보여준다.

한편, 성종대는 사림의 등장과 함께 국가의 기틀이 어느 정도 완성된 시기로 여겨져 왔다. 성종이 생부를 위한 사당을 국가적인 차원에서 건립하였던 결과만을 보면, 이는 의리론적 명분을 내세웠던 사림의 입장과 오히려 반대 방향이었다고 할 수 있다. 이에

31_ 왕위에 오른 성종은 자신의 생부를 성종 2년(1471)에 '덕종'으로 추증(追贈)하였으며, 성종 3년(1472)에 연경궁(延慶宮) 후원에 사당을 건립하였다. 성종 5년(1474)에 명나라로부터 '의경왕(懿敬王)'이라는 고명(誥命)을 받고 이를 근거로 의경묘를 세웠다. 그리고 성종 6년(1475) 10월 12일에 덕종을 종묘에 부묘하였다. 그전까지 덕종에 대한 제사는 덕종의 맏아들이자 성종의 친형이었던 월산대군(月山大君, 1454~1488)의 집에서 행해졌다.

32_ 『明宗實錄』 권5, 명종 2년 5월 임신. "副提學周世鵬等上箚曰 諸侯五廟 聖人之制也 五室於文昭 二室於延恩 太廟之外 別有七廟 於禮何 毋過五室 先王之訓也 而雖不增於文昭 乃增於延恩 其爲增室一也 於先王遺敎何."

대해, 아직 성리학적 이념이 자리 잡지 못한 조선전기였기에 가능했다고 해석할 수도 있다. 그러나 성종이 굳이 문소전의 별묘 형태라도 생부를 공식적으로 봉안하고자 했던 의도와, 의경세자가 덕종으로 추존되어 종묘에 부묘된 이후에도 연은전이 건재했다는 사실을 생각해본다면, 정치적 상황만으로는 충분하게 설명될 수 없다. 후술하겠지만, 성종은 의묘 의례의 절차 중 종묘 의례에만 있는 신관례晨祼禮를 포함시켰고, 의경세자를 종묘에 부묘하기 전에 『국조오례의』에 의묘 의례를 편입시켰다. 이것은 생부에 대한 성종의 마음情에서 비롯된 것으로도 설명되어야 할 것이다.

그렇다면, 성종대 이후에도 문소전에 아무런 제재나 비판 없이 정서적 조상신 계보가 지속적으로 봉안될 수 있었을까? 여기서 잠시 문소전에 정서적 왕실 조상신 계보가 봉안되면서 제기된 비판의 내용을 구체적으로 살펴볼 필요가 있다. 사림의 본격적인 영향력이 발휘된 중종대에 문소전－의묘에 대한 비판이 강하게 제기되었고, 그 폐지를 주장하는 논의까지 있었다.

다음의 실록내용은 희생으로 올릴 소가 묘문墓門에서 죽은 일과 묘 안에 있던 소나무에 벼락이 친 일, 그리고 원묘의 신주가 없어지는 일 등 불미스러운 일들이 발생한 원인에 대해 홍문관 부제학 한효원韓效元 등이 상소한 내용 중 일부이다.

> 『禮記』에 의하면, '제사는 자주 지내지 않는 것이니, 잦으면 번잡하고 번잡하면 공경스럽지 못한 것이다.' 하였습니다. 효자는 조상에게 진실로 그 情을 다해야 하는 것이니 마땅히 극진하게 해야 합니다. 그러나 제사의 이치란 번잡할 수 없음을 알아야 하는 법이니, 반드시 禮에 맞고 義에 합당하게 한 다음에야 자신의 도리도 다하게 되고, 신도 흠향하게 되는 법입니다. 우리나라는 종묘 외에 따로 문소·연은 두 전殿을 세우고 평시에 하루 세 번 상식(上食) 올리는 禮에 따라 진실로 바칠 수 있는 것이라면 모두 올리지 않는 것이 없습니다. 이는 비록 선왕先王들께서 조상 받들기를 효성으로 하고 돌아가신 분 섬기기를 살아계신 분같이 하는 뜻에서 나온 것이기는 합니다만, 당시부터 종묘에는 소략하고 두 전에만 번잡스러운 폐단이 있었습니다. 마땅히 중히 여길 정묘正廟에는 소홀하고 원묘에만 번잡스러워, 하루에 세 번 상식을 올릴 뿐만 아니라 별도로 올리는 일이 또한 잦습니다. 겨우 차렸다가 도로 거두고 거두자마자 다시 차리며 환시宦侍와 재관齋官들이 전 안을 잡답雜踏하면서 때 없이 여

닫고 절차 없이 드나드니, 청결하고 정숙하게 神과 접하는 도리가 아닙니다.[33]

　　문소전-연은전에서의 잦은 의례를 『禮記』를 근거로 비판하고 있다. 『禮記』에 의하면, "제사는 자주 지내지 않는 것이니, 잦으면 번잡하고 번잡하면 공경스럽지 못한 것이다."[34] 라고 지적하고 있다. 부모에게 마음情을 다해 효를 표현하는 것은 마땅하지만, 禮에 합당하게 드려지지 않는 제사는 신이 흠향하지 않기 때문에 문소전-연은전 의례는 禮에 어긋난다고 지적하고 있다. 원묘의 설립 명분이 사친에 대한 情에서 기인한 것이하 할지라도 사당의 일정한 법칙廟制인 禮를 따르지 않는다면, 의례질서가 혼란스럽게 되며 결국 조상신도 그 의례를 받지 않는다는 내용이 핵심이다. 종묘의례의 시일은 엄격하게 지켜진 반면, 왕의 사적인 情인 친친지의를 근간으로 하는 원묘에서는 정해진 시일 이외의 별도의 의례가 행해졌고 제물들도 일정한 규칙 없이 올려지곤 하였다는 사실을 알 수 있다. 종묘는 마땅히 국가의 대사로서 가장 중요한 왕실 조상신 의례인데, 원묘에 왕의 거둥이 빈번해지면 중요도나 우선순위가 종묘에서 원묘로 넘어갈 것을 염려하였던 것이다. 이것이 결과적으로 전반적인 禮의 질서를 무너뜨릴 수 있다고 우려했던 것이다.

　　원묘에 대한 비판은 다음 해에도 위의 내용과 동일한 기준과 근거로 이루어졌다.

　　용근庸謹이 아뢰기를, "근래의 재변이 능묘陵廟에서 많이 발생합니다. 신의 생각에는 능묘 안에 부당한 일이 있어 그런 것으로 봅니다. 옛사람이 '神은 禮가 아닌 것非禮은 흠향하지 않는다.' 하고, 또 '제사를 지나치게 자주하는 것을 흠향하지 않는다.' 고 하였습니다. 지금의 묘제가 대개 예전과 다릅니다. 그 중에도 사의私意로 하는 것이 심합니다. 옛사람이 말하기를 '선조를 받듦에 효를 생각한다.'

<hr>

33_『中宗實錄』권27, 중종 12년 1월 병신. "弘文館副提學韓效元等上疏 略曰 … 記曰 祭不欲數 數則瀆 瀆則不敬 孝子之於祖先 苟可以盡其情 宜無不用其極矣 然知祭祀之理 不可以瀆 必合於禮 宜於義而後 可以盡吾之道 神亦得其享矣 我國家於宗廟之外 別立文昭延恩兩殿 此象平時日三上食 凡所可供 罔不畢薦 此雖出於先王奉先思孝 事亡如事存之意 然當時之弊 亦已略於廟 而瀆於殿矣 忽於所當重之正禮 而瀆於原廟 一日之內 不唯三上食而已 其所別供亦數 纔設復徹 已徹復設 宦寺齋官雜沓於殿內 開闔不以時 出入不以節 甚非所以淸靜交神之道也."

34_『禮記』「祭義」.

하였고, 또 '효를 생각함에 법칙이 있다.' 하였으니, 이것으로 말하면 조종의 뜻은 비례非禮를 경계하라고 한 것입니다." [35]

신神은 禮가 아닌 것非禮은 흠향하지 않으며, 제사를 지나치게 자주 행하는 것은 비례이며, 따라서 흠향하지 않는다不欽는 논리로 연결시키고 있다. 문소전 의례는 禮에 어긋나는 '非禮'라고 지적하고 있다. 『論語』에 의하면, "부모가 살아계신 동안에는 禮로써 섬겨야 하고, 부모가 돌아가시면 禮에 따라 장사지내며, 제사는 禮로써 지내야 한다." [36] 고 하였다. 禮의 테두리 안에서 실천된 의례만을 신이 흠향하기 때문에, 부모에 대한 마음 무한한 情도 禮의 질서 안에서 다듬어져야 했다. 종묘와 원묘의 균형을 유지하기 위해서는 禮의 테두리에서 벗어나지 않는 선에서 문소전—연은전 의례가 실천되어야 한다. 다시 말해, 문소전—연은전의 합법성 여부가 재논의된 것이다.

원묘를 비례非禮로 비판하였던 또 하나의 전거로는 원묘는 본래 성인聖人의 도道에도 어긋난다는 점이었다.

> 신광한申光漢은 아뢰기를, "주자는 본래 원묘의 제도를 그르게 여겼습니다. 주자의 입조立朝가 겨우 40일이라 당시의 제도를 함부로 경솔히 밝힐 수 없었을 뿐입니다. 만약 주자로 하여금 조정으로 하여금 시정하게 하였다면, 예禮·악樂을 제정함에 있어서 반드시 원묘를 버리고 능묘陵廟를 취하였을 것입니다. 공자가 말하기를 '노魯나라의 교체郊禘는 비례非禮다.' 라고 하였습니다. 어떤 이가 체禘에 대해 물었을 때, 공자는 알지 못한다고 대답하였습니다. 공자는 대성大聖이신데 어찌 알지 못하였겠습니까? 이는 당시의 잘못을 감추기 위한 것입니다. 만약 공자로 하여금 천하에 도道를 행하게 하였다면, 반드시 먼저 비례非禮의 일을 바로잡았을 것입니다." [37]

35_ 『中宗實錄』 권32, 중종 13년 4월 계유. "庸謹曰 近來之變 多出於陵廟 臣恐陵廟之中 有不合之事而然也 古人云 神不享非禮 又云 瀆于祭祀 是謂不欽 今之廟制 大槪不古 而其中尤有因私意爲之者 古人云 奉先思孝 又云 孝思惟則 以此言之宗之意 以非禮而示警也."

36_ 『論語』「爲政」. "生事之以禮 死葬之以禮 祭之以禮."

37_ 『中宗實錄』 권32, 중종 13년 4월 계유. "申光漢曰 朱子本非原廟之制矣 朱子立朝僅四十日 當時之制 不可率爾明辨也 若

위의 실록에 의하면, 주자는 본래 능묘陵廟 이외의 원묘를 그르다고 하였고 공자도 노魯나라의 교체郊禘, 즉 선왕의 신주를 놓고 제사지내는 것을 비례非禮라고 보았다. 부모에게 정성을 다하고자 하는 마음, '친친지의'의 명분에 충실하면 할수록 문소전 의례는 비례의 대상으로 지목되었다. 그러나 역설적이게도 禮의 틀을 벗어나 조상신에게 자율적으로 情을 표현하는 것이 문소전 의례의 가장 본질적인 성격이었고 이후의 다양한 정서적 왕실 조상신 계보의 생성동인이었다.

중종대의 문소전-연은전에 대한 강력한 폐지의 논의에도 불구하고, 문소전-연은전은 그대로 유지되었다. 중종은 원묘를 세종의 지극한 효성으로 설립된 것이라는 점을 내세워 자손으로서 함부로 고칠 수 없다고 하며 결국 폐지시키지 않았다. 원묘 문제에 있어서는 성종과 마찬가지로 중종도 유지시키고자 하는 강한 의지를 관철시켰다.

그렇다면, 중종대 이후에도 문소전에 봉안된 계보는 혈통 중심으로 이어졌을까? 명종대에 또다시 봉안 대상에 대한 문제에 봉착하였다. 인종이 왕위에 오른 지 8개월 만에 승하하자, 인종의 문소전 부묘가 논의되었다. 이에 대해 두 가지 방안이 나왔다. 명종과 그 측근들은 인종을 문소전에 합부해서는 안된다는 입장을 취했다. 문소전에 인종을 합부하게 되면 세조와 정희왕후를 옮겨야 하는데, 명종의 입장에서 세조는 아직 친진親盡이 다하지 않은 4대 조상신이었기 때문에 불가하다는 논리였다. 게다가 인종을 문소전에 부묘하면 인종이 명종의 아버지가 되는데, 그렇게 되면 명종의 생부 중종이 명종에게 할아버지가 되므로 불가하다는 것이다.[38] 인종을 연은전에 합부할 것을 제안하였다.

이와는 달리, 인종의 연은전 합부에 반대한 신하들은 명종은 인종의 대통을 이었기 때문에 아버지로 여겨야 한다는 의리론적 명분을 내세웠다. 또한 덕종은 왕위에 오른

使朱子在朝 而有所施爲 則其於制禮 作樂之際 必將舍此而取彼矣 孔子曰 魯之郊禘 非禮也 至於或問禘之說 子曰 不知也 孔子 大聖人也 豈瞥不知乎 蓋諱當時之失也 若使孔子行道於天下 則必先正非禮之事矣."

38_ 김정신은 인종의 문소전 부묘 논쟁을 1575년 사림내부의 동서분당(東西分黨)을 유발한, 붕당별 정책 차이로 확대되는 단서를 제공한 대표적인 문제로 보았다. 문소전 논쟁에 의리론을 적용할 것을 주장한 논자들은 이후 서인으로, 이와는 반대로 혈통론에 동조한 논자들은 동인으로 좌정하였다고 한다. 구체적인 내용은 김정신, 「宣祖代 文昭殿 論爭과 朋黨」, 『韓國思想史學』 22, 한국사상사학회, 2004을 참조할 것.

적이 없기 때문에 인종과 격이 다르다고 보고 인종을 덕종과 합부시킬 수 없다고 주장하였다. 이들은 문소전은 정통正統이자 왕통만을 제향하는 사당이기 때문에 덕종만을 위해서 마련된 연은전과는 구별해야 한다는 입장을 취했던 것이다.

인종의 문소전 부묘를 둘러싼 두 입장의 대립은 성종대와 마찬가지로 문소전의 봉안 계보를 왕위를 중심으로 한 왕통으로 할 것인가 아니면 직계혈통을 중심으로 한 혈통으로 할 것인가였다. 다시 말해, 봉안 조상신 계보를 의리론적 친자관계로 선택할 것인가 아니면 생물학적 친자관계로 선택할 것인가의 대립이었다. 대립의 결과는 명종의 의도대로 인종을 연은전에 합부시키는 것이었다. 의경세자는 이미 덕종으로 추존되었기 때문에 인종과 차별할 수 없다는 논리가 앞섰던 것이다. 인종이 연은전에 부묘됨에 따라, 문소전에는 현왕 입장에서 생물학적 부자관계 뿐만 아니라, 윗대 조상신까지도 생물학적 혈연관계가 기준이 되었다.

이후, 선조대에는 명종의 부묘문제가 거론되었다. 이미 문소전에는 5실이 꽉 차 있었고 연은전에는 덕종과 인종이 부묘되어 있었다. 문제는 선조에게 명종은 숙부(중종과 창빈 안씨 사이에 차남 덕흥대원군이 있었고, 덕흥대원군의 삼남이 선조였다)였고, 명종과 인종은 형제관계였기 때문에 명종에게도 세조는 4친 안에 있는 조상신이었다는 점이다. 다시 말해, 명종은 선조의 생부가 아니었기 때문에 문소전에 부묘하면 원묘에서 선조의 생부를 봉안할 가능성이 없어진다. 또한 인종과 마찬가지로 명종에게도 세조는 친진이 다하지 않은 조상신으로 아직 체천遞遷할 수 없는 신위였다.

명종의 부묘 문제와 더불어, 기존에 연은전에 부묘하였던 인종의 위판을 문소전으로 옮기는 문제까지도 거론되었다. 선조 2년(1569), 선조는 인종을 문소전으로 옮겨서 부제할 것을 윤허하였다. 그러나 이준경 등의 신하들은 인종을 부묘하려면 문소전의 칸 수를 더 증축해야 한다는 이유를 들어 반대하였다. 이황은 문소전의 후침後寢을 증축하여 인종과 명종 두 신위를 하나의 당 안에 실을 달리하는 '동당이실'로 봉안할 것을 제안하였다. 그러나 선조는 윤허하지 않았다. 실록에 의하면, 인종과 명종의 신위는 이황의 의견에 따라 문소전의 후침을 증축하여 한 실에 봉안하는 동당이실로 처리된 것으로 보인다.[39] 결과적으로 중종의 친자인 인종과 명종이 함께 봉안되었고, 문소전의 봉안 계보는 생물학적 보본반시의 명분을 중심으로 지속적으로 이어졌다고 할 수 있다.

정리하면, 문소전에 봉안된 선왕은 태조·태종·세종·문종·세조·예종·성종·중종·인종·명종이었으며, 연은전에 덕종이 봉안되었다. 선왕과 재위 왕과의 관계를 보면, 태조를 제외하고 모두 생물학적인 부자관계였으며, 인종과 명종만이 형제관계로 동당이실에 봉안되었다. 선조의 생부 덕흥대원군은 문소전과는 다른 형태로 봉안되었다.[40] 그리고 봉안된 왕들간의 관계도 생물학적 부자관계로 이어지고 있다. 친진의 원칙에 따라 체천된 위판을 보면, 태조를 제외하고 5실에 봉안된 선왕의 4친까지 봉안한다는 원칙이 고수되었다.

문소전에 부묘된 선왕을 기준으로 종묘 정전에 봉안된 선왕을 비교하면 다음의 〈표 1〉과 같다.

〈표 1〉 문소전과 종묘에 봉안된 선왕 계보

시기	문소전에 봉안된 선왕	종묘 정전에 봉안된 선왕
성종 2년(1471)	태조·태종·세종·세조	환조·태조·공정왕·태종·세종·문종·세조
성종 3년(1472)	태조·태종·세종·세조·예종	태조·공정왕·태종·세종·문종·세조·예종
연산군3년(1497)	태조·세종·세조·예종·성종	태조·태종·세종·세조·덕종·예종·성종·문종(좌익실)
명종 2년(1547)	태조·세조·예종·성종·중종	태조·태종·세종·문종·세조·덕종·예종·성종·중종
명종 2년(1547)	태조·세조·예종·성종· 중종+인종(연은전)	태조·태종·세종·세조·덕종·예종·성종·중종·인종
선조대	태조·세조·예종·성종· 중종+인종·명종	태조·태종·세종·세조·덕종·예종·성종·중종· 인종+명종(동세일묘)

〈표 1〉은 문소전에 처음 체천이 이루어진 성종 2년(1471)부터 선조대까지 문소전과 종묘 정전에 봉안된 선왕을 비교하고 있다. 성종대에 문종이, 연산군대에 태종이, 명종대에 세종이 체천되었다. 문소전과는 달리, 종묘 정전에 선왕의 계보는 기본적으로 왕

39_ 『宣祖實錄』 권6, 선조 5년 5월 을유.

40_ 덕흥대원군묘에 관해서는 이책 7장에서 다루고 있다.

통을 중심으로 하고 있다. 그리고 불천지위의 원칙에 따라 한번 봉안된 신주는 체천되지 않았다는 점도 확인할 수 있다.

1592년에 임진왜란이 일어나면서 문소전은 소멸의 운명을 맞게 되었다.

> 문소전의 제례祭禮는 마침내 없애고 거행하지 않았으니, 시대가 어지러웠기 때문이었다.[41]

> 임진왜란을 당하여 문소전이 폐지되었으나 복원하지 않았는데, 이것은 애당초 정례正禮가 아니었기 때문이다.[42]

임진왜란 이후 문소전이 정례正禮가 아니기 때문에 중건하지 않았다는 것은 사림의 입장이었다. 문소전이 복원되지 않으면서, 공식적으로 사당을 마련하여 선왕·선후의 위판을 모시고 의례를 행하는 것은 禮에 어긋나는 非禮가 되었다.[43] 이제 문소전—의묘 의례는 명분도 공인력도 잃은 명백한 음사가 되었다.

41_『宣祖改修實錄』권26, 선조 25년 4월 계묘 "文昭殿祭禮遂罷不擧, 時詘故也."

42_『宣祖改修實錄』권3, 선조 2년 3월 을사. "至壬辰之亂 文昭殿逐廢不復 以其初非正禮也."

43_ 지두환은 조선전기의 묘제가 세차에서 위차로 바뀌는 현상을 성리학에 대한 이해가 심화되어 자기화 되는 조선중기 중종대에서 인조반정(1623)에 이르면 크게 변화된다고 보았다. 세차 중심의 묘제가 정통에 입각한 위차 중심의 묘제로 바뀌게 되었다고 한다. 즉 원묘가 종묘와 함께 존재하면서 양사당(兩祠堂)으로 여겨지는 것이 불합리하다고 여겨져, 세차 중심의 묘제는 정통에 입각한 위차 중심의 묘제로 바뀌게 되었다고 한다. 또한 주자성리학의 의리명분론에 입각한 정통론 확립의 과정은 군사부일체(君師父一體)라는 윤리에 입각한 사제관계를 대표하는 문묘(文廟)의 도통(道統)에 적용되어, 재능보다는 의리를 중심으로 확립되었다고 한다. 문묘의례에서도 공자를 성인으로 대우하는 문묘의 례가 석전제(釋奠祭)·시학의(視學儀) 중심으로 수용되어, 임금도 스승에게는 제자로서 의례를 행해야 한다는 의식이 수용되었다고 한다. 자세한 내용은 池斗煥,『朝鮮前期 儀禮硏究-性理學 正統論을 中心으로-』, 서울대학교 출판부, 1994를 참조할 것.

3. 문소전으로의 통합과 의례의 형성

1) 사당의 통폐합

세종은 문소전 건립을 반포하기 전부터 새로운 원묘의 필요성을 언급했다. 세종은 태종이 광효전을 지으면서 훗날 모든 왕들이 자신의 생부를 위해 각기 원묘를 세우게 될 폐단을 염려했던 것을 언급하였다. 그러면서 세종은 구문소전과 광효전을 하나의 당堂 안에 실室만 다르게 하는 동당각실同堂各室의 형태로 하던지 아니면, 경복궁 북쪽에 새로 전殿을 하나 지어서 사대四代의 진용을 봉안하는 것이 어떨지를 논의하였다.[44] 4일 뒤, 세종은 삼의정三議政과 몇몇 신하들에게 원묘설립에 관해서 논의해 보라고 명한다. 이때부터 세종과 신하들은 원묘제도를 어떻게 만들고 유지할지를 여러 차례 논의하였다. 생물학적 보본반시를 근간으로 하고, 친친지의 명분이 합법화되었어도 국가의 정묘正廟의 위상을 침범해서는 안 됐다. 후대로 갈수록 원묘가 독립된 사당으로 증가한다면, 국가 질서를 흩뜨릴 수 있었기 때문이다.

안숭선安崇善에게 명하여 옛날의 원묘를 지은 제도를 상고하여 보고하게 하였다. 숭선이 아뢰기를, "원묘의 제도는 송나라의 신종이 경령궁에 전殿을 짓고 경도京都 안의 각 궁관宮觀에 있던 신어神御들을 모두 맞아서 그 안에 들이고 황제·황후를 다 합하여 봉안하는 것을 시왕時王의 예로 하였습니다. 지금 중국의 조정에서도 봉선전을 궁궐의 북쪽에 세우고, 선대의 제후帝后를 합쳐서 제사하고 있습니다. 고려에서도 또한 궁궐 북쪽에 경령전을 지어서 선대의 왕비를 합쳐서 제사하였습니다. 오직 본조만이 문소전과 광효전 두 신전을 각각 다른 곳에 세운 것은 옛 제도와 시왕의 제도에 어긋난 것입니다. 청컨대, 위에서 말한 의식과 제도에 의거하여 경복궁의 북쪽에 마땅한 곳을 가려서 새로 5영楹을

44_『世宗實錄』 권54, 세종 13년 12월 신해. "元敬王后薨 太宗爲建廣孝殿 以安其神 厥後追悔日 作原廟設幀程子非之 且世傳累葉 則繼世之君 孰不欲建原廟 以安考妣 弊將可慮 予亦思之 其弊不貲 欲於文昭廣孝殿中同堂各室 或於景福宮北別作一殿 以安四代眞容 何如."

세우고 합사合祀하게 하소서." 하니, 그대로 따랐다.[45]

　　위의 실록내용은 세종 14년(1432) 1월 6일에 안숭선安崇善이 고제를 근거로 원묘제도를 살펴 본 내용을 보고한 것이다. 송나라의 경령궁, 명나라의 봉선전, 그리고 고려의 경령전을 전거로 언급하면서, 모두 선왕·선후의 신어를 한 공간에 모아 두었다는 점을 언급하고 있다. 이를 근거로 원묘의 공간을 경복궁 북쪽에 마련하고 구문소전과 광효전에 각각 봉안되어있던 태조와 태종의 어진을 합봉하기로 결정하였다. 문소전을 궁궐 안에 건립하면서 독립된 원묘들을 한 곳으로 통폐합시켰으며, 불교와도 분리시키고자 하였다.[46] 세종 15년(1433) 5월 3일 태종과 태조의 위판[47]을 이곳으로 옮기면서 기존의 구문소전과 광효전은 한 공간으로 통폐합되기에 이른다.[48]

45_ 『世宗實錄』 권55, 세종 14년 1월 병인. "命安崇善 考古營建原廟之制以聞 崇善啓 原廟之制 宋神宗就景靈宮作殿 在京宮 觀神御 悉皆迎奉入內 盡合帝后 而奉以時王之禮 今朝廷立奉先殿於闕北 合祭先代帝后 高麗亦於宮北 作景靈殿 合祭先代王妃 唯本朝文昭廣孝兩殿 各立別處 有違古制及時王之制 乞倣上項儀制 就景福宮北 相地之宜 新構五楹合祀 從之."

46_ 불당을 폐지하고자 한 처음 의지와는 달리, 세종은 수차례 문소전 서북쪽에 불당을 설립하고자 하는 의견을 피력하였다. 세종이 내세운 명분은 '효'였다. 세종은 문소전 서북쪽 빈 땅에 불당을 짓고 일곱 중으로 지키게 하는 것이 좋겠다는 의견을 내놓았지만, 대신들은 두 공간은 서로 다른 신(神)을 모신 곳이기 때문에 문소전에 모신 신혼(神魂)이 불안정하게 된다고 반대하였다. 결국 소헌왕후가 승하했을 때, 문소전 안에 불당은 건립되지 못했지만 문소전 북쪽에 내불당이 건립되었다. 사실, 왕실의례에서 불교배척과 관련된 문제들은 문소전만이 아니라 조선시대 내내 끊이지 않았다. 문소전과 관련해서는 문소전에서 의례를 행한 후, 제사음식과 제물을 내불당(內佛堂)·원각사(圓覺寺)·봉선사(奉先寺)의 중들에게 나눠주는 것이 관례였다. 이것이 제대로 이루어지지 않으면 중들이 친히 문소전 안에 와서 독촉하기도 하고 꾸짖기도 하였다(『成宗實錄』 권86, 성종 8년 11월 경오). 이러한 관습은 성종대에 잠시 폐지되었다가 다시 부활한다.

47_ 신주와 위판은 둘 다 혼이 와서 거한다는 반혼의 상징물이지만, 종묘에 봉안하는 것은 신주였고 원묘에 봉안하는 것은 위판이었다. 『國朝五禮序例』 권5 「凶禮·神主圖說」; 『國朝五禮序例』 권5 「凶禮·神主圖說」에 따르면, 신주를 쓸 때는 '제주(題主)', 위판을 쓸 때는 '제위판(題位版)'이라 하였고, 제작하는 방법도 달랐다. 그러나 조선 후기에는 '신주'와 '위판'을 혼용하였다.

48_ 문소전의 봉안물이 위판으로 결정하면서 기존의 영정들은 선원전(璿源殿)에 보관하게 하였다. 선원전은 선왕·선후의 영정뿐만 아니라, 구보(舊寶)와 죽책, 각종 서책, 고명 등 왕실관련 물건들을 소장한 곳이다. 국초에 창덕궁의 종부시(宗簿寺) 서쪽 등성이에 설립되었다가, 세종 20년(1438) 3월 29일에 경복궁의 문소전 북쪽으로 이전되었다. 임진왜란 당시 소실되었다가 창덕궁의 인정전 서쪽 도총부 건물에 숙종과 영조의 어진을 봉안하면서 다시 '선원전'이라고 명명하였다. 순조 1년(1801)에 정조의 어진을, 헌종 12년(1846)에 순조와 문조의 어진을, 철종 2년(1851) 헌종의 어진을, 광무 4년(1900)에 태조의 어진 등을 봉안하였다. 1927년 일제시대 총독부에서 창덕궁 후원 서북쪽 대보단(大報壇)의 자리에 건물을 지어, 어진을 옮겨놓고 '신선원전(新璿源殿)'이라 하였다. 현재 조선후기에 선원전이 있던 창덕궁 인정전의 자리에는 빈 건물만 남아 '구선원전'이라 하고 있다. 세종은 구문소전에 있던 영정을 평양으로 옮길 것을 논의하면서, 한 벌뿐인 영정을 잃어버리거나 훼손될 것을 염려하였다. 또한 후손들이 선왕의 얼굴을 뵐 수 있도록 어진을 그릴 것을 결정한다. 이때부터 어진을 그리는 전통이 만들어졌다고 할 수 있다(『世宗實錄』 권64, 세종16년 4월 임술).

한편 세종 15년(1433) 1월 30일, 세종은 문소전에 있던 불당文昭殿佛堂을 없앨 것을 명하고 불상과 잡물雜物을 흥천사로 옮기게 하였다.[49] 사당을 한 공간으로 모으면서 불교적 색채도 걷어내려 하였다. 이것은 반혼의 상징물이 영정에서 위판으로 결정되었다는 사실을 통해서 확인할 수 있다.

> 상商이 또 아뢰기를, "문소전에서는 영정影子을 쓰고 광효전에서는 위판을 쓰고 있는데, 이번 원묘
> 에 옮겨서 봉안할 때에는 영정을 쓰시겠습니까 위판를 쓰겠습니까." 하니, 임금이 말하기를, "나는
> 영정을 사용하는 것이 그르다고 생각한다. 태종께서도 역시 말씀하기를, '영정의 법은 매우 그르다.'
> 고 하셨다. 그러나 상정소로 하여금 의논하게 하라." 고 하였다.[50]

신상申商은 세종에게 기존 구문소전에서는 영정影子을 광효전에는 위판을 봉안하였는데, 문소전에는 둘 중에 무엇을 봉안해야 하는지를 물었다. 세종은 태종이 영정을 두는 것은 그르다고 했던 것을 언급하면서 의례상정소로 하여금 논의하라고 한다. 세종의 말은 결국 문소전에 위판을 봉안하는 것이 타당하다고 역설한 셈이다.

위판은 신주와 함께 죽은 사람의 영혼이 깃들어 있다고 여겨지는 반혼의 상징물이다.[51] 또한 위판은 조상신의 체백을 대신하는 것으로 사당의 중심이자 사당과 의례의 중심 상징물이다. 신주와 위판이 봉안되어야 사당의 정체성이 드러나고 그곳에서의 의례의 종류 등이 결정된다. 따라서 하나의 사당이 건립을 완전히 마친 시점은 이때를 기

49_ 『世宗實錄』 권59, 세종 15년 1월 갑신. "命撤文昭殿佛堂 其佛像雜物 移置興天寺."

50_ 『世宗實錄』 권55, 세종 14년 1월 병자. "商又曰 文昭殿則用影子 廣孝殿則用位板 今移安原廟 則用影子乎 位板乎 上曰 子以影子爲非 太宗亦曰 影子之法 甚非 然令詳定所議定."

51_ Myron Cohen에 의하면, 죽음과 관련된 믿음과 의례들은 세 가지 주요한 초점을 가진다. 초자연적인 신들의 영역과 고스트들, 무덤, 그리고 조상의 신주가 그것이라고 한다(Myron Cohen, "Souls and Salvation: Conflicting Themes in Chineses Popular Religion", Watson, L. James. and Rawski, S. Evelyn, eds. Death Ritual in Late Imperial and Modern China. University of California Press, 2005. p. 181).
　　일반적으로 무덤에 죽은 사람을 묻는 것은 산 사람과 죽은 사람을 분리시킨다는 의미뿐만 아니라, 이 세상과 저 세상과의 명확한 분리를 의미하였다. 이 분리가 제대로 이루어지지 않으면 좋지 않은 징조와 현상들이 생긴다고 여겨졌다. 이러한 안전한 분리를 위해서 죽은 사람의 영혼을 잘 담아 와야 하는데, 신주가 이러한 역할을 하는 영혼의 저장소(repository)로 여겨진 것이다.

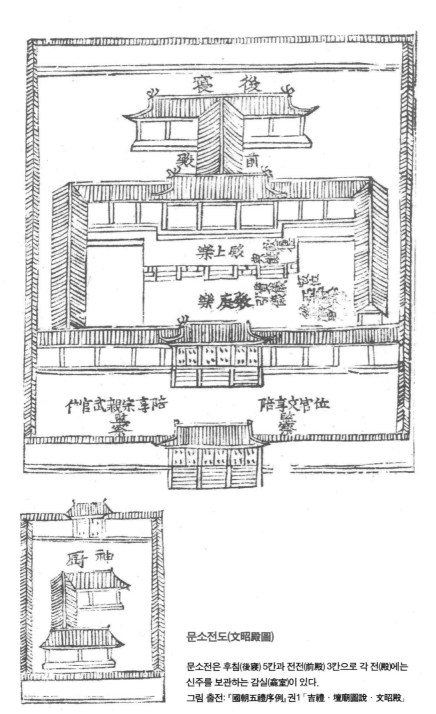

문소전도(文昭殿圖)

문소전은 후침(後寢) 5칸과 전전(前殿) 3칸으로 각 전(殿)에는
신주를 보관하는 감실(龕室)이 있다.
그림 출전: 『國朝五禮序例』권1 「吉禮 · 壇廟圖說 · 文昭殿」

준으로 볼 수 있다.[52] 문소전이 완성된 시점은 태조·태종의 신위판이 문소전에 봉안된 세종 15년(1433) 5월 3일이며, 세종과 문무 군신들은 위판을 봉안하고 나서 안신제安神祭를 친히 거행하고 환궁하였다. 사찰과 분리된 공간적 변화가 공간내부의 상징물도 영정에서 위판으로 변화되도록 이끈 것이다.

2) 의례의 형성과 변화

문소전이 마련되면서 의례도 체계를 갖추기 시작하였다. 세종 15년(1433) 3월 15일, 예조와 의례상정소에서 『문공가례』를 참고하여 문소전 의례를 논의하여 올렸다.[53] 문소전의 정침正寢에서는 사시대향, 속절별제(정조·한식·단오·추석·동지·납일), 기일제忌日祭를 행하기로 하고 후침後寢에서는 삭망제朔望祭를 행하기로 결정하였다. 각 의례의 구체적인 의주儀註는 문소전에 태조와 태종의 위판이 옮겨진 다음날 예조에서 올렸다.

『세종실록오례의』를 참고하면, 의례를 분류하는 변사辨祀 항목과 의례의 종류를 기록한 의절儀節 부분에서도 문소전 의례에 대한 항목을 찾을 수 없다.[54] 단지 시일에 삭망朔望과 세시歲時—정조·한식·단오·추석·동지·납일—에 종묘·계성전·문소전·건원릉·제릉에 제향한다고 되어 있다.[55] 『세종실록오례의』가 미완이었으며, 시기적으로도 조선초기였기 때문에 세밀하게 기록되지 않은 듯하다. 실록에는 문소전 의례와 관련한 좀 더 구체적인 사항들이 기록되어 있다. 세종 26년(1444)에 문소전의 사시대향과 납향

52_ 이것을 단적으로 보여주는 대표적인 사례가 정조대에 있었던 윤지충과 권상연이 신주를 소각한 사건이다. 이 사건에 대해 전라도 관찰사가 조사한 내용을 보면, "나아가 평소 살아계신 부모나 조부모처럼 섬겨야 할 신주를 한 조각 쓸모 없는 나무라 하여 태워 없애면서도 이마에 진땀 하나 흘리지 않았으니, 정말 흉악합니다. 그러니 제사를 폐지한 것 등은 오히려 부차적인 일에 속합니다."라고 하였다(『正祖實錄』 권33, 정조 15년 11월 무인. "至於平日事如生之父母祖父母之神主 謂以一片無用之木 燒而滅之 不少泚顙者 萬萬凶獰 廢祭等節 猶屬餘事.").

53_ 『世宗實錄』 권59, 세종 15년 3월 무진.

54_ 『世宗實錄五禮儀』 제128권, 「吉禮序例·時日」.

55_ 『世宗實錄五禮儀』 제128권, 「吉禮序例·時日」. 앞에서도 살펴보았듯이 『국조오례의』에 "연은전"이 아니라 "의묘"로 표기되어 있는 것은, 의묘가 "연은전"으로 개명된 시기가 1474년 『국조오례의』가 편찬된 이후였기 때문이다. 이에 따라 이글도 '연은전 의례'가 아닌 '의묘 의례'라고 한다.

의 재계齋戒를 3일간 하고 기신제에는 재계를 1일 간으로 정한다[56] 는 내용이 확인된다. 문소전에서 사시대향과 납향, 그리고 기신일에 의례가 행해졌다는 사실을 짐작할 수 있다.

성종대에 편찬된 『국조오례의』(1474년)를 참고하면 더욱 구체적인 의례의 종류와 시일을 확인할 수 있다. 먼저 문소전 의례는 의묘懿廟, 진전, 산릉에서의 의례와 함께 속제俗祭로 분류되어 있다.[57] "속제"의 범주는 『세종실록오례의』에는 없던 것으로, 이것은 대사·중사·소사의 기준에는 맞지는 않지만 공적인 차원에서 행해진 왕실관련 의례들을 모아놓은 것이다. 고려시대에 행해졌던 왕실의 사적인 의례들을 유교 의례 체계 속으로 재편성하려는 시도로도 이해할 수 있다.

〈표 2〉는 『국조오례의』에 근거한 문소전―의묘 의례의 종류와 시일이다.[58] 성종의 생부의 사당이었던 의묘는 문소전과 동일한 것으로 여겨졌기 때문에 문소전 의례와 함께 보기로 한다.

〈표 2〉 문소전―의묘 의례의 종류와 시일

	의례 종류	시일
문소전	사시급속절향문소전의 (四時及俗節享文昭殿儀)	사시·속절(정조·한식·단오·추석·동지·납일)
	사시급속절향문소전섭사의 (四時及俗節享文昭殿攝事儀)	상동
	문소전기신의 (文昭殿忌晨儀)	기일
	삭망향문소전의 (朔望享文昭殿儀)	삭망일(매달 초하루·보름)
의묘	의묘친향의 (懿廟親享儀)	사시
	사시급속절향의묘섭사의 (四時及俗節享懿廟攝事儀)	사시·속절(정조·한식·단오·추석·동지·납일)
	삭망향의묘의 (朔望享懿廟儀)	삭망일(매달 초하루·보름)

56_ 『世宗實錄』 권106, 세종 26년 12월 계유. "傳旨禮曹 今後社稷春秋及臘享永寧殿春秋大享宗廟文昭殿健元陵齊陵獻陵四時大享臘享 齋戒三日 … 竝親傳香祝 以上各處祈禱祭及先王先后(忌晨)忌辰祭 齋戒一日."
문소전과 마찬가지로 사직의 춘추 및 납향 의례, 영녕전의 춘추대향, 그리고 종묘·건원릉·제릉·헌릉의 사시대향에도 동일하게 적용되었다.

57_ 『國朝五禮序例』 권1 「吉禮·辨祀」.

58_ 『國朝五禮序例』 권1 「吉禮·辨祀; 時日」.

문소전 의례는 사시와 속절에 왕이 친히 행하는 '사시급속절향문소전의四時及俗節享文昭殿儀', 사시와 속절에 신하들이 대신 행하는 '사시급속절향문소전섭사의四時及俗節享文昭殿攝事儀', 기일에 행하는 '문소전기신의文昭殿忌晨儀', 매달 초하루와 보름에 행하는 '삭망향문소전의朔望享文昭殿儀'가 있다. 의묘 의례도 마찬가지로 사시에 행하는 '의묘친향의懿廟親享儀', 사시와 속절에 대신들이 행하는 '사시급속절향의묘섭사의四時及俗節享懿廟攝事儀', 사시와 속절에 행하는 '사시급속절향의묘의四時及俗節享懿廟儀', 매달 초하루와 보름에 행하는 '삭망향의묘의朔望享懿廟儀'가 있다.

의절항목에서는 의묘에서의 기신제가 표기되어 있지 않지만 문소전을 근거로 한다고 되어있다. 의경세자가 종묘에 부묘되기 전에 생성된 의묘 의례는 사시제와 속절제는 종묘에서, 평상시에 올리는 상식은 문소전에서 행하였으며, 각 의절은 문소전 의례에 의거하였다. 의묘 의례는 성종의 친형이자 의경세자의 맏아들 월산대군月山大君(1454~1488)이 주관하였으며, 만일 대군에게 사정이 생기면 조관朝官이 대신하도록 하였다. 그러나 의례에 올리는 제물은 국가에서 준비하도록 하였다.[59] 생부를 공식적인 조상신 의례의 대상신으로 삼고자 했던 성종의 의지가 엿보이는 부분이다.

문소전-의묘 의례의 종류 중에서 '친친지의'의 명분을 잘 표현해주는 것은 조상신의 기일에 행하는 기신의례와 달마다 새로운 음식을 올리는 천신의례薦新義이다. 먼저, 기신의례는 선왕·선후의 기일에 행해지는 것으로 종묘 의례의 종류에는 없다. 아무래도 기신의례는 의례 주체자와 의례 대상간의 혈연적인 관계를 바탕으로 한 사적인 정을 근간으로 하기 때문에 종묘의례에는 포함되지 않았던 것으로 보인다. 『국조오례의』에 의하면, 종묘와 문소전(의묘)이외의 산릉과 진전에서도 기신제는 행해지지 않았다.[60]

59_ 『成宗實錄』권58, 성종 6년 8월 무자. "承召又啓曰 懿敬廟祭品 曾命藝文館考古制 皆無可據 故朝廷擬議行之 然臣反覆思之 本朝旣已封崇 天子又許其稱王 但不與於宗廟耳 今四時大享有名日別祭 則依宗廟祭例 常時則依文昭殿祭例 而令月山大君行祭 陵則遣朝臣行之 大君有故 則於懿廟亦以朝官代祭 名實相殊 且大君雖行祭 而祭物則國家備之 大君自備則可令世世而行之."

60_ 『國朝五禮序例』권1「吉禮·時日」.

〈표 3〉 시일을 기준으로 본 왕실 조상신 의례

시일	종묘	문소전	의묘	산릉	진전
사시	○	○	○	○	×
삭망	○	○	○	○	×
기신	×	○	○	×	×
속절	○	○	○	○	○

"문소전기신의文昭殿忌晨儀"를 참고로 기신의례의 절차를 간략하게 살펴보면 〈표 4〉와 같다.[61]

〈표 4〉 문소전기신의의 절차

	의례 절차
재계(齋戒)	산재(散齋) 1일, 치재(致齋) 2일
초혼(招魂)	사배(四拜)
행례(行禮)	초헌례(初獻禮; 三上香+ 獻蓋) → 아헌례(亞獻禮) → 종헌례(終獻禮) → 사배(四拜)
예필(禮畢)	망예(望瘞)

문소전기신의의 절차는 의례를 행하기 몇 일전부터 행하는 재계[62], 의례를 행하는 당일 혼을 부르는 초혼, 조상신에게 술과 제물을 세 번에 걸쳐서 올리는 행례, 그리고 신주를 땅에 묻는 예필로 나누어 볼 수 있다. 문소전기신의에는 다른 조상신 의례들과는 달리 음복의 절차가 보이지 않는다. 의례에서 음복은 복을 나누는 의미인데, 이것이 없다는 것은 기신의례의 의미가 구복求福이 아니라 조상신을 기념하는 것에 있기 때문일 것이다.

기신의례와 마찬가지로 문소전의 설립 명분이었던 '친친지의'를 잘 표현해주는 의례로 천신의례가 있다. 앞에서 살펴본 종묘와 문소전 의례의 종류를 상기해 보면, 종묘의

61_ 『國朝五禮儀』 권1 「吉禮· 文昭殿忌晨儀」.

62_ 재계는 의례를 행하기 전에 재관들이 일정기간 동안 몸과 마음을 정화하는 것이다. 재계는 산재와 치재로 이루어진다. 산재 기간에는 조상(弔喪)과 문병(問病)을 하지 않고, 음악을 듣지 않고, 유사(有司)는 형살(刑殺)의 문서를 올리지 않는다. 치재 기간에 유사는 제사에 대한 일만 아뢴다.(『國朝五禮序例』 권1 「吉禮· 齋戒」) 재계기간에 재관들이 의례를 위해서 몸과 마음을 의례에 집중하고 실제적으로도 의례와 관련된 준비 작업을 한다는 점에서, 이글은 재계부터 의례가 시작된다고 보고 재계를 의례 절차에 포함시킨다.

례 중에는 '천신종묘의薦新宗廟儀'가 있었지만 문소전에서의 천신의례는 별도로 상정되어있지는 않았다. 그러나 비공식적인 형태로 문소전에서도 천신이 종종 행해졌다.

종묘의 천신의례는 매 달月마다 새로 난 것新物을 신주가 있는 각 실에 올리는 것이다. 천신물의 종류는 각 계절마다 수확되는 곡물과 과일을 비롯하여 사냥한 짐승까지도 포함된다.[63] 천신물의 종류는 후대로 갈수록 점점 증가하였다.[64] 천신의례는 조상신

63_ 『世宗實錄五禮儀』 권130, 「吉禮儀式·薦新宗廟儀」의 천신물의 종류는 『국조오례의』 와는 조금 다르다.

	천신물	
	『세종실록오례의』	『국조오례의』
孟春		청어(靑魚)
仲春	얼음	얼음(氷)·송어(松魚)
季春	고사리	고사리(蕨)
孟夏	송어	죽순(竹筍)
仲夏	대맥·소맥·죽순·오이/앵두·살구	대맥과(大麥瓜)·소맥과(小麥瓜)
季夏	가지·동과·능금	벼(稻)·기장(黍)·피(稷)·조(粟)·가지(茄子)·동과(冬瓜)·임금(林檎)
孟秋	기장·피·조	연어(鰱魚)/배(梨)
仲秋	벼·연어·밤	감(柿)·대추(棗)·밤(栗)/新酒
季秋	기러기/대추·배	기러기(鴈)
孟冬	감·귤·밀감	귤(橘)·밀감(柑)/짐승(禽獸)
仲冬	천아(天鵝)	천아(天鵝)·과어(瓜魚)
季冬	생선·토끼	생선(魚)·토끼(兔)

『춘관통고』의 천신물

『춘관통고』(권10 「吉禮·宗廟·薦新」)의 천신물은 훨씬 더 많아진 것을 확인할 수 있다.

천신월	천신물
正月	早藿
二月	氷·松魚·生鰒·雀·舌茶·半乾雉·生蛤·絡蹄·水芹
三月	蕨菜·靑橘·辛甘菜·黃石魚·生石魚·訥魚·葦魚
四月	竹笋·眞魚·烏賊魚
五月	黃杏·櫻桃·瓜子·大麥·小麥
六月	稷米·黍米·粟米·林檎·銀口魚·茄子·冬瓜·西果·眞瓜·李實
七月	鰱魚·生梨·蓮實·榛子·栢子·胡桃·靑葡萄
八月	紅柿子·新淸酒·大棗·生栗·松茸·鮒魚·生蠏
九月	生雁·石榴·山葡萄·獼猴桃
十月	柑子·金橘·柚子·薯蕷·銀杏·乾柿子·大口魚·銀魚
十一月	白魚·瓜魚·靑魚·天鵝
十二月	唐柚子·洞庭橘·乳柑·秀魚·生兔

64_ 국가에 재해가 발생하거나 중요한 행사가 있을 때 그 연유를 고하는 기고제를 통해서도 다른 인귀 관련 의례들과는 다른 조상신 의례의 성격을 발견할 수 있다. 기고에서 '기(祈)'란 홍수와 가뭄, 역질, 황충, 전쟁 등이 발생했을 때에 비는 것으로 기원이 절박하면 수시의례로 진행한다. 그리고 '고(告)'란 책봉, 관례, 혼례 등 나라의 대사가 있을 때, 알리는 것을 말한다(『國朝五禮序例』 권1, 「吉禮·時日」). 기고는 사직, 종묘, 풍운뇌우(風雲雷雨), 악해독(岳海瀆), 명산대천(名山大川), 우사(雩祀) 등에서 거행되었다(『國朝五禮序例』 권1, 「吉禮·辨祀」).

에 대한 후손들의 마음과 태도를 잘 보여주는 것이었다. 단지 이념적 모델인 종묘의례의 경우에는 이를 공적인 차원에서 일정한 규정과 원칙으로 표현하려 하였고, 정서적 모델은 이러한 규정이 없었던 관계로 오히려 더 자율적으로 행해졌다고 할 수 있다.

한편, 종묘와 문소전-의묘 의례의 구별된 성격은 의례의 종류인 기신의례와 천신의례에서 뿐만 아니라 의례의 절차를 통해서도 찾아볼 수 있다. 〈표 5〉는 '사시급납향종묘의'와 '사시급속절향문소전의' 그리고 '사시급속절향의묘의'의 핵심적인 절차를 중심으로 비교한 것이다.

〈표 5〉 종묘 의례와 문소전-의묘 의례의 절차[65]

의례 종류		의례 절차
사시급납향종묘의 (四時及臘享宗廟儀)	재계(齋戒)	산재(散齋) 4일, 치재(致齋) 3일
	초혼(招魂)	사배(四拜) → 신관례(晨祼禮) → 삼상향(三上香)
	행례(行禮)	전폐례(奠幣禮) → 초헌례(初獻禮; 獻爵) → 독축(讀祝) → 아헌례(亞獻禮) → 종헌례(終獻禮) → 칠사의례(七祀儀禮) → 배향공신의례(配享功臣儀禮) → 음복(飮福) → 사배(四拜)
	예필(禮畢)	망예(望瘞)
사시급속절향문소전의 (四時及俗節享文昭殿儀)	재계(齋戒)	산재(散齋) 1일, 치재(致齋) 2일
	초혼(招魂)	사배(四拜)
	행례(行禮)	초헌례(初獻禮; 三上香 + 進盞) → 독축(讀祝) → 아헌례(亞獻禮) → 종헌례(終獻禮) → 음복(飮福) → 사배(四拜)
	예필(禮畢)	망예(望瘞)
의묘친향의 (懿廟親享儀)	재계(齋戒)	산재(散齋) 1일, 치재(致齋) 2일
	초혼(招魂)	사배(四拜) → 삼상향(三上香) → 신관례(晨祼禮)
	행례(行禮)	헌폐례(獻幣禮) → 초헌례(初獻禮; 獻盞) → 독축(讀祝) → 아헌례(亞獻禮) → 종헌례(終獻禮) → 음복(飮福) → 사배(四拜)
	예필(禮畢)	망예(望瘞)

65_ 『國朝五禮儀』 권1, 「吉禮· 四時及臘享宗廟儀; 四時及俗節享文昭殿儀; 懿廟親享儀」.

문소전-의묘 의례의 절차는 대사인 종묘 의례보다는 규모면에서 볼 때 비교적 간소하다. 의례의 핵심적인 절차를 재계 → 초혼 → 행례 → 예필 네 단계로 나누어 볼 수 있다. 의례를 행하기 몇 일전에 행하는 재계를 비교해보면, 종묘는 7일(산재 4일, 치재 3일)이었지만 문소전-의묘는 3일(산재 2일, 치재 1일)이다. 행례부분의 절차를 비교해보면, 종묘 의례는 선왕·선후를 제향하는 절차, 칠사 신들을 제향하는 절차[66-], 그리고 배향공신을 제향하는 절차의 삼층구조로 되어 있다. 종묘 의례는 단순히 선왕·선후만이 아니라 계절과 관련된 칠사신들과 국가의 안녕을 위해 공헌한 배향공신도 함께 배향한다는 점에서도 단연 국가를 상징하는 대표적인 의례로서의 면모와 의미를 가진다고 할 수 있다.[67-] 이에 비해 문소전-의묘 의례의 행례부분은 삼헌례-초헌례·아헌례·종헌례-와 음복을 중심으로 이루어져 있다.

　　하지만 의례를 행하는 주체가 왕일 경우 왕이 초헌관을, 왕세자가 아헌관을, 영의정이 종헌관의 역할을 맡았다는 점은 두 의례가 동일하다.[68-] 물론 의례의 규모와 성격상 종묘의례의 절차가 더 복잡하고 그만큼 더 많은 재관들이 배치되었지만, 핵심적인 절차였던 삼헌례를 담당한 재관은 같았다. 흥미로운 사실은, 종묘 의례에만 있는 신관례晨祼禮의 절차가 '의묘친향의'의 절차에도 포함되어 있었다는 점이다. 신관례는 의례 당일 축시丑時에 울창주鬱鬯酒를 땅에 부어 神을 부르는 절차인데, 종묘 의례에서만 행해

66_ 칠사는 국가에서 일곱 귀신인 사명(司命)·호(戶)·조(竈)·중류(中霤)·공려(公厲)·국문(國門)·국행(國行)에게 드렸던 제사 이름이다. 칠사 신들의 신주는 종묘의 뜰 서쪽에 있는 칠사당(七祀堂; 廟3칸)에 있다. 맹춘에는 사명과 호, 맹하에는 조, 맹추에는 공려와 국문, 맹동에는 국행이 각각 배정되어 제향되었다. 단지 납일의 종묘의례에서는 칠사 신들이 모두 제향되며, 중류는 계하 토왕일에 별제의 독립된 형태로 제향되었다(『國朝五禮儀』권1「吉禮·四時及臘享宗廟儀」;『國朝五禮序例』권1「吉禮·壇廟圖說」). 칠사에 관해서는, 권용란,「조선시대 七祀에 관한 小考」,『종교와 문화』제 12호, 서울대학교 종교문제연구소, 2006.을 참고하면 좋다.

67_ 종묘의례는 초기에 사시급납향종묘의(四時及臘享宗廟儀), 사시급납향종묘섭사의(四時及臘享宗廟攝事儀), 속절급삭망향종묘의(俗節及朔望享宗廟儀), 기고종묘의(祈告宗廟儀), 천신종묘의(薦新宗廟儀), 제중류의(祭中霤儀), 춘추향영녕전의(春秋享永寧殿儀) 9개로 출발하였지만, 점점 증가하여 후기에 들어서면 좀 더 세분화된다. 그렇지만 기본적인 중심 의례는 전기와 동일한 형태를 유지한다. 종묘의례는 사맹월(四孟月)과 납일(臘日)에 행하는 정기제가 대표적이다. 그리고 속절과 삭망에 행하는 의례, 매달 행하는 천신의례가 있다. 임시제로는 국가에 재해가 생기거나, 특별한 행사가 있을 때 그 연유를 알리는 기고제가 있다.

68_ 문소전의 관리는 종실(宗室) 가운데 견식(見識) 있는 자를 선택하여 윤번(輪番)으로 입직(入直)하게 하고, 또 종실 중에서 작위가 높고 서열이 높은 자를 제조(提調)로 삼아 문소전 안의 일을 검찰(檢察)하게 하였다.

지던 것이다. 이것은 성종이 자신의 생부를 종묘와 동일한 격으로 모시고자 했던 강한 의도가 드러난 것으로 보인다. 문소전—의묘 의례는 이후에 생성된 다양한 정서적 왕실 조상신 모델의 의례를 형성하는 데에 있어서 전례로 삼아졌다.

종묘 의례와 문소전 의례는 동일한 선왕·선후를 대상신으로 하였지만, 의례의 종류와 규모 그리고 절차에는 분명한 차이가 있었다. 그렇다면 각 의례에서 봉안된 선왕·선후의 위격에도 차이가 있었을까? 축문祝文에서 의례 주체자인 왕과 의례 대상인 조상신의 호칭을 확인하면, 종묘와 문소전에 봉안된 선왕간의 격의 차이를 알 수 있을 것이다. 『국조오례의』를 참고로 문소전 의례와 종묘 의례의 축문을 비교해 보면 〈표 6〉과 같다.

〈표 6〉 문소전 의례와 종묘 의례의 선왕 축문 호칭[69]

의례	의례 주체	의례 대상
문소전 의례	효증손(孝曾孫)·사왕신휘(嗣王臣諱)	모조고(某祖考)·모대왕(某大王)
종묘 의례	효증손(孝曾孫)·사왕신휘(嗣王臣諱)	모조고(某祖考)·모대왕(某大王)

문소전 의례와 종묘 의례의 축문에서 의례 주체와 의례 대상을 칭하는 용어가 동일하다. 의례의 주체자 왕을 '효증손孝曾孫 사왕신휘嗣王臣諱'라고 칭하였는데, 이는 '효증손 왕위를 이은 ~가'라는 의미이다.[70] 이것은 당대왕과 선왕의 세대수에 따라 '효증손'은 '효손孝孫', '효자孝子'로 고쳐 칭한다. 의례 대상인 선왕에 대해서는 '모조고某祖考·모대왕某大王'라고 칭하였는데, 이는 '~아버지(조상신)·~대왕께'라는 의미이다. 물론, 축문의 전체 내용은 문소전과 종묘가 엄연히 다르고 의례 종류에 따라서도 조금씩 달라진다. 그러나 의례 주체자인 현 왕과 의례 대상인 선왕의 관계가 부자관계로 설정되어 있었다는 것과 각각에 대한 호칭이 문소전 의례와 종묘 의례 모두 동일했다는 점을 확

69_ 『國朝五禮序例』 권1, 「吉禮·祝板」.

70_ 의묘의 경우, 의례 주체를 '효질(孝姪) 국왕신휘(國王臣諱)'로, 의례 대상을 '황백고(皇伯考) 모왕(某王)'이라고 하였다. 의례 주체인 왕과 의례 대상인 의경세자가 조카(姪)와 숙부(伯考)의 관계로 설정되어 있었다는 것을 알 수 있다.

인할 수 있다. 이에 따라 각 의례의 성격은 달랐지만 조상신으로서의 위격은 대등했다고 볼 수 있을 것이다.

　이상으로 조선전기 원묘였던 문소전의 의례화를 조선 초기 구문소전과 광효전에서 세종대의 문소전을 거쳐 선조대의 문소전의 소멸까지의 과정을 통해서 확인하였다. 원묘의례는 어버이를 가까이에서 모신다는 '친친지의'를 구현하기 위한 것이었고, 이것은 조상신에 대한 근본적인 마음의 표현이자 태도였다. 이러한 명분은 고려 시대의 진전의 전통에서도 찾을 수 있었으며, 조선 초기 구문소전과 광효전으로 자연스럽게 이어진 것이었다. 친친지의의 구현의 장場이 고려에서 조선으로 달라지면서, 구문소전과 광효전 의례에서 불교의 색채와 영정이 결합되어 있던 고려의 진전과 분리되어가는 과정은 구문소전과 광효전 의례가 가지는 준정사적 성격을 보여준다. 세종대에 종묘와 균형을 유지하는 정사로서 공식적인 문소전 의례가 형성되지만, 이후 왕통과 혈통이 일치하지 않는 상황이 발생하면서 끊임없이 봉안 대상에 대한 논란이 일었다. 몇 차례의 논란과 비판에도 불구하고 왕의 강력한 의지와 의례 행위가 문소전 의례를 유지할 수 있게 하였다. 문소전 의례화를 이글이 제시한 의례화의 세 구조로 본다면, 태종대에 독립적으로 마련되었던 원묘였던 구문소전 의례와 광효전 의례는 준정사였고, 세종대에 공식적으로 체계를 갖추어 설립된 문소전 의례는 정사였으며, 임진왜란 당시 소멸된 채 복원되지 않은 문소전 의례는 음사였다고 할 수 있다.

영희전
의례

05 ─────────

사친추숭私親追崇과 숭은전崇恩殿의 건립

영희전으로의 진전의 확장

영희전 의례와 (비)왕통 생부 조상신

영희전
의례

　오랜 전란을 겪은 후, 조선은 성리학적 이념을 통해 국가의 기초와 질서를 재정립하
려 하였다. 이런 과정에서 문소전은 정례正禮가 아니라 하여 복원되지 않았고, 문소전
처럼 처음부터 국가의 공인을 받아 설립된 원묘는 더 이상 존재하지 않았다. 그렇다
면, 임진왜란 이후에는 왕실 조상신 사당으로 종묘만 존재했을까? 이번 장에서는 문소
전 의례와 전혀 다른 과정을 거쳐 생성되었지만, 원묘와 동일한 역할을 했던 조선후기
[1619(광해군 11)~1908(순종 1)] 영희전 의례와 이곳에 봉안된 왕실 조상신 계보를 살펴보고자
한다.

1. 사친추숭私親追崇과 숭은전崇恩殿의 건립

　영희전의 설립배경을 이해하기 위해서는, 전신前身이라 할 수 있는 남별전南別殿과 숭
은전崇恩殿의 생성과정부터 살펴볼 필요가 있다.

　　예조 계목啓目에, "영정이 한성에 들어오는 날 숭례문 밖에서 공손히 맞아들여서 봉자전奉慈殿에 봉

　안하고 친히 제사하는 의절을 지금 정하고자 합니다. 다만 전호를 봉자전 그대로 칭하는 것이 편치

않으니 남별전南別殿이라고 고쳐 부르도록 하소서." 하니, 그대로 따랐다.[1]

    위의 실록은 태조와 세조의 어진[2] 이 한성에 도착하면, 이것을 봉자전에 봉안하고 친제의 절차를 정해야 한다는 예조의 계목이다. 또한 봉자전이라는 이름을 그대로 쓰지 말고 '남별전'으로 고쳐 불러야 한다는 내용이다. '봉자전'은 광해군이 재위 초반에 자신의 생모 공빈김씨恭嬪金氏(1553년~1577년)[3] 를 위해 마련했던 사당이다.[4] 광해군 2년(1610), 광해군은 공빈 김씨를 '공성왕후恭聖王后'로 추존하면서 봉자전을 건립하였고, 이후 광해군 7년(1615)에 공성왕후의 신주가 종묘에 부묘되면서 당시 이곳은 비어있는 상태였다.[5] 태조와 세조의 영정이 한성으로 들어와 봉자전에 두게 된 경위는 전란을 겪으면서 구진전[6] 에 있던 태조와 세조의 어진을 안전한 곳으로 옮겨야 했기 때문이다.

    구진전은 조선전기에 마련되어 있었던 태조와 세조의 어진을 봉안한 사당으로 국가에서 관리하고 있었다. 임진왜란 당시 평양의 영숭전永崇殿에 있던 태조의 어진을 다른 장소로 이동시켰다가 잠시 수원과 개성부로 옮긴 상태였다. 양주의 봉선전奉先殿에 있

1_ 『光海君日記』권130, 광해군 10년 7월 갑진. "禮曹啓目 影幀入京日 崇禮門外祇迎 奉慈殿奉安 親祭儀節 時方勘定 但殿 號仍稱 奉慈殿 似爲未安 請改以南別殿稱號 從之."

2_ 이성미에 의하면, '어진'은 한국식 한자어로, 숙종 39년(1713), 어진 도사과정에서 신하들의 논의를 거쳐 결정되었다. 도제조(都提調) 이이명(李頤命)이 '어진'이라는 용어를 다음과 같은 이유로 추천했다고 한다. "'영정'의 '정(幀)'의 사전적 의미는 그림을 열어서 펼친다[開張繪畵]는 뜻으로, 족자를 만든 후에는 사용할 수 없는 명칭이다. 예로부터 수용(粹容)에 정(幀)이란 글자를 써 왔기 때문에 갑자기 칭호를 바꾸기는 어렵지만, 당대에 쓸 수 있는 칭호는 아니다. 또한 어용(御容)이라고 칭하면 자못 박직(樸直)한 감이 든다. 모든 전신(傳神: 초상화)을 사진(寫眞)이라고 하니, 어진(御眞)이라고 칭하면 친근한 듯[似爲襯着]하므로 차후에 모든 아랫사람들이나 문서에는 어진이라고 칭하는 것이 어떨지…"를 물었다. 이에 대해 숙종은 "『宋史』에 보면, 거란이 어용을 구했다는 글이 있다. 그리고 지난날 영자(影子)라는 말을 사용한 교지는 내 자신을 칭하는 말이었으므로 아랫사람들은 쓰지 말아야 한다. 영희전을 이미 진전이라고 칭하였으니 어진이라는 칭호는 사용해도 될 것이다."라고 하였다(이성미, 『어진의궤와 미술사 - 조선국왕 초상화의 제작과 모사』, 소와당, 2012, 19~23쪽).

3_ 공빈 김씨는 선조의 첫 번째 후궁이었으며, 임해군(臨海君)과 광해군을 낳았다. 광해군이 왕으로 즉위하면서 왕후로 추존되어 '자숙단인공성왕후(慈淑端仁恭聖王后)'라는 시호와 '성릉(成陵)'이라는 능호를 받았지만 광해군이 폐위되고 나서 모두 삭탈되었고 사당도 혁파되었다.

4_ 봉자전은 본래 세조의 잠저가 있던 곳으로 한양의 남쪽 훈도방(薰陶坊)에 위치해 있었다. 세조의 맏딸 의숙공주(懿淑公主)가 혼인하였을 때 이 터를 세조가 직접 내려주기도 하였다. 의숙공주가 후사 없이 죽은 이후, 중종의 정비였던 단경왕후 신씨(端敬王后 愼氏, 1487~1557)가 이곳에 잠시 거처하기도 하였다.

5_ 봉자전에 대한 구체적인 내용은 이글 6장에서 다루고 있다.

6_ 이글은 『춘관통고』에서 태조와 세조의 어진을 봉안한 진전을 '구진전'으로 통칭한 것을 따른다.

던 세조의 어진도 강화부로 옮겼다가 임진왜란 당시 선조 26년(1593)에 영변 묘향산 보현사普賢寺의 별전別殿으로 옮긴 상태였다. 위의 실록 내용은 수원과 개성부에 잠시 보관해 두었던 태조와 세조의 어진을 광해군대에 예관을 보내 이동시키는 과정에서 잠시 한양을 거치게 되는 상황이다. 따라서 옛 봉자전이 있던 남별전은 어진이 잠시 보관된 임시 봉안처였다고 할 수 있다. 잠시 태조와 세조의 어진을 보관할 곳이 필요했고 도성 근처의 가장 적절한 공간으로 봉자전이 선택된 것이다. 이곳이 선택된 이유는 전란으로 거의 모든 곳이 폐허가 되었다. 그나마 온전한 곳이 옛 봉자전 터였고, 한때 공빈 김씨의 사당이었던 구별된 공간이었기 때문일 것이다.

여기서 두 가지 사실에 주목할 필요가 있다. 먼저, 각각 독립된 공간에 봉안돼있던 태조와 세조의 어진이 동일한 공간 안에 함께 합봉되었다는 사실이다. 둘째, 비록 임시 방편이었지만 지방에 독립적으로 분산되어 있던 두 왕의 어진이 함께 봉안되면서 전殿의 이름도 '봉자전'에서 '남별전'으로 개칭되었다는 사실이다. '남별전'이라는 전호는 말 그대로, '남쪽에 별도로 마련된 전殿'이라는 의미이다. 어진은 신주와 마찬가지로 왕의 신체身體로 여겨졌기 때문에 잠시라도 어진이 봉안된 장소의 격은 달라진다. '봉자전'이라는 전호를 그대로 쓰는 것이 선왕께 미안한 일이니 '남별전'이라고 개칭해야 한다고 지적한 것은 이러한 사실을 반영한다.

어진의 임시 봉안처였던 남별전이 다시 부각된 것은 인조대였다. 반정反正으로 왕위에 오른 인조는 광해군의 배다른 조카였으며, 인조의 생부 정원군定遠君(1580~1619)[7]은 선조와 후궁 인빈 김씨의 삼남으로 광해군의 배다른 형제였다. 인조가 자신의 생부를 추숭하는 과정에서 남별전은 새로운 전환점을 맞게 된다.

인조는 왕위에 오르면서부터 정원군을 추숭하려 하였고, 조정에서는 이에 대한 찬반

7_ 선조와 후궁 인빈 김씨의 삼남이며 휘는 부(琈), 시호는 '원종공량경덕인헌정목장효대왕(恭良敬德仁憲靖穆章孝大王)'이다. 선조 20년(1587) '정원군'에 봉해졌고, 인조에 의해서 '대원군(大院君)'으로 추존되었다가 '원종대왕'으로 추상되었다. 원종의 무덤은 경기도 양주군 곡촌리 흥경묘였는데, 인조가 왕 위에 오르고 대원군으로 추존되면서 흥경원으로 승격되었다. 1627년 김포군 성산 언덕으로 천장하여 부인 계운궁 구씨와 합장되었고 흥경원이라 하였다. 1632년 원종으로 추존되면서 흥경원은 장릉으로 격상되었다.

의 입장이 대립하였다. 인조의 사친추숭에 관한 논란은 사묘제문私廟祭文에서 정원군의 호칭을 어떻게 할지 결정하는 문제에서 시작되었다. 핵심 쟁점은 왕위에 오른 인조와 왕통이 아니었던 생부정원군과의 관계를 어떻게 설정할 것인가였다. 여러 논의를 거쳐, 정원군을 '고考'라고 칭하되 '황皇'자를 붙이지 않고, 인조를 '자子'라고 칭하되 '효孝'자를 붙이지 않는 것으로 결정되었다. '황'자와 '효'자는 종묘에 부묘된 선왕의 축문에만 쓸 수 있었다는 점을 고려해보면, 정원군의 격을 선왕보다는 낮게 책정한 것이었다. 그러나 정원군을 '고'라고 칭하고 인조를 '자'라고 칭한 것은, 정원군과 인조를 아버지와 아들의 관계로 공공연하게 명시한 것과 같았다.[8] 다시 말해, 제문에서의 호칭은 종묘의 선왕처럼 격을 올려서 부르는 '황—효'자를 쓰지는 않았지만, 그 대신 '고—자'를 붙임으로 생물학적인 부자관계를 공식적으로 인정한 셈이었다. 이러한 결정은 표면적으로는 왕통이 아닌 왕의 생부의 격을 적절하게 인정한 절충안처럼 보였지만, 실제적으로는 여러 해석의 가능성을 일으킬만한 애매한 결정이었다.

거듭된 논란에도 인조의 사친추숭에 대한 의지는 인조의 생모 인헌왕후 구씨의 삼년상을 마치고 사묘에 부제祔祭하는 일을 계기로 본격화되었다. 인조 4년(1626) 인조의 생모가 돌아가셨을 때, 구씨를 백숙모伯叔母의 격에 맞추어 장례를 치루었고, 인조의 동생 능원군綾原君(1598~1656)이 상주喪主를 역할을 하였다.

그런데 인조 6년(1628) 구씨의 삼년상을 마치고 부묘할 때가 되었을 때, 인조 자신이 직접 의례를 행하겠다고 공표하면서 정원군의 추숭문제는 새로운 국면을 맞았다. 예상치 못한 인조의 일방적인 결정에 대해 좌승지 이성구李聖求는 다음과 같은 반대 의견을 올렸다.

8_ 이러한 결정은 이후 인조의 사친추숭 문제에서 끊임없이 논란을 일으켰다. 인조의 사친추숭에 반대한 대표적인 인물은 사헌부 장령(掌令)이었던 김장생(金長生)이다. 김장생은 『儀禮』(『儀禮』 권11 喪服第11)를 근거로 '다른 사람의 후사를 이은 경우, 본가의 낳아 준 부모를 위해서는 강복(降服)하여 기년복(朞年服)을 입어야 하고, 비록 조부의 후사가 되거나 백숙의 후사가 되더라도 낳아 준 부모에 대해서는 낮추어 기년복을 입어야 한다'고 하였다. 왕통을 중심으로 숙부가 조카의 뒤를 잇고 형이 아우의 뒤를 잇는다 하더라도 부자의 도리가 다해야 한다고 주장하였다. 이와는 달리, 당시 예조 판서였던 이정귀(李廷龜)는 천자제후례(天子諸侯禮)와 사대부례(士大夫禮)는 다르다고 보고, 정원군을 대원군으로 추존하여 종묘에 배향해야 한다고 하였다. 정원군이 비록 임금이 되지 못했지만, 백숙부로 칭한 적이 없다면 考를 섬기는 예로 해야 한다고 주장하였다. 인조를 다른 사람의 후사가 된(爲人後) 경우가 아니라, 할아버지의 후사가 된(爲祖後) 예외적인 경우로 보았다.

"부묘할 때의 의주를 보니 모두 친행한다고 하셨습니다. 초상·우제·상제·담제 때부터 이미 능원군이 모든 의례를 주관하였는데 어찌하여 유독 부묘할 때에만 친행을 하신다고 하십니까? 『禮經』으로 헤아려 보아도 전후를 다르게 하는 것은 마땅치 않습니다. 상제·담제 때처럼 능원군이 제사를 주관하게 하고 상께서는 입참入參만 하는 것입니다. 해당 관청으로 하여금 다시 품의하여 처리하게 하소서." 하였으나, 임금(인조)은 따르지 않았다.[9]

이성구는 『禮經』을 근거로 들어서 의례의 주체가 일관되어야 하니 능원군이 계속해서 의례를 주관하게 하고 인조는 그저 참석만해야 한다고 주청하였다. 하지만 인조는 반대 의견에 따르지 않았다.

대사헌 이홍주李弘冑, 대사간 이민구李敏求 등이 다시 여러 동료들을 거느리고 친히 행해서는 안 된다고 함께 아뢰었다. 답하기를, "예관이 이미 강정講定하였다. 이렇게 소란을 떠는 것은 몹시 잘못하는 일이다. 이미 정한 禮를 결단코 다시 고칠 수는 없다. 다시 번거롭게 하지 말라."고 하였다. 두 번 아뢰고, 세 번 아뢰고, 네 번 아뢰고, 다섯 번 아뢰었으나, 모두 따르지 않았다 … 상(인조)이 세자를 거느리고 사묘私廟에 부제祔祭하는 것을 친히 행하였다.[10]

대신들의 거듭된 만류에도 불구하고, 선조는 이미 정한 禮이므로 고칠 수 없다고 하며 세자까지 거느리고 사묘私廟의 부제를 친히 단행해버린다. 사간원·사헌부 관원은 인조의 친행을 힘써 말리지 못했다는 이유로 사직을 청하기도 하였다. 이후에도 인조의 잦은 친행으로 대신들의 찬반 논의가 지속되었다.

인조의 친제의 행동은 이전에 논란이 되었던 사묘제문에서 인조와 정원군의 관계를 공식적인 부자관계로 인정할 수밖에 없는 상황으로 몰아간 셈이다. 다시 말해, 인조의

9_ 『仁祖實錄』 권18, 인조 6년 3월 기사. "伏見祔廟時儀註 則竝皆親行 竊念自初喪處祥禫祭 綾原君已皆主之 何獨於祔廟 而親行之乎 揆以禮經 不宜前後有異 當依祥禫祭例 使綾原君主祭 而自上入參而已 請令該曹 更稟以處 上不從."

10_ 『仁祖實錄』 권18, 인조 6년 3월 계유. "大司憲李弘冑 大司諫李敏求等 復率諸僚合啓 請勿親行祔祭 答曰諫官旣已講定 如是瀆擾 殊極過矣 已定之禮 決不可改 宜勿更煩 再啓三啓四啓五啓 幷不從 … 上率世子 親行祔祭於私廟."

행동은 사친을 공식적으로도 어버이로서 인정한다는 의미를 가진 것이었다. 정원군의 사묘는 더 이상 일반 사대부가의 사당과 동일한 격이 아닌 반공식적인 사당의 격으로 차별화되기 시작하였다.

결국 인조 10년(1632) 2월 29일, 인조는 별도의 사당을 남별전에 세우라고 명한다.[11] 『승정원일기』를 참고하면 당시의 상황을 구체적으로 알 수 있다.

> 예조가 아뢰기를, "방금 삼가 비망기備忘記를 보니, '신주를 고쳐 쓴 뒤에 사묘私廟에서 친히 제사 지내고자 한다.' 고 하교하셨습니다. 이는 본조의 계청이 이미 윤허를 받은 것으로서 이에 대해서는 의심할 것이 없습니다. 신주를 고쳐 쓰고 친히 제사 지내는 등의 일을 모두 택일擇日하여 거행해야 마땅합니다만, 옮겨 둘 장소가 현재 결정되지 않았으니 다시 품처하지 않을 수 없습니다. 공해公廨 가운데 적당한 곳은 다만 남별전이 있을 뿐인데, 이곳은 광해 때에 공빈의 신주를 두었던 곳이어서, 논의하는 자들이 혹 어떤 의혹이 있는 것으로 여기기도 합니다." 하니, 전교하기를, "아뢴 대로 하라. 그리고 남별전은 공빈의 신주를 두기 위해서 설립한 곳이 아니니, 이곳을 이용하는 것이 좋겠다." 고 하였다.[12]

예조는 인조가 사친의 신주에 대한 호칭을 고치고 친히 의례를 행하겠다고 하교한 것에 대해 의례와 관련된 제반 사항들을 준비하였다. 예조가 의례를 준비하며 논의한 내용 중에서 두 가지 사실에 주목할 필요가 있다. 먼저, 사묘私廟에 친히 제사지내고자 한다는 인조의 하교에 대신들은 별다른 이의를 제기하지 않았다는 것이다. 인조의 친행은 많은 논란을 일으켰지만 사친을 위한 별도의 사당을 설정하게끔 분위기와 상황을 몰아갔고, 결국 이 사안을 공론화시켜버린 것이다.

둘째, 사당으로 설정된 공간이 이전에 태조와 세조의 어진이 잠시 거쳤던 남별전이

11_『仁祖實錄』권26, 인조 10년 2월 정유. "命設別廟于南別殿."

12_『承政院日記』권26, 인조 10년 2월 정유. "禮曹啓曰 而卽者伏見備忘記 以神主改書後 欲爲親祭私廟爲敎 是則本曹之請 已得蒙允 而無可疑矣 改題親祭等事 竝爲擇日擧行爲當 但移安之所 時未停當 不可不更爲稟處 公廨中可合處 只有南別殿 而此是光海時 恭嬪神主所置之處 議者或以爲嫌 臣等之意 傳曰 依啓 且南別殿 非爲恭嬪神主而設立之地 此處用之 似可矣."

었으며, '숭은전'이라는 새로운 전호가 부여되었다는 사실이다. 인조는 생부의 사당으로 봉자전이 있었던 공간을 선택하였다.[13] 대신들은 정원군의 사당으로 인경궁仁慶宮 내의 혼궁魂宮이 있던 곳을 추천하였지만, 인조는 옛 봉자전 터를 선택하였다. 몇 일 후, '남별전'을 '숭은전'으로 개명하였고[14] 능원군의 집에 있던 정원군의 영정을 봉안하였다.

'숭은전'이라는 새로운 전호를 붙였다는 것은 정원군을 위한 별도의 사당(別廟)으로 구별시켰다는 것을 의미한다. 인조 10년(1632) 5월 26일, 정원군의 영정을 숭은전으로 옮겼을 당시만해도 정원군은 아직 종묘에 부묘되지 못한 상태였다. 다시 말해, 정원군은 禮로 본다면, 인조의 신하가 됨으로 남별전에 잠시 봉안되었던 태조, 세조의 어진과 그 격이 같을 수는 없었다. 하지만 이제 인조의 친제로 인해, 정원군의 영정이 봉안된 '숭은전'은 명실공이 공식적인 공간이 되었고, 영정은 태조, 세조의 어진과 거의 대등한 격을 얻게 된 것이다.

이렇게 사당의 입지로 남별전 터가 지목된 것을 그저 시대적인 여건 때문에 어쩔 수 없었던, 또는 우연히 선택된 것으로 여겨질 수도 있다. 하지만 앞서 살펴본 실록의 내용을 면밀하게 살펴보면, 인조의 의도를 엿볼 수 있다. 그 단서로 인조가 남별전을 공빈의 신주를 두기 위해 설립된 곳이 아니라고 단언한 부분을 찾을 수 있다. 인조가 '봉자전'의 연혁을 무시하고 '남별전'의 역사를 언급한 것은, 구진전의 어진들이 머물렀던 공간이 가지는 권위power를 얻고자한 의도로 볼 수 있다. 남별전의 역사가 함유하고 있는 공인력을 획득하여, 생부의 사당을 공식적인 공간이자 왕통 사당의 격과 거의 대등한 비중을 두게 한 것이다.

13_ 궁궐의 상황만을 보면 임진왜란 당시 경복궁, 창덕궁, 창경궁은 모두 불타서 소실되었다. 전란이 수습되어 도성으로 돌아온 선조는 머물 궁궐이 없어서 월산대군의 집을 행궁으로 삼아 정무를 수행하였다. 광해군은 동궐을 수리하고 인경궁과 경덕궁을 짓기 시작했지만 인경궁은 완성되지 못했다. 이후 인조대에 다시 전란을 겪고 나서 효종대에는 왕이 머물 곳이 없을 정도로 복구가 시급한 상황이었다.

14_ 『仁祖實錄』권26, 인조 10년 3월 병오. "改南別殿號 爲崇恩殿."
남별전이 숭은전으로 개칭되기 전에 "숭은전"이라는 전호는 이미 있었다. 예종대에 세조의 능 광릉(光陵)을 조성한 후 그 옆에 건립한 영전(影殿)을 숭은전이라 하였었다. 1472년(성종 15), 이곳은 봉선전(奉先殿)이라 개칭되었다. 인조대에 붙여진 숭은전이라는 전호는 남별전과 혼용되었다.

한편, 인조가 사친을 추숭하고자 한 의도는 자신의 왕통 정당성과 권위를 드러내기 위한 정치적인 상황과 연관해서 해석되어 왔다. 인조대가 성리학적 의리론이 강화되었던 조선후기였지만, 반정反正이라는 특수한 상황으로 왕위에 올랐기 때문에 선조-광해군-인조의 계보가 아니라 선조-정원군-인조의 계보로 왕통의 정당성을 만들 수밖에 없다고 진단하기도 한다.[15] 성리학적 의리론을 따를 수 없는 예외적인 상황이었다는 해석이다. 이러한 논의는 대부분 정원군의 추숭문제를 주로 종묘에 부묘되는 과정에 초점을 두고 있다.[16] 물론 인조의 궁극적인 목적은 생부를 종묘에 부묘하여 왕통계승의 합법화를 표명하고자 하였다면, 다분히 정치적인 의도를 담고 있는 것이다.

그러나 사친추숭의 개념을 좀 더 넓게 유연하게 보면, 기존의 정치사적인 해석과 함께 또 다른 관점에서도 읽어낼 수 있을 것이다. 종묘 부묘라는 목적과 결과에만 집중하지 않고, 사친추숭 과정에서 마련된 숭은전의 건립 배경을 살펴볼 필요가 있다.

연평 부원군 이귀李貴가 차자를 올리기를, "부자간의 의리는 천자에서 서인에 이르기까지 귀천에 관계없이 마찬가지입니다. 지금 禮를 의논하는 자들은 왕위를 계승한 것만을 중하게 여겨 부자간의 대륜大倫을 폐하여 전하의 종묘를 아버지 신위가 없는 종묘로 만들려 합니다. 전하께서 대원군에 대하여 무엇 때문에 제사를 주관하거나 종묘에 모시지 못하겠습니까? 오늘날 조정 신하들은 전하가 조부祖父에게서 왕위를 이어받았다는 것을 이유로 전하로 하여금 조부에 압존되어 자식의 도리를 다할 수 없게 하려고 하니, 어떤 예경禮經을 근거하여 감히 이같은 인륜을 무시한 설을 주장하여 8년 동안이나 부자의 큰 인륜을 정하지 못하게 하였는지 모르겠습니다. 대원군에게 '고考'라 칭하면서도 아직 신주를 여염집에 두어 마치 사친을 대하는 듯하니, 전하가 '고'를 칭하는 실상이 과연 어디에 있습니까. 속히 묘廟를 세워 윤기倫紀를 바르게 하소서." 라고 하였다.[17]

15_ 이현진, 「仁祖代 元宗追崇論의 推移와 性格」, 『北岳史論』 7, 북악사학회, 2000; 李迎春, 『朝鮮後期 王位繼承 研究』, 집문당, 1998. 145~175쪽을 참조할 것.

16_ 원칙적으로 본다면, 정원군은 선조의 사친 덕흥대원군의 전례에 따라야 했지만 종묘에 부묘되었다. 덕흥대원군묘 의례에 대해서는 이글 VII장에서 다루고 있다.

17_ 『仁祖實錄』 권23, 인조 8년 10월 계유. "延平府院君李貴上箚曰 父子之義 自天子至庶人 無貴賤一也 今之議禮者 只以受

위의 실록 내용은 연평 부원군 이귀李貴가 정원대원군을 종묘에 부묘해야 한다는 의견을 아뢴 것이다.[18] 이귀는 성종과 생부 의경세자가 조카와 숙부의 관계로 되어있었지만 의경세자를 덕종으로 추존한 것과 중국 조정에서도 사친을 추존했던 전례를 들어 정원대원군을 부묘할 것을 주장하였다. 이귀는 부자간의 도리를 "대륜大倫"이라고 하면서 자식된 자의 도리를 강조하는 인륜人倫을 내세웠는데, 이는 종묘부묘의 이유가 정치적인 목적과 논리에만 있지 않음을 보여주는 대목이다. 사친과의 친밀한 감정을 전제로 한 부모에 대한 情을 표현하고 보답하고자 하는 마음을 내세워, 종묘부묘의 정당성을 얻고자 하였던 것이다. 정치적인 의도 속에서도 생부에 대한 情과 책임을 다하자한 마음을 함께 읽어낼 수 있다.

이렇게 인조의 사친 추숭의 의도를 넓게 본다면, 정치적인 의도로만 볼 수 없는 근거로 원종(정원군)의 종묘 부묘 이후에도 숭은전이 폐쇄되지 않았다는 사실도 발견할 수 있다. 만약 종묘 부묘에만 목적이 있었다면, 정원대원군이 원종으로 추존되어 종묘에 부묘되었던 인조 13년(1635) 이후에 숭은전은 폐쇄되어야 했다. 그러나 당시 조정에서는 숭은전에 있던 원종의 영정을 태묘에 함께 봉안할 수 없다고 보고 숭은전에 그대로 두기로 결정하였다. 태조와 세조의 어진이 있는 강화부로 옮기는 것도 거론되었지만, 별다른 이견 없이 숭은전에 보존하기로 하였다. 이에 따라 의례와 사당을 관리하는 것은 정원군에서 원종의 격에 맞추어 진전의 선례에 따를 것이 논의되었다.[19]

오히려 숭은전의 의례화는 인조가 사친을 종묘에 부묘할 수 있도록 힘을 실어주는 동인으로 작용하였다고도 볼 수 있다. 인조는 정원군의 차남이었지만 인조의 형 능풍군이 일찍 죽었기 때문에 생부에 대한 제사의 책임감도 남달랐을 것이다. 인조의 사친

國爲重 欲廢父子大倫 使殿下之宗廟 爲無禰之宗廟 殿下於大院君 何故而有不主祭 不立廟之理乎 今日廷臣 欲以受國於祖之故 使殿下壓於祖 不得盡子之道 未知據何禮經 敢爲此無倫之說 使父子大倫 尙未之定 至於八年之久乎 旣已稱考於大院君 而尙置神主於閭家 有若以私親待之者然 殿下稱考之實 果安在哉 請亟立廟 以正倫紀."

18_ 이귀와 달리 추존에 반대했던 최명길도 별묘 정도는 세울 수 있다는 의견을 제시하였다. 그러나 예조에서는 별묘는 상례(常禮)가 아니며 후대에 종묘가 둘이 있게 된다하여 반대하였다.

19_ 『仁祖實錄』 권31, 인조 13년 1월 신사.

추숭의 의도는 정치적인 의도와 함께, 사친에 대한 정서적 친밀감을 지속하고자 했던 '조상신'에 대한 본질적인 마음과 태도가 복합적으로 작용한 것이라 할 수 있다.

2. 영희전으로의 진전의 확장

인조의 사친추숭을 위해 마련되었던 숭은전은 병자호란을 겪으면서 새로운 전환기를 맞는다. 인조 15년(1637) 강화부에 있던 세조의 어진이 옮겨오면서 또 다시 어진들의 이동이 불가피하게 되었고, 정원군의 단독 사당으로 건립되었던 숭은전에 태조와 세조의 어진이 합봉된 것이다. 전란으로 잠시 태조와 세조의 어진이 숭은전에 잠시 통폐합된 형태로 있었는데, 이것이 그대로 유지된 것이다.

이후 숙종 2년(1676), 남별전의 입지에 대한 재검토가 본격적으로 이루어졌다.

> 부제학副提學 오정창吳挺昌이 상소하기를, "남별전을 이건移建하라는 명이 있었다고 하니 신은 정말 놀라고 의아하게 생각합니다. 이 전殿을 여기에 세워 실로 선조宣祖 때로부터 지금까지 몇 백 년을 지났고 여러 조정을 거쳤는데, 아직 옮겨서 고치기를 의논한 자가 없었던 것에는 반드시 까닭이 있는 것입니다. 예로부터 도하都下 사람과 사방에서 서울에 와서 보는 이는 태묘를 혁혁赫赫한 관첨觀瞻이라고 하고, 이 전殿의 터를 칭찬합니다. 신은 지세가 과연 어떠한지 알지 못하지만 인심人心은 같다고 봅니다. 그 상서로움이 더할 수 없이 큰데, 지금 까닭 없이 허물어 없애 무성한 풀밭을 만들면 아름다운 관망觀望이 아니리라 염려됩니다." 라고 하였다.[20]

20_ 『肅宗實錄』 권5, 숙종 2년 1월 신축. "副提學吳挺昌上疏 請於新元 拜謁太廟 特減春收大同 又曰伏聞有南別殿移建之命 臣竊駭訝 斯殿之建於此地 實自宣廟朝 于今垂百年之久 經歷累朝 未有遷改之議者 必有所以也 從古都下之人與四方之 來觀京師者 必以太廟爲赫赫之觀瞻 又必稱斯殿之基 臣未知地勢之果如何 而人心之所同 其祥莫大 一朝無故毁革 而爲 蕪草之場 則恐非休觀也."

　부제학副提學 오정창吳挺昌은 남별전을 이건하자는 숙종의 의견에 반대하였다. 흥미로운 사실은, 남별전의 생성과정을 조정에서도 명확하게 알지 못하고 있었다는 점과 종묘와의 관계에서도 별다른 갈등의 관계로 인식하고 않고 오히려 그 지세가 상서롭다는 의미로 받아들이고 있다는 점이다. 남별전 그 자체에 대한 별다른 이의를 제기하지 않았고, 오히려 이건과 유지에 대해서만 논의하였다.[21]

　위와 같은 상소가 있고 1년 후 숙종 3년(1677) 1월, 숙종은 또 한번 남별전을 다른 장소에 짓도록 명한다. 남별전을 인경궁仁慶宮[22] 정전이 있던 터로 이건하라고 하였는데,

---

21_ 영희전 터는 1900년 명동 성당 건립이 추진되면서 경모궁으로 이전되었다. 당시 사도세자가 '장종'으로 추존되어 종묘에 부묘되면서 경모궁이 비어있었기 때문이다. 이곳은 현재 중부경찰서 자리인 저동 2가 62번지 부근으로, 지하철 4호선 명동역 10번 출구에서 나와 약 400m 지점 중부경찰서 옆 저동파출소 앞으로 중부경찰서와 영락교회가 있다. 현재 서울중부경찰서 앞 비석에는 "영희전 터; 세조의 장녀 의숙공주의 생가 터로서 숙종 대에는 태조의 어진을 모셨던 곳"이라고 되어 있다.

22_ 광해군대에 인왕산 아래에 지었던 궁궐로 1623년에 일어난 인조반정으로 건설공사는 중지되었다.

대신들은 불필요하다고 반대하였다. 선조 환도이후 건재한 공간의 의미를 환기시켰다.[23] 여기서도 논의의 핵심은 별묘 자체의 존폐여부가 아니라 이전에 관한 것이었다. 그리고 선대 왕대부터 존립했었다는 전통을 내세워 이건을 반대하는 명분으로 내세우고 있다. 어떠한 경로로 남별전터가 별묘가 되었는지 인지하지는 못했지만, 별묘로 여겨지고 있었다는 사실은 확인할 수 있다. 두 번에 걸친 논의는 별묘로서의 남별묘의 입지를 확고하게 다지는 계기가 된 셈이었다.

숙종 3년(1677), 남별전의 중수 공사를 마치고 잠시 경덕궁慶德宮 자정전資政殿으로 이전시켰던 세조와 원종의 어진을 경덕궁에서 가져와 제 2실과 제 3실에 각각 봉안하였다.[24] 그리고 숙종 15년(1689), 효종대에 태조 어진을 모사[25] 하여 숭은전에 봉안하라는 명이 있었지만 지켜지지 않았다고 하면서, 경기전에 있던 태조 어진을 모사하여 제 1실에 봉안하였다.[26]

숙종대는 임진왜란과 병자호란을 겪고 나서 비로소 국가가 안정을 되찾기 시작하면서 국가의례의 재검토가 이루어진 시기이다. 갑술환국을 기점으로 붕당 정치기에서 탕평 정치기로 넘어가는 시기로 진단되기도 한다. 왕이 주도적으로 정국을 운영하는 왕 중심의 정치는 숙종대를 시작으로 영조대와 정조대까지 이어졌으며 국가의례에도 발현되었다.[27]

23_ 『肅宗實錄』권6, 숙종 3년 1월 을사. "此殿乃宣廟還都後所建 奉安已久 不必移建 上不從 遂擇仁慶宮正殿舊基 將欲改建 至是 上日予更思之 移建未安云者 群臣之說是也 遂命仍舊基 堅築改建 姑定移奉影幀於慶德宮資政殿."

24_ 『肅宗實錄』권6, 숙종 3년 7월 병술. "南別殿重建工訖 世祖大王元宗大王影幀 自慶德宮還安."

25_ 모사는 보관했던 어진이 훼손되거나 새로운 진전에 모시게 될 경우에 이미 있던 그림을 보고 그대로 그리는 것이다. 어진은 신주에 비해 보관과 유지가 쉽지 않았기 때문에 손상되는 일이 많았기 때문에, 모사하여 여러 곳에 보관하기도 하였다.

26_ 『肅宗實錄』권5, 숙종 2년 7월 갑진. "南別殿卽世祖 元宗御眞奉安之所也 年久傾圮 自前年已議改建 而以年凶 姑命待明歲更稟 至是禮曹判書睦來善啓言 工役浩大 未凍前勢難完訖 似當待明春始役 上議之大臣 從之 戶曹判書吳始壽以太祖影幀摸寫 奉安於本殿 曾有孝廟朝成命 白于上 請議大臣 上命勿議丞行 大臣諸臣 多有難之者 而上不聽 其後因領議政許積筵中陳白 太祖影幀奉安事還寢矣 至己巳春始行之."

27_ 이현진에 의하면, 조선후기 종묘 정비는 현종·숙종·영조 대에 걸쳐 추진되었다. 17~18세기 종묘 정비의 주된 안건들은 조선전기에 발생한 성리학적 의리명분에 위배된 사건들, 양란을 겪으며 훼손된 신주, 처음부터 잘못 쓰여져 논쟁화된 위판·축문들의 정정 및 대명 의리론의 강화로 새롭게 조명된 일련의 종묘 관련 사항들이 해당된다. 신덕왕후, 공정대왕, 단종이 대표적이다. 이에 대한 자세한 논의는 이현진, 『조선후기 종묘 전례 연구』, 일지사, 2008을 참조할 것.

이러한 정치의 분위기에서 세 선왕의 어진이 봉안된 남별전은 숙종 16년(1690) 10월 27일 '영희전'으로 개칭되었다.

> 임금(숙종)이 말하기를, "태조대왕의 영정은 다섯 곳에 모셨고 모두 전호가 있었으나, 지금은 경기전과 준원전 두 곳이 있을 뿐이다. 열성烈聖의 영정은 남별전에 모셨으나 예전부터 전호가 없어서 남별전이라 부르는데, 이것은 알 수 없는 일이다. 전호가 있는지 없는지를 예관으로 하여금 살펴서 아뢰게 하라."고 하였다. 이후에 대신이 관각館閣과 예조의 당상堂上과 함께 의논하여 영희전이라는 이름을 지어 바쳤다.[28]

앞에서도 살펴보았듯이, '남별전'이라는 이름은 진전의 이름이라기보다는 '남쪽에 있는 별묘'라는 보통명사였다. 숙종대에 이르러 태조 어진을 봉안한 다섯 곳 모두 전호가 있는데, 서울에 봉안한 곳에만 전호가 없다하여 "영희전"이라는 이름을 붙였다. 보통명사였던 전호가 '영희전'이라는 고유명사로 전환된 것이다. 이것은 '남별전'에서 '숭은전'으로 변화되었던 정원군의 사당에 태조와 세조의 어진이 합봉되고 고정화 되면서 '영희전'이라는 전호가 붙고 공식적인 진전으로 자리잡고 유지되었다는 것을 의미한다. 영희전이라는 고유명사가 붙으면서 왕들의 어진을 소유한 공간이 된 것이다.

영희전의 위치는 영조대에 더욱 확고해진다. 다음은 영조 24년(1748)에 내린 어진의 모사와 이봉에 관한 수후문垂後文의 일부이다.

> 영희전에 처음 광묘光廟(세조)의 어진을 봉안하였는데, 그 후에 또 원묘의 어진을 봉안하였고, 무진년(숙종 14년, 1688)에는 태조대왕의 어진을 모사하여 함께 봉안하였으므로 그대로 일전삼실一殿三室의 제도가 이루어진 것이다. 이미 진전이 있으면 열성列聖의 영정도 똑같이 함께 봉안하는 것이 禮에 있어서

28_ 『肅宗實錄』 권22, 숙종 16년 10월 갑신. "上又曰 太祖大王影幀 五處奉安 而皆有殿號矣 即今只有二處 乃慶基濬源殿是也 列聖影幀 奉安於南別殿 而自前無殿號 稱以南別殿 此未可知也 殿號有無 令禮官考出以啓 是後大臣與館閣禮曹堂上 會議 稱永禧殿以進."

당연한 것이기는 하다. 근 30년 동안 봉안하여 오던 어용을 차마 갑자기 옮겨 봉안할 수 없었기 때문에 오늘날까지 이르게 되었다.[29]

영조는 영희전에 태조, 세조, 원종의 어진이 봉안된 시점을 언급하면서 거의 30여년을 걸쳐서 내려온 전통이기 때문에 계속 유지하고 있다고 말하였다. 이미 선왕의 어진이 있던 진전이기에 함부로 이봉하는 것은 禮가 아니라고 여긴 것이다.

한편, 봉안되는 어진이 많아질수록 종묘와 영희전의 긴장관계를 의식하기도 하였다.

사가私家의 경우에는 1백 개의 화상이 있더라도 보관하는 것에 무슨 어려움이 있겠는가마는, 제왕가帝王家의 사체事體는 그렇지가 않아서 실로 후세에 큰 폐단이 된다. 내가 옛날에 은사恩賜받은 화본畫本이 있었는데, 우리나라의 일은 이를 계술繼述로 여기기 십상이어서 이것을 계승하여 그리게 된다면 진전眞殿이 곧 하나의 태묘를 이루게 될 것이다.[30]

이 전殿은 다른 곳과 달라서 내가 장차 제5실第五室에 따라 들어간다면 나에게는 영광이겠지만, 뒤에 제6실·제7실을 더 설치하여 잇달아 들어가지 않는다면 이 폐단도 이루 말할 수 없을 것이므로 이미 하교한 것이 있다.[31]

위의 실록에 의하면, 영조는 진전에 어진이 자꾸 첨가되다보면 결국 또 하나의 종묘를 이루게 되지 않겠느냐고 우려하였다. 아무래도 영희전도 문소전과 마찬가지로 왕통을 모시는 종묘와 중복되는 사당이었기 때문에 견제 대상이 될 수밖에 없었을 것이다.

29_『英祖實錄』권67, 영조 24년 1월 임인. "永禧殿初奉光廟御眞 其後又奉元廟御眞 戊辰摸寫太祖大王御眞 同爲奉安 仍成一殿三室之制 旣有眞殿 則列聖影幀 一體同奉 於禮當然 而近三十年奉安御容 不忍遽然移奉 迄于今日."

30_『英祖實錄』권67, 영조 24년 1월 임인. "而私家則雖有百畫像 何難藏奉 而帝王家事體則不然 實爲後世之大弊矣 予於昔年 有恩賜之本 我國之事 謂以繼述 次次繼畫 則眞殿便成一太廟矣."

31_『英祖實錄』권81, 영조 30년 5월 계미. "此殿異於他處 予將隨入第五室 在予榮矣 而後若加設第六 第七室而繼入不已 則此弊難勝言 故已有下敎矣."

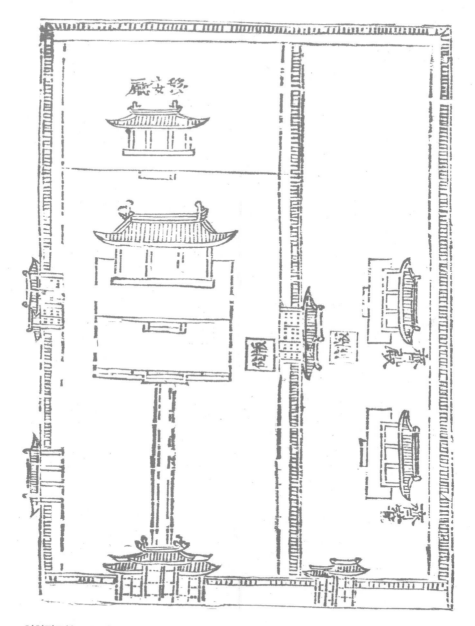

영희전도(永禧殿圖)

영희전의 규모는 정전(正殿)이 3칸이 중앙에 동향으로 있고, 신좌(神座)와 수용(晬容)은 모두 북쪽에서 남쪽을 향하여
봉안되었다. 왼쪽에는 재전(齋殿) 3칸이 있고, 아래쪽에는 동궁재실(東宮齋室) 3칸이 있다.
그림 출전: 『國朝續五禮儀序例』, 「吉禮 · 廟祠圖說 · 永禧殿」

그러나 영희전의 존폐논의나 실질적인 축소의 조처와 관련된 기록은 발견되지 않는다. 오히려 영희전의 역사를 기록한 『영희전지永禧殿志』를 영조20년(1744)에 마련할 것을 결정하면서[32] 영희전의 위치는 더욱 굳건해진다.

이후 영조 24년(1748)에 영희전의 2실을 더 증축하였으며, 선원전에 봉안했던 숙종의 어진을 모사하여 영희전 제 4실에 봉안하였다. 정조 2년(1778) 영조의 어진을 제 5실에, 철종 9년(1858)에 순조의 어진을 제 6실에 각각 봉안하였다. 이로써 영희전의 6실이 채워지게 된다. 최종적으로 영희전에 봉안된 어진은 태조·세조·원종·숙종·영조·순조로 모두 여섯 분의 것이다.[33] 여섯 어진은 순종 1년(1908), 영희전이 폐쇄될 때까지 그대로 유지되었다.

⟨표 1⟩ 영희전의 어진 봉안 시기와 변화

어진 봉안 시기	봉안된 어진	첨가된 어진
광해군 10년(1618)	태조·세조	
인조 10년(1632)	정원군	정원군
인조 15년(1637)	세조·원종	세조
숙종 3년(1677)	태조·세조·원종	태조
영조 24년(1748)	태조·세조·원종·숙종	숙종
정조 2년(1778)	태조·세조·원종·숙종·영조	영조
철종 9년(1858)	태조·세조·원종·숙종·영조·순조	순조
순종 1년(1908)	태조·세조·원종·숙종·영조·순조	없음

⟨표 1⟩을 보면, 문소전과 달리 영희전에 한번 봉안된 어진은 체천되지 않았고 실수를 증축하여 순종대까지 불천지위로 하였다는 사실을 알 수 있다.

그렇다면, 숙종대에 영희전이 선왕의 진전으로 확장되고 유지될 수 있었던 동인은

32_ 『英祖實錄』 권59, 영조 20년 2월 임자. "承旨洪象漢曰 今此殿號 或稱奉慈殿 或稱南別殿 或稱永禧殿 當初建號及列朝影幀奉安始末年月日 無紀實文字 請令禮官考出事實 編成一通册子 以備睿覽 上可之."

33_ 현재 남아있는 어진은 경기전의 태조어진, 창덕궁의 영조어진·의종어진·철종어진 그리고 영조의 연잉군 때의 도사본뿐이다. 경기전의 태조어진은 218×150cm, 영조 반신상은 국립고궁박물관에 있으며 110×68cm, 철종 어진도 국립고궁박물관에 있으며 202×93cm이다. 고종 어진은 전주박물관과 원광대학교 박물관(130×70cm)에 있다. 이에 대한 것은 조선미, 『초상화 연구—초상화와 초상화론』, 문예출판사, 2007을 참조할 것.

무엇이었을까? 영희전은 조선전기 원묘였던 문소전과는 달리, 처음부터 일정한 원칙에 따라 운용되지 않았다. 사실, 양란의 상황에서 불가피하게 이동을 반복했던 어진들을 제자리에 다시 봉안하고 남별전을 폐지시킬 수도 있었다. 전란의 상황이 아니더라도 숙종대에 전반적인 국가 의례정비가 이루어졌을 때, 성리학적 이념과는 상반된 것으로 여겨져 폐지시키는 쪽으로 의견이 모아질 수 있었다. 왜냐하면 숙종대는 성리학적 의리론이 더욱 공고해졌던 시기로 혈통보다는 왕통이 중요하게 여겨졌기 때문이다. 임진왜란 당시 문소전이 소멸되고 유교적 이념에 맞지 않는 정체正體가 아니라는 이유로 복원되지 않았던 것도 이러한 시대적인 분위기를 반영한 것이었다. 게다가 조선 초기부터 영정이 있는 '진전'은 불교의 색채가 짙은 것으로 치부되어온 역사가 있었다.

조선전기 원묘의 역사와 설립배경을 고려해 볼 때, 진전이 생성되고 건재할만한 어떤 명분도 없어 보인다. 이글은 이것을 인조가 사친추숭을 의도했던 동인과 동일한 맥락에서 찾고자 하였다. 문소전이 소멸된 이후 왕통을 중심으로 한 왕실의 조상신에 대한 의례는 종묘의례 이외에는 없었다. 원묘였던 문소전이 사라진 이후, 선왕은 종묘에서 제향 되었지만 '조상신'에 대한 근본적인 마음을 표현하고 충족시킬 만한 어떠한 공간과 의례도 남아있지 않았다. 앞 장에서 살펴보았듯이, 동일한 선왕을 대상신으로 하는 의례라 할지라도 이념적 조상신 의례와 정서적 조상신 의례의 일차적인 목적과 만족도는 달랐다. 공식적인 의례로 '조상신'에 대한 정을 충분히 표현할 수 있는 공식적인 의례가 없는 실정이었다. 이러한 상황에서 영희전은 문소전처럼 처음부터 공론화의 과정을 거쳐 일정한 체계를 갖추고 유지되지는 않았지만, 각 왕들의 사친을 모시는 사당으로 당연시되었고 하나의 새로운 공식적인 사당으로 정착할 수 있었다고 여겨진다.

3. 영희전 의례와 (비)왕통 생부 조상신

영희전 의례는 숙종 29년(1703)에 3년에 한 번씩 작헌례를 하는 것으로 정해진다.

임금이 영희전을 전알展謁하고 작헌례酌獻禮를 행하였다. 그리고 3년에 한 번씩 성배省拜함을 정식으로 삼으라 명하였다.[34]

숙종대에 책정된 영희전 의례는 이전에 행해지던 것들을 기반으로 정해졌다. 이미 인조대부터 왕의 친제가 이루어졌고, 이것이 숙종대에 규칙적인 의례로 정착한 것이다. 영희전 의례가 국가사전에 등장하는 시기는 영조 20년(1744)에 편찬된 『국조속오례의』이다. 『국조속오례의』에 의하면, 영희전 의례는 속제로 분류되어 있다.[35] 의례의 종류는 정조·한식·단오·추석·동지·납일에 행하는 '친향영희전의親享永禧殿儀'와 2년마다 중춘仲春에 좋은 날을 정해서 행하는 '작헌영희전의酌獻永禧殿儀'가 있다.[36] 이때부터 영희전 의례는 정사正祀로서 확고하게 자리 잡았다고 할 수 있다. 여기에 더하여 영희전과 관련한 역사적인 사실들을 기록한 책자인 『영희전지』가 영조 26년(1750)에 마련되면서 진전으로서 더욱 확고한 자리를 잡는다.

영조 27년(1751)에 편찬된 『국조속오례의보國朝續五禮儀補』에 의하면, '친향영희전시왕세자아헌의親享永禧殿時王世子亞獻儀'와 '친향영희전왕세자섭사의親享永禧殿王世子攝事儀'가 첨가되어 있다.[37] 이후 정조 12년(1788)에 편찬된 『춘관통고』에는 기존의 영희전 의례에 9개 의례가 첨가되었다. 모두 어진을 사당에 봉안할 때나 다른 곳으로 옮길 때 행하는 의례로서 정기적인 것은 아니었다.[38] 어진을 그려서 봉안하는 전통이 정착되면서 이와 관련된 세부적인 의례들이 마련된 것이다. 주요한 영희전 의례는 영조대에 책정된 '친향영희전의'와 '작헌영희전의'라고 할 수 있다. 고종대의 『대한예전』을 참고하면,[39] '친향영

34_ 『肅宗實錄』 권38, 숙종 29년 9월 임술. "上謁永禧殿 行酌獻禮 命以三年一省拜定式."

35_ 『國朝續五禮序禮』 권1 「吉禮·辨祀」. 장령전(長寧殿), 세자묘(世子墓)도 속제로 분류되어 있다.

36_ 『國朝續五禮儀』 권1 「吉禮·酌獻永禧殿儀」, 「吉禮·親享永禧殿儀」; 『國朝續五禮儀序禮』 권1 「吉禮·時日」.

37_ 『國朝續五禮儀補』 권1 「吉禮·親享永禧殿時王世子亞獻儀」, 『國朝續五禮儀補』 권1 「吉禮·享永禧殿王世子攝事儀」.

38_ 影幀奉安永禧殿第一室儀今儀, 影幀奉安還時拜辭儀今儀, 影幀奉安宣政殿酌獻禮模寫設彩後出還宮時王世子祇迎儀今儀, 永禧殿第二室新影幀展奉後奉安祭儀今儀, 影幀粧軸標題後贍拜儀今儀, 影幀設彩後辭殿儀今儀, 影幀移奉養志堂後告動駕酌獻儀, 影幀奉安永禧殿第五室後親享儀今儀 가 있다(『春官通考』 권24 「吉禮·眞殿·永禧殿」).

39_ 『大韓禮典』 권7 「吉禮·親享永禧殿儀; 御眞奉安儀」.

의전의'만 있으며, '작헌영희전의'는 기록되어 있지 않은데 의례의 종류가 축소된 것으로 볼 수 있다. 그리고 '어진봉안의御眞奉安儀'가 새롭게 등재되어 있는데, 기존의 어진봉안과 관련한 의례들을 하나로 통합시킨 듯하다. 시일도 속절 중 납일은 행하지 않게 되었다. 국가사전에 기록된 영희전 의례의 종류와 시일을 정리하면 〈표 2〉와 같다.

〈표 2〉 『국조속오례의』와 『대한예전』의 영희전 의례의 종류와 시일

국가사전	의례 종류	시일
『국조속오례의』	친향영희전의속의(親享永禧殿儀續儀)	속절(정조 · 한식 · 단오 · 추석 · 동지 · 납일)
	작헌영희전의속의(酌獻永禧殿儀續儀)	2년마다 仲春에 卜日
『대한예전』	친향영희전의(親享永禧殿儀)	정조 · 한식 · 단오 · 추석 · 동지

영희전 의례에서 특이할만한 사항은, 국가사전에는 문소전 의례와 달리 사시의례와 기신의례는 기록되어있지 않다는 것이다. 『국조속오례의』의 시일부분을 참고하면, 기신에는 산릉과 세자묘世子墓에만 의례를 행한다고 되어있다. 영희전에서는 기신제를 행하지 않는 것을 원칙으로 삼았다는 것을 알 수 있다. 하지만 비공식적인 의례로 기신의례가 행해지기도 하였다. 영희전의 여섯 차례 향사 중 친향은 특교特敎가 있어야 행한다는 원칙도 세워졌지만 원칙과는 달리 왕이 종종 거둥하기도 하였다.

〈표 3〉 문소전 의례와 영희전 의례의 절차

의례 종류		의례 절차
사시급속절향문소전의 (四時及俗節享文昭殿儀)	재계(齋戒)	산재(散齋) 1일, 치재(致齋) 2일
	초혼(招魂)	사배(四拜)
	행례(行禮)	초헌례(初獻禮; 三上香+ 進盞) → 독축(讀祝) → 아헌례(亞獻禮) → 종헌례(終獻禮) → 음복(飮福) → 사배(四拜)
	예필(禮畢)	망예(望瘞)
친향영희전의 (親享永禧殿儀)	재계(齋戒)	산재(散齋) 1일, 치재(致齋) 2일
	초혼(招魂)	사배(四拜)
	행례(行禮)	초헌례(初獻禮; 三上香+ 進盞) → 독축(讀祝) → 아헌례(亞獻禮) → 종헌례(終獻禮) → 음복(飮福) → 사배(四拜)
	예필(禮畢)	망예(望瘞)

처음부터 공식적인 원묘로 건립된 문소전과는 달리, 영희전에서의 의례의 종류나 체계, 진전 운용의 원칙 등에 관한 확고한 체계나 규정도 없었다. 영희전 의례와 문소전 의례를 비교해 보면, 의례의 종류에 있어서는 문소전 보다는 소략했지만 의례의 절차를 들여다보면 동일하다는 것을 알 수 있다. '사시급속절향문소전의四時及俗節享文昭殿儀'와 '친향영희전의親享永禧殿儀'의 절차를 비교한 〈표 3〉을 참고하면, 의례를 행하는 주체가 왕일 경우 삼헌례(초헌례 · 아헌례 · 종헌례) 중 왕이 초헌관을, 왕세자가 아헌관을, 영의정이 종헌관의 역할을 한다는 점도 동일하다.

[표 4] 영희전 의례와 문소전 의례의 선왕 축문 호칭[40]

의례	국가사전	의례 주체	의례 대상
영희전 의례	『국조속오례의』	효증손(孝曾孫) 사왕신휘(嗣王臣諱)	기록 없음
	『대한예전』	효현손(孝玄孫) 황제휘(皇帝諱)	太祖大王 · 世祖大王 · 元宗大王 · 肅宗大王 · 英祖大王 · 純祖大王
문소전 의례	『국조오례의』	효증손(孝曾孫) 사왕신휘(嗣王臣諱)	모조고(某祖考) · 모대왕(某大王)
	『대한예전』	효현손(孝玄孫) 황제휘(皇帝諱)	태조지인계운응운천조통광훈영명성문신무정의광덕고황제 (太祖至仁啓運應天肇統廣勳永命聖文神武正義光德高皇帝)

한편, 축문의 형식 중 의례 주체와 의례 대상을 각각 어떻게 지칭하고 있는지를 왕이 친히 행했던 영희전, 문소전 의례를『국조속오례의』를 중심으로 참고하면, 위의 〈표 4〉와 같다. 영희전의 축문에서 의례 주체인 왕은 '효현손孝玄孫 사왕신휘嗣王臣諱'라고 되었는데, 이는 '왕위를 이은 효손자 ~가'라는 의미로 종묘 선왕의 축문과 동일하다. 의례 대상에 대한 호칭은 종묘의 경우, '모조고某祖考 · 모대왕某大王'이라 하였는데, 이는 '~아버지(조상신) · ~대왕께'라는 의미이다. 그런데 영희전 의례의 의례대상을 어떻게 지칭하였는지에 대한 기록은 없다. 『대한예전』를 참고로 영희전과 문소전의 선왕 축문을 다시 비교해보면, 둘 다 의례 주체는 '효현손孝玄孫 황제휘皇帝諱'로 되어 있지만, 의례

40_『國朝續五禮儀序例』권1「吉禮·祝板」;『國朝五禮序例』권1「吉禮·祝板」;『大韓禮典』권2「大韓禮典序例·吉禮·祝板」.

대상인 선왕을 지칭하는 것은 다르다는 사실을 알 수 있다. 태조를 예를 들어 비교해보면, 영희전의 경우에는 '태조대왕'으로만 지칭하고 있는 반면, 문소전의 경우에는 태조의 시호 '태조지인계운응천조통광훈영명성문신무정의광덕고황제太祖至仁啓運應天肇統廣勳永命聖文神武正義光德高皇帝'를 그대로 지칭하고 있다. 선왕과 현왕은 부자관계로 설정되어 있었지만, 선왕을 지칭하는 부분에서는 영희전보다는 문소전의 호칭이 좀 더 격식을 갖추고 있었다고 할 수 있다. 이것은 종묘와 문소전의 축문 호칭이 동일했던 것과는 차이가 있다.[41]

사실, 영희전의 봉안계보는 문소전과는 달리 처음부터 왕통을 전제하지는 않았다. 영희전의 전신인 숭은전을 보면, 문소전과는 다르게 왕통을 전제한 혈통이 아니라 혈통을 중심으로 한 왕통이었다고 할 수 있다. 이렇게 초기 봉안 대상의 격이 이후에 변화되었기 때문에, 영희전 의례의 생성계보는 (비)왕통 생부 조상신이라고 해야 할 것이다. 정원군이 원종으로 추존되면서 결과적으로는 왕통을 중심으로 이루어졌지만 처음부터 이것을 전제하지는 않았다. 다음의 〈표 5〉를 참고하면, 원종 이후에 봉안된 어진은 모두 왕통과 혈통이 동일했다는 사실을 알 수 있다.

〈표 5〉 영희전에 봉안된 대상신과 생물학적 부자관계

대상신	생물학적 부자관계
원종	인조의 생부
숙종	영조의 생부
영조	정조의 생부
순조	철종의 생부

태조와 세조 어진을 제외한 영희전에 봉안된 어진은 원종 이후 바로 숙종, 영조, 그

41_ 영희전과 문소전의 축문 형식 중 의례 대상 앞에 '복이(伏以)'라는 말이 공통적으로 들어가 있다. 이는 '~께 엎으려'라는 의미로 다른 정서적 왕실 조상신의 축문 형식에는 없다. 이는 영희전과 문소전의 대상신이 왕통을 중심으로 하고 있다는 점을 보여준다.

리고 순조로 이어진다. 철종을 제외하면 모두 봉안한 왕과 생물학적인 부자관계를 이루고 있다. 문소전의 봉안 계보를 상기해보면 왕통을 전제로 한 혈통 중심으로 이루어졌다고 할 수 있다. 이와 완전히 들어맞지 않았던 덕종은 따로 연은전을 마련하여 봉안되었었다. 덕종의 경우와 비교해보면, 원종은 덕종처럼 왕위에 오른 적이 없었을 뿐만 아니라 덕종처럼 생전에 세자로 책봉된 적도 없었다. 숭은전은 처음에는 태조와 세조의 왕통 계보에 힘을 얻었고, 왕으로 추존된 이후에는 세조와 태조의 어진이 합봉되면서 왕통의 정당성을 더욱 확고하게 만드는 전환점이 되었다. 영희전의 건재로 문소전 이후 생물학적 보본반시를 중심으로 하는 왕통 생부 조상신 계보가 다시 형성되었고 문소전과 달리 불천지위로 봉안되었던 것이다.

영희전은 고종 37년(1900) 경모궁으로 이전된다. 순종 1년(1908)에 영희전, 목청전穆淸殿, 화녕전華寧殿, 냉천정冷泉亭, 평락정平樂亭, 성일헌誠一軒에 봉안된 어진을 선원전에 옮겨놓고, 냉천정을 제외한 옛 전각은 모두 국유로 이속移屬시킨다는 개정된 제사 제도 칙령이 발표된다. 영희전에 있던 영정들은 모두 선원전으로 합해지게 되면서 영희전은 사실상 폐지된다.[42]

이상으로 영희전이 문소전처럼 왕통을 이은 왕들의 別廟라는 점에서는 동일한 기능을 하였지만, 반혼의 상징물이 어진이었고 선왕만을 모시는 진전이라는 점, 그리고 의례의 종류가 문소전보다는 소략했다는 사실을 확인하였다. 전란의 와중에서 남별전의 생성과 인조의 사친 추숭을 위한 숭은전이 결합하면서 조선 후기 새로운 진전의 전통이 생성될 수 있었다는 사실도 확인하였다. 숭은전은 숙종대에 들어서서 영희전으로 재건되었고, 영조대에 그 공간과 의례가 확장되면서 정사로서의 위치를 점하였다는 것을 알 수 있었다. 결과적으로는 영희전은 원묘였던 문소전이 복원되지 않았던 상황에서 정서적 왕실 조상신을 모실 수 있는 사당의 역할을 하였음을 알 수 있었다. 영희전의 의례화를 이글이 제시한 세 가지 구조로 보면, 남별전과 숭은전 의례를 준정사로,

---

42_ 『純宗實錄』권2, 순종 1년 7월 23일(양력). "永禧殿 穆淸殿 華寧殿 冷泉亭 平樂亭 誠一軒에 奉安ᄒ 晬容을 璿源殿에 移安ᄒ고 舊殿閣은 冷泉亭을 除ᄒ 外에 竝히 國有에 移屬홈."

영조대의 영희전 의례를 정사로 볼 수 있다. 영희전 의례를 통해서, 처음부터 의도하지는 않았지만 문소전과 동일하게 (비)왕통 생부 조상신 계보가 지속적으로 이어졌다.

칠궁
의례

06 —————

칠궁
의례

조선시대 조상신 의례는 부계혈통을 중심으로 한다. 情의 마음은 父와 母, 가릴 것
없이 동일하겠지만, 아버지가 조상신으로 봉안되어야만 어머니도 함께 조상신으로 봉
안될 수 있었다. 생모의 신분이 후궁일 경우에는 제주의 입장에서 이러한 원칙은 적용
되지 않는다. 종묘에 봉안된 선후들을 생각해보면, 너무나도 당연한 사실이라는 것을
알 수 있다. 그런데 이러한 기본적인 원칙과 상식을 뛰어넘는 예외적인 상황을 칠궁의
례를 통해서 확인할 수 있다. '칠궁'[1] 은 왕의 생모였지만 왕후의 자리에 오르지 못한
후궁들의 신주를 봉안한 일곱 개의 사당으로, 영조 29년(1753)부터 1912년까지 생성된
육상궁 · 저경궁 · 연호궁 · 대빈궁 · 선희궁 · 경우궁 · 덕안궁을 총칭한다. 처음에는 각

1_ 현재는 칠궁 중 가장 먼저 건립된 육상궁 안에 통합되어 있기 때문에 '육상궁'으로 불리기도 한다. 현재 칠궁에는 다섯
개의 사당이 있다. 칠궁 안에 있는 각 사당에는 본래의 이름이 그대로 유지되고 있다.
　칠궁정문을 들어서면, 가장 먼저 연호궁 현판(육상묘라고 쓰여진 현판은 연호궁 현판 뒤쪽에 걸려있다)이 걸려있는
사당이 나온다. 이곳에는 숙빈 최씨와 정빈 이씨의 신주가 있다. 그리고 냉천정을 지나면, 덕안궁이 나온다. 덕안궁에는
순헌황귀비 엄씨의 신주가 있다. 마지막으로 서쪽에 인빈 김씨의 신주가 있는 저경궁, 중간에 희빈 장씨의 신주가 있는
대빈궁, 그 옆에 영빈 이씨의 신주가 있는 선희궁이 나란히 있다. 칠궁은 조선시대 묘사(廟祠)제도의 표본으로 여겨져,
1966년 3월 2일 사적 제149호로 지정되어 청와대와 문화재청에서 관리하고 있다. 1968년 1·21 사태이후 경호상의 문제
로 출입이 금지되었다가, 2001년 11월 24일에 다시 일반인들에게 공개되기 시작하였으며 청와대 관람과 연계해서 관람
할 수 있다. 칠궁은 청와대 관람 순서 중 가장 마지막 코스이며 영빈관 서쪽에 자리하고 있다. 2002년 11월 18일에 전주
이씨 대동 종약원에서 칠궁의례를 처음 지냈으며, 이후 매년 10월 넷째 주 월요일에 행하고 있다. 칠궁의례를 지낼 때
에만 사당 안을 볼 수 있으며 평소에는 각 사당의 문은 잠겨있다.

각 독립적으로 형성되었지만 고종대에 한 곳으로 통합되면서 '칠궁'으로 명명되었다. 덕안궁이 건립되기 이전에는 '육궁'으로 불리기도 하였다.

이글은 다른 정서적 왕실 조상신들과는 달리, 생부가 아니라 후궁이었던 생모를 중심으로 한 왕실 조상신이 어떠한 명분과 과정을 통해서 생성될 수 있었는지를 구체적으로 살펴볼 것이다. 네 가지에 주목하고자 한다. 첫째, 왕의 생모였지만 후궁이었기 때문에 국가의례의 대상신이 될 수 없었음에도 불구하고 왕실 조상신의 대상이 될 수 있었던 합법적인 명분이 무엇이었는지를 살펴볼 것이다. 둘째, 칠궁의 전신을 영조의 생모 숙빈 최씨淑嬪 崔氏(1670~1718)의 신주를 봉안한 육상궁으로 보고, 그 생성과 변화의 과정을 살펴볼 것이다. 셋째, 의례화 과정을 거쳐서 공식적인 의례로 정착한 육상궁 의례와 그 이후에 생성된 칠궁의례들의 구체적인 종류와 시일을 살펴볼 것이다. 넷째, 의례화의 결과로 생성된 계보와 위격을 종묘의 선후들과 비교를 통해서 생각해 볼 것이다.

1. 모이자귀母以子貴의 명분

원칙적으로는 왕과 중전만이 종묘에 부묘祔廟될 수 있었기 때문에, 후궁들은 종묘의 례의 대상신이 될 수 없었다. 후궁의 신주는 종묘뿐만 아니라 공식적인 그 어떤 공간에서도 봉안될 수 없었다. 조선시대 후궁은 빈嬪(正一品)이나 귀인貴人(從一品) 정도의 품계를 받지 않는 한, 사후에도 제대로 대접받지 못했다. 이마저도 아들이 있는 경우에만 해당되었고, 그렇지 못한 경우에는 가까운 집안에서 제사를 지내주기도 하였다. 그렇다고 해도, 아무리 빈의 자리까지 올라간 후궁일지라도, 사후에 공식적인 사당을 지어주고 제사를 지내주는 일은 없었다. 후궁의 아들이 왕위에 올랐다고 해도 사정은 다르지 않았다.

후궁의 처지는 살아있을 때에도 그다지 좋은 편은 아니었다. 선조대 이전까지 왕이 후궁보다 먼저 죽으면 후궁들은 정업원淨業院(동대문 근처)에 들어가 비구니가 되었다. 선조 대에 정업원이 혁파되었지만, 이후 광해군대에 자수원慈壽院(인왕산 밑 옥인동)이 생기면서 정업원의 역할을 대신하였다. 이곳은 현종대에 사라지고, 후궁들은 왕이 죽으면 궁궐 밖에서 생활하였다. 후궁들과 달리, 왕의 생부는 뒤늦게 왕위에 오른 아들에 의해 왕으로 추존되어 종묘에 부묘되기도 하였다.[2]

이렇게 왕의 생모일지라도 후궁이라는 신분 때문에 왕실 조상신이 될 수 없다는 확고부동한 원칙에도 불구하고, 일곱 후궁들이 국가의례의 대상신이 될 수 있었던 명분은 무엇이었을까? 아무리 효의 논리를 강하게 내세우고, 종묘에 배우자(생부)가 부묘돼 있다 해도, 후궁 생모를 공식적인 의례의 대상으로 삼는다는 것은 불가능해 보인다. 그 해결의 실마리를 칠궁의례의 출발점이 되었던 육상궁 의례의 성립배경을 통해서 찾을 수 있을 것이다.

> "육상궁은 우리 성궁聖躬을 탄생하게 하셨으니 오랫동안 옮기지 않는 사당이 되어야 하겠습니다."
> 라고 하였다. 영조가 말하기를, "내 뜻은 위로 세실世室을 따라 禮를 정하고 싶다."고 하니, 여러 신하
> 들이 말하기를, "만약 위로 세실을 따르는 것으로 말한다면 서로 막혀 난처한 일이 또 있을 것이니, 다
> 만 어머니가 아들 때문에 귀해진다는 의리母以子貴를 따르는 것으로 해야 하겠습니다." 라고 하였다.[3]

신하들은 숙빈 최씨는 영조를 낳으신 분이므로 그 신주를 옮기지 말라고 하면서, 어머니는 아들의 신분에 의해서 귀하게 여겨진다는 "모이자귀母以子貴"를 언급하였다. '모이자귀'는『春秋』[4]에 나오는 내용으로, 후궁 생모에 관한 기존의 원칙을 뛰어넘는 명분으로 삼은 셈이다.『춘추』의 구절을 좀 더 보면, 아들은 어머니에 의해서 귀해지고, 어머니는 아들에 의해서 귀해진다고 하였다. 결국 숙빈 최씨의 격을 높이는 것이 영조의 지위를 높이는 것을 동일한 의미로 이해하기로 한 것이다.

2_ 성종의 생부 덕종, 인조의 생부 원종, 정조의 생부 장조의 신주가 영녕전에 있으며, 헌종의 생부 문조의 신주가 종묘 정전에 있다.

3_『英祖實錄』권 80, 영조 29년 9월 기미. "毓祥宮誕我聖躬 當爲百世不祧之廟 上曰予意欲上從世室而定禮矣 諸臣曰 若以上從世室爲言 又有相碍難處之事 只以從母以子貴之義也".

4_『春秋』「公羊傳·隱公 元年」. "子以母貴 母以子貴".

모이자귀의 논리로 후궁이었던 생모를 국가의례의 대상으로 삼으로 했던 전례는 광해군대에서 찾아볼 수 있다.

> 예조가 아뢰기를, "지금의 성교聖敎는 실로 情과 禮로는 할 수 없는 바입니다. 다만 그 위호位號의 절목은 중도中道를 얻는 것은 심히 어렵습니다. 지나치게 높이면 제도를 어기게 되어, 『춘추』에 왕후와 똑같이 했다는 비방을 면하지 못할 것이고, 너무 가볍게 하면 사은私恩에 소략하여 성상께서 孝를 위한 情을 펴지 못할 것입니다 … 한나라와 당나라와 송나라의 여러 임금들이 모두 각각 추숭한 일이 있었으나, 이는 모두 어머니가 아들 때문에 귀하게 되었다母以子貴는 말에 구애되어 성인이 禮를 제정한 본뜻에 위배됨을 깨닫지 못한 것입니다." 라고 하였다.[5]

위의 실록은 광해군이 자신의 생모 공빈 김씨恭嬪金氏(1553~1577)를 추숭하고자 한 것에 대해 예조에서 의견을 올린 것이다. 광해군은 재위 초반부터 자신의 생모를 중전의 자리로 추숭하려 하였고, 그 과정의 일환으로 시호를 올리고 별도의 사당을 마련하고자 하였다.[6] 이에 대해 예조는 생모의 격을 지나치게 높이면 제도에 위배가 되고, 그렇다고 너무 소략하게 하면 어머니의 은혜에 보답하고자 하는 왕의 情을 표현할 수 없다고 하면서 적정선인 중도中道를 지키는 것이 얼마나 힘들고 복잡한 문제인지를 말하였다. 또한 예조는 후궁 생모를 모이자귀라는 명분을 빌어 추숭한 전례를 중국에서 찾아볼 수 있지만, 禮에 어긋난 것이라고 지적하였다.

5_ 『光海君日記』 권26, 광해군 2년 3월 기해. "禮曹啓曰 今者聖敎實情禮之所不可已 第其位號節目 酌宜得中 甚不容易 過隆則歸於踰制 恐不免春秋竝后之譏 太輕則略於私恩 無以伸聖上追孝之情 今欲遵倣古禮 則考仲子之宮 歸成風之隆 皆見譏於春秋 而先儒以爲越禮 … 則漢唐宋諸君 俱各有追崇之擧 此皆拘於母以子貴之說 而不覺有違於聖人制禮之本意."

6_ 이에 대해 좀더 부연하자면, 대신들은 명나라 효종이 생모 귀비기씨를 추존하여 '효목황후'라 칭하고 봉자전(奉慈殿)이라는 별묘를 만들어 추숭하였던 전례를 들어 동일하게 실행해야 한다고 하였다. 칭호는 '왕비'로 하고 봉자전을 마련하는 정도로만해도 아들이 생모에게 표현할 수 있는 情과 의례의 격식과 질서를 나타내기에 충분하다는 것이다. 대신들은 시왕지제(時王之制)에 따라 효종의 사례를 따를 것을 간언했지만, 광해군은 자신의 생모에게 '황후'의 칭호와 책보(冊寶)를 올리고 별묘를 세우는 의식 등을 행할 것을 명한다. 결국 광해군 2년(1609) 3월 6일, 광해군은 왕족의 사가였던 공간에 봉자전을 마련하고 능을 성릉(成陵)이라 하였다. 제사의 규례는 의묘에 의거해서 마련하도록 하고 불천지위의 사당으로 책정하였다. 광해군 2년(1610) 5월 27일에 봉자전을 추숭한다는 사실을 팔도에 알리라 명함으로 확고한 입지를 다진다. 이후 광해군 7년(1615)에 공빈 김씨의 신주를 종묘에 부묘하였다.

그럼에도 불구하고, 광해군은 생모의 사당으로 '봉자전'을 마련하고 이후에 종묘에 부묘시켰다. 그러나 인조반정으로 광해군이 폐위되면서 공빈 김씨의 신주도 함께 퇴출되었다. 광해군대에 실현된 후궁 생모의 추숭은 후대까지 지속되지는 못했다. 광해군 정도는 아니었지만, 경종은 생모 희빈 장씨(?~1701)의 사당을 세우고 궁으로 승격시키려고 하였다. 하지만 대신들의 원성으로 뜻을 이루지 못했다.

이렇게 후궁 생모의 봉안의 명분으로 모이자귀가 선택되었던 광해군의 전례가 있었지만, 결과적으로는 지속되지 못했다. 사실, 공빈 김씨와 희빈 장씨의 선례가 모두 성공하지 못했기 때문에 육상궁 설립에 힘을 실어주지 못하고, 오히려 더욱 불가능하게 할 수도 있었다. 그렇다면 유독 영조대의 모이자귀의 명분이 선택될 수 있었던 동인은 무엇이었을까? 물론 이것은 광해군과 경종의 정치적인 입지와 왕권과 관련되어 있었다. 모이자귀의 명분과 영조의 정치적인 입지를 연관시켜 생각해 볼 필요가 있다.

영조는 즉위초기부터 적장자가 아닌 그것도 무수리의 아들이었다는 사실이 끊임없이 논란거리로 삼아졌다. 이러한 상황에서 생모의 지위를 높이는 것이 바로 자신의 지위를 올리는 것과 동일한 것으로 여긴다는 것은, 왠지 무리가 있어 보인다. 이에 대해 영조가 탕평책을 성공시킨 군주였던 만큼 왕권을 더욱 강화하기 위한 방법으로 또는 왕권이 강화된 결과로 설명되어왔다.[7] 영조는 인조의 잠저였던 어의궁於義宮, 효종의 잠

7_ 기존에는 육상궁 의례의 생성배경을 영조의 탕평책의 성공에 따른 결과 내지는 그 원인으로 보는 정치적인 측면에 집중하는 입장이 대다수였다. 영조가 사적인 문제를 전략적으로 정치적으로 이용하였다는 주장이다. 임민혁은 영조가 사친 추숭을 단행한 정치적 배경과 의미를 효제(孝悌)와 탕평정치의 연관성으로 보았다. 그에 의하면, 영조가 '요순의 효제의 도'를 통치논리로 정국운영을 구상 한 것은 탕평정치를 표방하며 내세운 군부일체(君父一體)의 논리이다. 이는 왕위계승의 정통성을 위협 받아온 영조에게 형제상속의 정당성을 내세우고, 신하들 당파의 이해관계를 추월하여 국군(國君)을 아비처럼 받들어 충성스런 공복으로 수렴되도록 하는 탕평의 근거논리였다고 한다. 또한 임란 이후 더욱 교조화된 유교이념의 근본에 대한 실천의 강요는 예치 사회질서의 재건에 필요한 정치적 슬로건이기도 하였다고 한다. 즉, 종법적 왕통의식에서 비롯된 것이라기보다는 효제를 실천함으로써 얻게 되는 정치적 실리를 충분히 고려한 조치였다는 것이다. 효제의 대상은 숙빈 최씨 뿐만 아니라 숙종과 인형왕후, 인원왕후, 경종, 경종의 비 그리고 효장세자와 현빈, 의소세손 그리고 숙종 이전의 선왕과 명나라 신종 등이었다(임민혁, 『英祖의 정치와 禮』, 민속원, 2012, 15~56쪽).
　육상궁 의례의 형성 배경을 조선후기라는 시대적인 배경과 연관해서 설명한 연구도 있다. 조선전기는 음사론적 태도로 인해 유교이외의 다른 이념을 바탕으로 하는 의례를 혁파하는 데에 주력하였던 시기였다면, 조선후기는 유교적 이념이 비교적 안정되어 정착한 시기로 왕의 사적인 의례들까지 공적인 의례로 흡수하는, 어떻게 보면 더욱 유교적으로 된 시기였다고 평가하고 있다. 이에 대해서는, 김지영, 「18세기후반 국가전례의 정비와 『춘관통고』」, 『한국학보』 14, 일지사, 2004; 최종성, 『기우제등록과 기후의례』, 서울대학교출판부, 2007, 122~135쪽을 참조할 것.

저였던 어의동於義洞 본궁本宮, 원종의 잠저였던 송현궁松峴宮, 자신의 잠저였던 창의궁彰義宮, 그리고 중종의 잠저로 추정되는 수진궁壽進宮의 장소를 '용흥구궁'이라 부르며 자주 거둥하였다.[8] 영조가 자주 거둥했던 잠저들의 공통점은 혈통과 왕통이 달랐던 왕들의 잠저였다. 영조 자신이 왕으로서의 권위를 드러내면서 동시에 권위를 창출하기 위해서 전략적인 방법으로 의례를 이용[9] 했다고 볼 수 있다. 따라서 자신의 처지와 비슷했던 왕들의 잠저에 거둥하였던 것은 왕통의 정당성과 위엄을 보여주고자 한 영조의 전략이었다고 할 수 있다. 영조가 자신의 정치적 입지를 굳히고 강화하기 위해서 또는 그 결과로 사친추숭을 단행했다는 것이다.

그런데, 미천한 신분을 가진 어머니에게 태어난 영조 자신이 왕위에 오르고도 그 정통성에 끊임없는 문제제기를 받으면서까지 굳이 생모의 사당의례를 단행하여 공론화시킬 필요가 있었을까? 그렇지 않아도 자신의 혈통에 대해서 말들이 많았던 재위 초반부터 그럴 필요가 있었을까? 게다가 영조의 사친추숭은 조선후기 종법제도의 강화와 실현이라는 분위기와는 상반된 것처럼 보인다. 아무리 왕권강화의 시기라 할지라도 후궁 생모를 공식적인 의례의 대상신으로 삼는다는 것은 질서를 위반하는 것임에는 확실하였기 때문이다. 영조의 사친추숭의 노력을 정치적인 측면 이외의 또 다른 측면에서도 생각해볼 필요가 있다.

이것을 기존의 왕권강화라는 정치적인 해석과 함께 조상신(부모)에 대한 근본적인 마

8_ 김지영에 의하면, 영조대의 수많은 의례와 행차는 과거의 기억들을 활용하였는데, 영조에게 있어서 '입승대통(入承大統)'보다 더 중요한 것은 창의와 중흥의 사적이었기 때문이라고 보았다. 영조는 자신의 개혁과제들의 정당성을 마련하고 신민 모두를 설득하기 위한 한 방법으로 옛 기억의 권위들을 활용한 것이라고 한다. 영조의 행차와 정치적 의미에 대한 구체적인 내용은, 김지영, 「英祖代 儀禮와 行次 그리고 기억」, 정옥자 외 지음, 『조선시대 문화사 (상)-문물의 정비와 왕실문화-』, 일지사, 2007을 참조할 것.

9_ 이것은 Catherine Bell이 말한 정치의례와 관련해서 설명될 수 있을 것이다. 벨은 유형간의 중복가능성을 전제하면서 의례의 유형을 여섯 장르―통과의례(Rites of Passage), 연중의례 및 기념의례(Calendrical Rites), 교환 및 친교의례(Rites of Exchange and Communion), 고통의례(Rites of Affliction), 향연·단식·축제(Feasting, Fasting and Festivals), 정치의례(Political Rites)―로 나누었는데, 그 중 정치의례의 전략은 디스플레이(display)이다. 예컨대, 군사적인 페레이드가 정치의례의 전략을 잘 보여준다. 정치의례는 권력의 근원을 제시하는데, 즉 권력이 신성한 어떤 것으로부터 근원하고 있음을 사람들에게 보여주고 드러내는 것을 목적으로 한다(Catherine Bell, Ritual: Perspectives and Dimensions, New York, Oxford: Oxford University Press, 1997, pp. 93~137; 류성민 옮김, 『의례의 이해-의례를 보는 관점들과 의례의 차원들-』, 한신대학교출판부, 2007, 189~269쪽).

음과 태도도 함께 읽어낼 필요가 있다. 영조의 사친추숭은 영조 자신의 왕통의 정당성과 정치적 이념을 위해서만이 아니라, 생모에 대한 情을 표현하기 위한 것이었다. 영조의 생모에 대한 그리움과 애틋한 마음은 매우 깊었던 것으로 전해진다.

> "내가 왕자로 있을 적에, 지금 강화 유수江華留守로 있는 이진망李眞望이 사부였다. 『小學』을 강독하다가, '친척이 일찍 죽으면 효도하고자 한들 누구에게 효도를 할 것이며, 나이가 늙은 다음에는 비록 공경을 하고자 한들 누구에게 공경하겠는가?' 라고 하는 구절에 이르러 이진망이 눈물을 흘리곤 하였다. 지금 나의 마음도 그렇다." 라고 하고, 마침내 목이 메어 말을 하지 못했다.[10]

위의 내용은 영조가 숙빈묘를 건립하기 이전에 대신들과 묘역에 관한 논의를 하는 상황에서 생모에 대한 자신의 심경을 드러낸 것이다. 무수리에서 숙빈의 자리까지 오른 어머니의 삶의 여정에 대한 측은한 마음이 매우 깊었을 것이다. 실제로 영조는 칠순이 되는 해인 1763년(9월)에 우연히 생모인 숙빈 최씨가 자신을 낳는 일을 기록한 『갑술호산청일기甲戌護産廳日記』를 직접 열람하였고, 이후에도 몇 차례 보았다는 기록이 있다.[11] 또한, 영조는 재위기간 동안 육상궁에 200여 차례가 넘게 거둥하였다고 한다.[12] 육상궁 의례는 영조가 처한 정치적인 상황과 생모에 대한 인정이 결합된 실천이었다고 볼 수 있다.

10_ 『英祖實錄』 권1, 영조 즉위년 9월 신유. "予之爲王子也 令江華留守李眞望爲師傅講小學讀至 親戚旣沒 雖欲孝 誰爲孝 年旣耆艾 雖欲悌 誰爲悌 眞望爲之涕泣 今予之心 亦然也 仍嗚咽不成聲."

11_ 영조의 출생에 대한 보다 자세한 기록은, 국립문화재연구소, 『국역호산청일기』, 민속원, 2007을 참조할 것. 또한 영조는 영조 2년(1726) 11월 6일에 '숙빈최씨치제문초'(淑嬪崔氏致祭文草)라는 제문을 직접 쓰기도 하였다.

12_ 영조는 당시 육상궁 내에 있던 냉천정에 자신의 어진을 걸어두기도 하였는데, 이는 항상 어머니를 곁에서 모신다는 마음의 표현이었다.

냉천정

냉천정은 영조가 어머니의 제삿날에 나와서 몸을 깨끗이 하고 정성을 가다듬어 제사를 준비하던 집으로 육상궁 연호궁 경역과 대빈궁 경우궁 경역 사이에 자리 잡고 있다. 1725년에 육상궁과 더불어 건립된 것으로 추정되며, 두칸은 온돌방, 동편 한 칸은 대청으로 되어 있다. 냉천정의 뒤편에는 냉천이라는 우물이 있는데, 제사 때 이 곳의 물을 사용하였다. 냉천의 벽면에는 1727년에 영조가 쓴 냉천과 냉천정에 대한 오언시가 새겨져 있다. 냉천정의 앞마당에는 '자연(紫淵)' 이라고 새겨진 직사각형 모양의 연못이 있다. 이 연못은 냉천에서 흘러나오는 물을 모아 만든 것이다.

2. 정례情禮에서 정례正禮로의 전환

영조 즉위년 1724년 9월 21일, 대신들은 숙빈 최씨의 작호爵號에 '大'자를 올리기를 청하였다. 하지만 영조는 선왕이 올린 존호만으로 충분하다고 거절하였다. 이에 대해, 우의정 이광좌李光佐는 다음과 같이 말하였다.

"예로부터 제왕帝王들은 매양 이러한 의리義理에 대해서 명확하게 구별하지 않았는데 지금 전하께서는 환하게 밝히셨으니, 그 때문에 여러 신하들이 감복하는 것입니다. 그러나 사당祠을 세워 관官에서 제사를 지내고 묘역墓城을 넓히고 수호인守護人을 두는 것은 모두 인빈仁嬪의 전례에 따르는 것이 마땅할 것입니다." 라고 하였다. 영조가 말하기를, "그렇게 하라." [13]

영조의 반응에 이광좌는 감탄하면서, 인빈 김씨仁嬪金氏(1555~1613)의 전례에 따라 묘지의 주변의 영역을 넓히고 사당을 세워 지키는 사람을 둘 것을 건의하였다. 인빈 김씨는 선조의 후궁이자 원종의 생모이다. 원종은 인조의 생부 정원군이며 인조에 의해 왕으로 추존되어 종묘에 부묘되면서[14], 인빈 김씨의 묘지도 격상되면서 관官에서 관리하였던 것이다. 이것은 인조의 노력으로 이루어진 사항이었다. 인조는 시제를 지내러 원종의 묘지(현재 경기도 김포의 章陵)에 갈 때마다 바로 옆에 있던 인빈의 묘墓를 그냥 지나칠 수 없었다. 인조는 원종의 묘지에서 제사를 지내는 날이면 인빈의 묘지에서도 친히 제사를 지내고자 하였다. 그러나 예조에서 『국조오례의』에도 그러한 근거가 없고 이전 시대의 전례도 없다는 점을 들어 반대하였다. 그 대신 시제가 아닌 별제라는 이름으로 의례를 행할 것을 건의하였다.[15] 실록에서 숙빈 최씨의 묘역과 사당을 관리하라는 내

13_ 『英祖實錄』권1, 영조 즉위년 9월 신유. "自古帝王 每於此等義理 不能明辨 而今殿下洞然昭析 此輩下所以感服 然建祠官享 增墓道置守戶 當一依 仁嬪例也 上曰諾."

14_ 인조의 생부 봉안에 관한 것은, 이글 5장에서 다루고 있다.

15_ 『仁祖實錄』권21, 인조 7년 8월 무진. "上將行親祭於私廟 下敎曰 時祭不可獨行於一室 依上年附廟祭例行之 禮曹啓曰 上年附廟祭時 以不可并祭於仁嬪之意爲啓 而有一依五禮儀爲之之敎 故付標以入 而其時臺諫 以不爲申稟 使殿下卒行無

용은 이러한 인빈의 선례에 따른 것이었다.

하지만 숙빈 최씨의 사당 건립은 그 시작부터 남달랐다. 숙빈의 사당은 영조 원년 (1725) 12월 23일, 경복궁의 북쪽에 건립되었고 '숙빈묘淑嬪廟'라고 하였다.[16] 인빈의 경우와는 달리, 숙빈의 사당은 묘지 옆의 사당이 아니라 별도의 공간으로 궁궐 인근에 건립되었다. 차별화된 공간의 생성과 함께 전례 없던 영조의 반복된 행위를 하게 하였고, 의례화의 출발점을 만들어 준 셈이었다. '왕'이라는 존재는 자신 개인의 영역을 공적인 영역으로 끌어들여 성스러운 것으로 정당화시킬 수 있는 힘을 가지고 있었다. 아직 공식적인 국가사전에는 등록되어 있지 않았지만, 왕이 그곳에서 의례를 행한다는 그 자체만으로도 공식적인 힘이 발휘된 것이다. 의례를 행하는 주체가 왕이라는 사실 즉, 왕이 함축하고 있는 위상 때문에 의례가 행해지는 공간은 물론, 시일과 절차도 차별화되어 성스러운 영역으로 전환된다. 영조가 초기 숙빈묘에 거둥하였다는 것 그 자체가 이미 다른 일상적인 행위와 구별되는 지점이었다. 반복적인 영조의 거둥과 친제는 숙빈묘를 '준정사'의 단계로 이끄는 동인으로 작용하여, 숙빈묘는 더욱 차별화되고 정식으로 체계를 갖춘 의례가 되어야 하는 당위성을 부여받게 되었다. 따라서 영조의 행위는 의례가 가지는 힘, 즉 행동을 통해서 현재의 상황을 완전히 바꾸어놓고 그것을 제도로 정착시킬 수 있는 동인으로 작용한 것이다.

한편, 숙빈묘에 영조의 잦은 거둥은 문제로 부각되었고 급기야 종묘와 대견되는 공간으로 인식되기에 이르렀다.

> 종묘를 살피고 수리하는 것은 봄·가을 중월仲月에 행하는 것을 원칙으로 하며, 이것은 국가의례 사전에 실려 있습니다. 금년 가을에는 어떤 이유도 없이 순旬전에 행했어야 할 봉심을 공연히 그믐께로 미루어 수리를 9월로 왜 연기하도록 하셨습니까? … 종묘가 중요하기 때문에 전배展拜와 향사享祀에는 일정한 제도가 있습니다. 그런데 전하께서는 사묘에 대한 마음이 생기시면於私廟情至 갑자기 행

據之禮爲非 此雖專爲親祭未安之意…稱以別祭 而并行奠禮 亦或一道也 謂之時祭 則於私廟 猶不可主獻 況於仁嬪乎."

16_『英祖實錄』권8, 영조 원년 12월 병술. "淑嬪廟成 淑嬪 即上之私親也 即阼之初 命擇地建廟 至是成廟 在景福宮之北."

차하시고 그 횟수도 매우 많습니다 … 仲朔日에 전배하시겠다는 전교의 조항을 보면, 전하께서 사묘에 몸소 시향時享을 행하신다는 뜻을 볼 수 있습니다. 이는 실로 대수롭지 않은 작헌酌獻과는 다른 바가 있습니다. 의례에는 반드시 삼헌三獻을 갖추어야 하고, 삼헌에는 또한 반드시 축문이 있어야 하기 때문에 禮의 형식節에는 일정한 규제가 많습니다. 전하께서는 어떻게 조처하실지 감히 알지 못하겠습니다 … 신의 어리석은 생각에는, 선조의 법칙憲을 지키고 후손을 넉넉하게 하는 도리가 아닌 듯합니다. 무궁한 것이 情인데 다만 情때문에 禮의 형식을 지키지 않는다면 선왕의 제도를 장차 시행할 곳이 없어질 것입니다. 또한 어찌 성인聖人의 어김이 없게 하라는 훈계에 어긋나지 않겠습니까?[17]

위의 실록내용은 조중회趙重晦가 국가에 불어 닥친 천재지변을 걱정하면서, 영조의 행동이 禮에 어긋난 것이라고 지적하는 상소문의 일부이다. 1743년(영조 19)에 논의된 것으로 볼 때, 숙빈묘가 영조 3년에 생성된 이후부터 지속적으로 영조의 친제가 있었음을 짐작할 수 있다. 조중회는 영조가 국가의 제장祭場 종묘를 소홀히 하고, 사묘私廟인 숙빈묘에 지나치게 자주 행차하는 일을 지극히 사적인 情에 이끌린 행동이라고 비판한다. 情은 무궁한 것인데 마음이 생기면 그때마다 거둥하시는데, 이것은 禮의 형식에 어긋난다는 것이다. 구체적인 비판의 핵심 내용을 정리하면 다음의 세 가지로 정리할 수 있다.

첫째, 의례의 주체와 관련된 것이다. 왕은 국가의 공인을 받아 제정된 국가의례에만 참여할 수 있었다. 따라서 영조가 숙빈묘에 가서 의례를 행한 것은, 의례의 대상에서 벗어난 신에게 제사하는 음사淫祀[18]로 규정될 수도 있는 상황이자, 정례正禮의 범위에서 벗어난 명백한 돌출행동이었다.

둘째, 시일과 관련된 것이다. 영조는 시일을 정해놓지 않고 수시로 거둥하여 의례를

17_ 『英祖實錄』권58, 영조 19년 11월 정미. "宗廟奉審修改例 行於春秋仲月 載在國典 不知今秋有何事故 而旬前應行之奉審 公然退行於晦間 以致修改之延至於九月耶 … 夫以宗廟之重 展拜享祀尙有定制 而殿下於私廟情至則輒行 不免頻數 … 向以傳敎所出仲朔展禮一段觀之 可見殿下躬行時享於私廟 此則實與小小酌獻有異 祭儀必具三獻 三獻又必有祝 禮節之間空磋多端 不敢知殿下何以處之也 … 臣愚死罪 恐非所以愼先憲裕後昆之道矣 夫無窮者情也 只以其情而不以禮節之 則先王制作將無所施 而亦豈不有違於聖人無違之訓."

18_ 『禮記』「曲禮」. "非其所祭而祭之 名曰淫祀 淫祀無福".

행하였다. 게다가 사중월四仲月−2월·5월·8월·11월 상순일−에 숙빈묘에 가서 전배하겠다는 전교를 내린다. 시일은 단순한 의례를 행하는 날짜와 시간만을 의미하는 것이 아니라, 대상신의 위격과 성격을 내포하고 있기 때문에 중요한 문제였다. 따라서 영조가 시도 때도 없이 숙빈묘에 행차하는 것은 신의 위격에 혼란을 가져다 줄 수 있는 잘못된 행동이었다. 또한 영조는 사중월에 숙빈묘에서 의례를 행하라고 하였는데, 이것은 종묘의례의 시일인 사맹월四孟月−1월·4월·7월·10월 상순일−과 맞먹는 것이었다. 일 년에 네 번 의례를 행하는 시향은 다른 어떤 국가 의례 중에서도 종묘의례가 유일한 것이었기 때문이다. 그러므로 사중월이라는 시일은 종묘의례에 위협을 가하는 것으로 보일 수 있었다.

셋째, 의례의 절차와 관련된 것이다. 중삭일에 행하는 종묘의례의 절차를 보면, 신에게 술을 세 번 올리는 삼헌과 축문을 읽는 과정이 있다. 숙빈묘 의례는 간단한 절차로 예를 표하는 정도의 것이었다. 이것은 조상신 의례의 내용적인 측면에서 보면, 조상신과 감통할 수 있는 의례의 형식, 즉 희생제물과 삼헌이 없는 것이었다. 그런데 숙빈묘에서 중삭일에 의례를 행한다면, 여기에도 삼헌과 축문을 준비할 수밖에 없다는 것이다. 상소문은 이런 식으로 진행되다가는 육상묘에서 행하는 의례가 규격과 형식을 갖추어야 하고, 종국에는 공식화의 상황으로 몰고 가는 것이 아니냐는 우려의 심정을 드러내고 있는 것이다. 따라서 영조의 행동은 국가의례들 사이의 질서도 흐트러뜨리고, 더 나아가 사회질서 전반의 위기까지도 초래할 수 있기 때문에 견제와 비판의 대상이 될 수밖에 없었다.

앞에서도 살펴보았듯이, 조선 초기 국가의례를 정비하는 단계에서 국가사전의 상정 기준이 되었던 것은 고려시대에 행해진 의례들인『상정고금례』와 당시 명나라에서 실행되고 있던『홍무예제』, 그리고 중국에 그 전례를 두고 있는 고제古制였다.[19] 이러한 기준에 근거해서 본다면, 영조의 행동을 합법화시킬 수 있었던 전거는 중국의 한漢나라

19_ 조선전기 국가의례 상정에 관한 구체적인 내용에 대해서는 김해영,『조선초기 제사전례 연구』, 집문당, 2003, 73~96쪽 을 참조할 것.

문제文帝와 명나라 신종神宗의 고사 정도였다.[20] 아직은 정식 국가의례로 받아들여지지 않았던 숙빈묘 의례였지만, 영조의 지속적인 친제와 함께 부모님에 대한 효가 강조된 정례正禮로 여겨졌다는 사실을 알 수 있다.

> 만약 혹 따로 작헌을 올려 情禮를 편다면 무슨 불가함이 있겠습니까? 이제 전하께서 情禮를 행하기 위해 매년 한 두 차례 전배하여 효성을 편다면, 이것은 실로 나이 50세에 부모를 사모하는 심정에서 나온 것입니다. 온 나라 사람들이 당연하다고 말하지 않겠습니까? 오직 지극한 情이 있어, 혹 情에만 이끌려서 아무 때나 거둥하신다면 仁을 아는 것이 지나친 것이지만, 진실로 지나친 것이 없는 것보다 나은 것입니다.[21]

위의 내용은 영조가 매년 한두 번 정도 육상묘[숙빈묘는 영조 20년(1744)에 '육상묘'로 개칭됨]에 거둥하여 직접 의례를 행한 것에 대해, 그것은 사모하는 마음에서 기인하므로 그다지 문제가 될 수 없다는 의견이다. 낳아주신 부모에 대한 한없는 마음은 이해하지만, 情에만 이끌려서 아무 때나 거둥하시면 과오가 되겠지만, 없는 것보다는 낫다는 것이다. 사실, 영조 스스로도 육상묘 의례가 자신의 사적인 의례私禮라는 사실을 인지하고 있었으며, 후대에 전례가 되어 국가의례의 혼란을 가져올 것을 염려하였다.

> 처음 임금이 현빈賢嬪 및 세자빈과 함께 육상묘로 나아가려 하다가 이어 하교하기를, "모든 일은 마땅히 시작을 삼가서 폐단을 막아야 하는 것이다. 두 빈이 함께 전배하려 하는 것은 정례情禮에 있어 당연한 것으로 체모가 중요하기는 하나 이는 사례私禮이다. 만일 이를 방조하여 행한다면 후비后妃들이 마음대로 사례를 행하는 것이 나로 인해 시작될까 염려스럽다." 하고, 중지시켰다.[22]

20_ 『英祖實錄』권59, 영조 20년 1월 임오. "宗臣全恩君 墩妄揣上有追崇私親之意 乃上疏引 漢文帝皇明 神宗故事 請上追崇."

21_ 『英祖實錄』권58, 영조 19년 12월 계해. "若或別爲酌獻 則有何不可 今殿下所以行之者 每歲一再瞻拜 以展孝思 則實出於五十之慕 國人孰不曰當然哉 惟其至情所在 或不免於徑情直行 動駕無常 則雖爲知仁之過 而實不如無過之爲愈也."

22_ 『英祖實錄』권59, 영조 20년 3월 병술. "初上將與賢嬪及世子嬪 同詣毓祥廟 旣而下敎曰 凡事宜謹於始 以杜其弊 二嬪之

게다가 영조 자신의 행동이 끊임없이 정치적인 갈등과 공격을 불러일으켰기 때문에 염려하지 않을 수 없었다. 그럼에도 불구하고 情禮의 성격이 강했던 숙빈묘(육상묘) 의례는 영조의 지속적인 거둥과 친제로 유지되었다. 영조는 숙빈묘가 건립 된지 2년 후인 영조 3년(1727), 숙빈묘와 무덤인 소령묘昭寧墓에 가서 둘러보고 절하는 비교적 간단한 전알展謁 의식을 마련하도록 하였다.[23] 숙빈묘는 더 이상 개인적인 영역이 아닌 반—공식적인 공간으로 여겨지기 시작한 것이다.

情禮였던 육상묘 의례가 正禮로 자리잡은 모습을 국가사전을 통해서 확인할 수 있다. 영조 20년(1744)에 편찬된 『국조속오례의』에 '배육상묘의拜毓祥廟儀'와 '배소령묘의拜昭寧墓儀'가 등재되었다. 이것은 숙빈 최씨의 사당과 묘墓에 가서 살펴보고 절을 하는 일정한 시일도 없는 작은 규모의 의례이다. 육상묘 의례가 공인력을 얻어 규범화되면서 정사正祀의 범주에 포함될 수 있었다.

이후, 영조 29년(1753)에 '육상묘'가 '육상궁'으로 격상되면서 '궁'의 격에 맞는 의례가 만들어지게 되었다.[24] 처음 숙빈묘가 건립된 지 28년만의 일이었다. 이로써 情禮에서 출발한 숙빈묘 의례는 확실하게 正禮의 범주에 들어가게 되었다. 감정에만 치우친 과례過禮로 취급당했던 의례는 하나의 규범이자 제도로 정착하게 되었다. 같은 해, 영조는 육상궁 의례와 소령원 의례를 규정한 책자를 만들 것을 명령하였고, 『궁원식례보편宮園式禮補編』[25] 이 완성되었다. 궁의례가 규범으로 정착한 결과를 정조 12년(1788)에 편집

一欲展拜 情禮固然 而體貌雖重 即私禮也 若以此旁照而行之 則后妣之任情私禮 恐由我而始也 遂寢之."

23_ 『英祖實錄』 권3, 영조 3년 1월 임진. "上取覽太廟展謁私廟展拜節目 … 以成定例."

24_ 돌아가신 왕족의 지위를 후대에 높이는 방법으로는, 시호(諡號)를 올리는 것, 신주가 있는 사당인 廟를 宮으로 높여서 부르는 것, 그리고 시신이 안장되어 있는 墓를 園이라고 높여서 부르는 것이 있다. 시신을 묻어 둔 묘의 명칭은, 왕·왕후는 陵, 세자와 세자빈은 園, 대군·공주·옹주·후궁은 墓라 하였다. 숙빈 최씨의 사당이 육상궁으로 승격되면서, 시신이 안장되어 있던 '소녕묘'가 '소녕원'으로 개칭되었다.

25_ 『英祖實錄』 권88, 영조 32년 7월 을해. "乙亥宮園式例成 賞賜監董諸臣有差 史臣曰 宮園之儀文度數殆與太廟 無等殺 今之贊成諸臣 後必有議之者矣."
『궁원식례보편』(奎2068, 洪鳳漢(朝鮮) 等受命編; 1冊 43張)은 1724~1776까지 육상궁과 소령원 의례 관련사항을 예판(禮判) 홍봉한(洪鳳漢) 등이 영조의 영을 받들어 만든 책이다. 여기에 실려 있는 육상궁 의례은, '육상궁전배의(毓祥宮展拜儀)', '육상궁작헌례의(毓祥宮酌獻禮儀)', '육상궁시제친제의(毓祥宮時祭親祭儀)', '육상궁절제친제의(毓祥宮節祭親祭儀)', '육상궁시제섭사의(毓祥宮時祭攝行儀)', '육상궁절제섭제의고제동(毓祥宮節祭攝祭儀告祭同)'의 6개가 있으며, 의물(儀物)과 진설도(陳設圖)도 기록되어 있다. 『춘관통고』의 육상궁 의례들과 의절의 이름과 동일하지 않지만 내

된 국가사전인『춘관통고』와 고종대에 편찬된『대한예전』으로 이어지는 국가사전의 다양한 궁의례들을 통해 확인할 수 있다. 이러한 사실은 후대로 갈수록 칠궁의례가 엄격하게 준수되었고 점점 강화되었다는 것을 보여준다.

3. 칠궁 의례와 왕의 행궁

육상궁 의례가 국가의례로 자리를 굳히면서 자연스럽게 후궁을 대상신으로 하는 '궁의례'의 새로운 범주가 형성되었다. 먼저, 칠궁의례의 공간으로 구별되었던 각 궁들의 설립 장소와 연대를 알아보자.

〈표 1〉 칠궁의 건립 공간과 시기 및 이전 상황

각 궁	설립공간	설립연대	이전연대
육상궁	경복궁 북쪽	영조29년(1753)	
저경궁	남부 회현방(會賢坊) 송현(松峴)	영조31년(1755)	고종7년(1870);경우궁 순종2년(1908);육상궁
대빈궁	중부 경행방(慶幸坊)	경종2년(1772)	고종7년(1870); 육상궁 고종24년(1887);본래자리로 환봉 순종2년(1908); 육상궁
연호궁	북부 순화방(順化坊)	정조2년(1778)	순종2년(1908); 육상궁
선희궁	북부 순화방	정조12년(1788)	고종7년(1870); 육상궁 고종34년(1897);본래자리로 환봉 순종2년(1908); 육상궁
경우궁	북부 관광방(觀光坊) 계동(桂洞)	순조24년(1824)	고종23년(1886); 인왕동 순종2년(1908); 육상궁
덕안궁	덕수궁 안	1912년	1929년

용은 같다.

〈표 1〉을 참고하면, 1753년 육상궁을 시작으로 1912년까지 왕의 생모였던 일곱 후궁들의 사당인 저경궁 · 대빈궁 · 연호궁 · 선희궁 · 경우궁 · 덕안궁이 차례대로 건립되었다. 경종대에 대빈궁, 영조대에 육상궁 · 저경궁, 정조대에 연호궁 · 선희궁, 순조대에 경우궁, 순종대에 덕안궁이 각각 건립되었다. 각 궁은 서로 다른 시기에 건립되었지만, 공간은 모두 궁궐 안이나 그 근처에 자리하고 있었다. 순종 2년(1908), 저경궁 · 연호궁 · 대빈궁 · 선희궁 · 경우궁이 모두 육상궁 내부의 사당으로 이전되면서 통폐합되었고, '육궁(六宮)'으로 통칭되었다.[26] 이후 1929년 7월 11일, 조선의 마지막 궁인 덕안궁이 육상궁 안으로 이전되면서 '육궁'은 '칠궁'이 되어 지금까지 보존되고 있다.

26_ 『純宗實錄』 권2, 순종 2년 7월 23일(양력). "儲慶宮 大嬪宮 延祜宮 宣禧宮 景祐宮에 奉安 神位 毓祥宮內에 各別히 位室을 設야 合祀".

칠궁정문

칠궁으로 들어가기 위한 대문이다.

연호궁

칠궁정문을 들어서서 가장 먼저 나오는 궁이 연호궁 현판이 걸려있는 사당이다. 이곳에는 숙빈최씨와 정빈이씨의 신주가 있다.

덕안궁

덕안궁에는 순헌황귀비 엄씨의 신주가 있다.

저경궁 · 대빈궁 · 선희궁

서쪽부터 인빈김씨의 신주가 있는 저경궁, 희빈장씨의 신주가 있는 대빈궁, 영빈이씨의 신주가 있는 선희궁이 나란히 있다.

〈표 2〉를 참고하면, 칠궁에 봉안된 대상신들과 이들의 생물학적 혈연관계를 알 수 있다.

〈표 2〉 칠궁의 대상신과 혈연관계

칠궁	봉안 대상신	혈연관계
저경궁	인빈 김씨(1555~1613)	원종의 생모, 선조의 후궁
대빈궁	희빈 장씨(?~1701)	경종의 생모, 숙종의 후궁
육상궁	숙빈 최씨(1670~1718)	영조의 생모, 숙종의 후궁
연호궁	정빈 이씨(1694~1721)	진종의 생모, 영조의 후궁
선희궁	영빈 이씨(?~1764)	장조의 생모, 영조의 후궁
경우궁	수빈 박씨(1770~1822)	순조의 생모, 정조의 후궁
덕안궁	순헌황귀비 엄씨(1854~1911)	영친왕의 생모, 고종의 후궁

각 후궁들의 생몰년대가 빠른 순서대로 살펴보면, 저경궁은 선조의 후궁이며 추존 왕 원종의 생모인 인빈 김씨의 신주를, 대빈궁은 숙종의 후궁이며 경종의 생모인 희 빈 장씨의 신주를, 연호궁은 영조의 후궁이며 추존왕 진종(효장세자, 1719~1728)의 생모인 정빈 이씨의 신주를, 선희궁은 역시 영조의 후궁이며 추존왕 장조(장헌세자이자 사도세자, 1735~1762)의 생모인 영빈 이씨의 신주를, 경우궁은 정조의 후궁이며 순조의 생모인 수 빈 박씨의 신주를, 덕안궁은 고종의 후궁이며 영친왕의 생모인 엄귀인의 신주를 봉안 한 사당이다. 일곱 후궁들의 아들 중 실제로 왕위에 오른 경우는, 영조·경종·순조뿐 이다. 원종·진종·장조는 후대에 왕으로 추존된 경우이고, 영친왕은 나라가 망해서 왕 위에 오르지 못한 경우이다. 그리고 영조와 순조를 제외한 나머지 왕들은 자신의 생모 가 아니라, 당대에 왕으로 추존된 생모를 위한 사당을 건립한 셈이다. 이것은 육상궁과 육상궁 의례가 하나의 제도로 정착한 이후부터는 왕의 후궁 생모들을 위한 의례가 의 례적으로 준수되어야만 하는 공적인 영역으로 변모된 결과이다. 인빈과 희빈은 영조의 생모 숙빈보다 먼저 죽은 후궁들이라는 점이다. 숙빈을 시작으로 그 이후의 후궁들 중 에서 왕의 생모들만을 궁의례의 대상신으로 받아들여야 할 것 같은데 그렇지 않았다는 사실이다. 아마도 이것은 인빈과 희빈이 영조대와 멀지않은 시기에 살았기 때문에, 그

리고 칠궁의례의 명분과 체계를 더욱 확고히 다지기 위한 일관성의 원칙을 지키기 위한 의도로 보여진다.

칠궁의례는 왕실 조상신을 대상신으로 한다는 점에서 기본적으로 종묘의례를 참고하면서도 그보다는 낮은 격으로 만들어져야 했다. 칠궁의례는 생성초기 단계부터 종묘의례와의 긴장관계를 형성하고 있었기 때문에 되도록 국가의례간의 질서를 흐트러뜨리지 않는 선에서 타협을 보아야만 했을 것이다. 따라서 칠궁의례의 종류와 시일, 그리고 절차를 종묘의례와 대비되는 점을 짚어보면서 그 구별점과 의미에 대해서 살펴볼 필요가 있다. 〈표 3〉은 국가사전에 등록되어 있는 칠궁의례의 종류와 시일을 후궁들이 살았던 연대가 빠른 순으로 정리한 것이다.

〈표 3〉『춘관통고』와 『대한예전』의 칠궁 의례의 종류와 시일

국가사전	궁	의례 종류	시일
『춘관통고』	저경궁	시향저경궁의(時享儲慶宮儀)	춘분 · 하지 · 추분 · 동지
		시향저경궁섭사의(時享儲慶宮攝事儀)	춘분 · 하지 · 추분 · 동지
		속절향저경궁의(俗節享儲慶宮儀)	정조 · 한식 · 단오 · 추석
		속절향저경궁섭사의(俗節享儲慶宮攝事儀)	정조 · 한식 · 단오 · 추석
		작헌저경궁의(酌獻儲慶宮儀)	不卜日
		배저경궁의(拜儲慶宮儀)	不卜日
	육상궁	시향육상궁의(時享毓祥宮儀)	춘분 · 하지 · 추분 · 동지
		시향육상궁섭사의(時享毓祥宮攝事儀)	춘분 · 하지 · 추분 · 동지
		속절향육상궁의(俗節享毓祥宮儀)	정조 · 한식 · 단오 · 추석
		속절향육상궁섭사의(俗節享毓祥宮攝事儀)	정조 · 한식 · 단오 · 추석
		작헌육상궁의(酌獻毓祥宮儀)	不卜日
		배육상궁의(拜毓祥宮儀)	不卜日
	연호궁	기록 없음	
『대한예전』	저경궁	기록 없음	춘분 · 추분 · 정조 · 한식 · 단오 · 추석 · 동지
	육상궁	기록 없음	춘분 · 추분 · 하지 · 동지
	연호궁	기록 없음	춘분 · 추분
	대빈궁	기록 없음	춘분 · 추분
	선희궁	기록 없음	춘분 · 추분 · 하지 · 동지
	경우궁	기록 없음	춘분 · 추분 · 하지 · 동지

영조 20년(1744)에 편찬된『국조속오례의』에 '배육상묘의拜毓祥廟儀'와 '배소령묘의拜昭寧墓儀'가 가장 먼저 마련되었다. 이후 육상묘가 육상궁으로 승격되고 나서, 기존에 있던 배육상묘의에 시향의례인 '시향육상궁의時享毓祥宮儀'·'시향육상궁섭사의時享毓祥宮攝事儀'와 속절 의례였던 '속절향육상궁섭사의俗節享毓祥宮攝事儀', 그리고 작헌 의례였던 '작헌육상궁의酌獻毓祥宮儀'가 첨가되었다. 사당에 가서 안부를 묻는 정도의 비교적 간단한 의례였던 배육상묘의에서 더 세분화되고 많은 의례들이 첨가된 것이다. 육상궁 의례의 종류와 시일이 공식화된 2년 후, 영조는 원종의 생모인 인빈 김씨의 신주를 저경궁에 두었고,[27] 저경궁의 중삭제를 육상궁 의례를 표본으로 삼아서 만들었다.[28] 이와 마찬가지로 이후에 만들어진 궁들의 의례 종류儀節는 육상궁 의례를 기준으로 형성되었다. 칠궁의례의 시일은 기본적으로 사중월인 2월·5월·8월·11월과 속제를 행하는 정조·한식·단오·추석이다. 앞에서도 언급했듯이, 종묘의례의 기본적인 시일은 사맹월인 1월·4월·7월·10월과 납일, 그리고 속제를 행하는 날들이다. 또한『춘관통고』에는 육상궁, 저경궁 그리고 연호궁 의례만이 기록되어 있다. 시기상 아직 일곱 개의 궁이 모두 갖추어지지 않았기 때문이다.『춘관통고』이후 칠궁의례의 변화에 대해서는『대한예전』을 통해서 알 수 있다.『대한예전』에는 덕안궁 의례에 대한 언급이 없는데, 덕안궁이『대한예전』보다 후대에 건립되었기 때문이다. 또한 여기에는 각 궁에서 행해진 의례의 종류가 각각 제목標目으로 기록되어 있지 않다.[29] 궁의례가 모두 '배각궁묘의拜各宮廟儀'로 분류된 듯하다. 단지 시일 부분에서 각 궁에서의 의례가 지속적으로 이루어지고 있었음을 확인할 수 있으며, 의례의 종류가 축소되었다는 사실을 확인할 수 있다. 그러나 각 의례의 순서를 기록한 부분을 참고해서 보면, 당시 궁의례의 종류도『춘관통

27_『英祖實錄』권85, 영조 31년 6월 갑진. "上詣元廟舊邸松峴本宮 奉安仁嬪金氏祠宇…是日上命都承旨 鄭弘淳 奉往祠宇 于松峴宮 上逶駕詣本宮 召時原任大臣及禮官 教曰奉先之道 豈以追崇而異於承統乎 欲依毓祥宮例 以宮園奉仁嬪 如是然後 予有拜元廟之顔矣."

28_『英祖實錄』권85, 영조 31년 6월 신유. "辛酉 禮曹啓言 毓祥宮仲朔祭以春分夏至秋分冬至日設行矣 今此儲慶宮仲朔時祭 亦依此定式 上允之."

29_『大韓禮典』권7「吉禮·拜各宮廟儀」.

고』와 동일한 절차로 준수되었다는 사실을 알 수 있다.

이후 칠궁의례의 시일은 순종 2년(1908) 7월 23일에 국가의례 개정안이 발표되면서 달라진다.[30] 이때에는 저경궁, 대빈궁, 연우궁, 육상궁, 선희궁, 경우궁에 모두 일 년에 두 번만 제향하고, 기신제를 지내는 것으로 개정된다. 다른 정서적 왕실 조상신 의례와 마찬가지로 의례가 축소되었다는 사실을 알 수 있다.

칠궁의례의 종류와 시일을 종묘의례와 비교해 봄으로 그 위상을 생각해 보자.

<표 4> 종묘 의례의 종류와 시일

의례 종류	시일
사시급납향종묘의(四時及臘享宗廟儀)	사시맹월 상순일 · 납일
사시급납향종묘섭사의(四時及臘享宗廟攝事儀)	사시맹월 상순일 · 납일
속절급삭망향종묘의(俗節及朔望享宗廟儀)	삭망 · 정조 · 한식 · 단오 · 추석 · 동지 · 납일
祈告宗廟儀(기고종묘의)	불복일
薦新宗廟儀(천신종묘의)	사맹월 · 사중월 · 사계월
春秋享永寧殿儀(춘추향영녕전의)	춘추 맹월 상순일

사시맹월은 사계절이 시작하는 달로서, 사시를 맞이하는 이념적 왕실 조상신의 역할을 드러내는 시일이다. 납일을 포함한 종묘 오향제五享祭는 길례 대사로서 국가의 대규모 의례로 거행된다. 따라서 칠궁의례의 시일은 종묘의례와 중첩되지 않는 사시중월로 결정된 것으로 볼 수 있다.

칠궁의례의 절차도 종묘의례와의 차이를 드러낸다. 칠궁의례 절차의 기본 모델이 되었던 핵심이 '시향육상궁의'이다. 이것을 종묘의례 중 '사시급납향종묘의'와 비교하면 다음의 〈표 5〉와 같다.

30_ 『純宗實錄』 권2, 순종 원년 7월 23일(양력). "儲慶宮一年二次 大嬪宮一年二次 延祜宮一年二次 毓祥宮一年二次 宣禧宮一年二次 景祐宮一年二次及忌辰祭."

<표 5> 종묘 의례와 육상궁 의례의 절차

의례 종류		의례 절차
사시급납향종묘의 (四時及臘享宗廟儀)	초혼(招魂)	사배(四拜) → 신관례(晨祼禮) → 삼상향(三上香)
	행례(行禮)	전폐례(奠幣禮) → 초헌례(初獻禮) → 독축(讀祝) → 아헌례(亞獻禮) → 종헌례(終獻禮) → 칠사의례(七祀儀禮) → 배향공신의례(配享功臣儀禮) → 음복(飮福)
	예필(禮畢)	망예(望瘞)
시향육상궁의 (時享毓祥宮儀)	초혼(招魂)	재배(再拜)
	행례(行禮)	초헌례(初獻禮) → 헌폐례(獻幣禮) → 독축(讀祝) → 아헌례(亞獻禮) → 종헌례(終獻禮) → 음복(飮福)
	예필(禮畢)	망료(望燎)

칠궁의례의 절차는 종묘의례보다는 비교적 간소하고 올리는 제물도 술 이외에는 없다. 나머지 속제 때의 칠궁의례 절차도 이와 대동소이하다. 여기서 주목할 만한 것은, 삼헌의 예를 행하는 제관齋官이 왕(초헌관) → 왕세자(아헌관) → 영의정(종헌관)으로 두 의례가 모두 동일하다는 점이다. 물론, 종묘의례의 절차가 더욱 복잡하여 그만큼 많은 재관들이 배치되지만, 삼헌례라는 핵심적인 절차를 담당한 재관이 같다는 점은 눈여겨 볼만하다. 이것은 아마도 왕이 초헌관으로서의 역할을 담당하는 친행이었기 때문에 자연스럽게 종묘의례의 삼헌례를 담당한 재관과 동일할 수밖에 없었던 것으로 보인다. 전체적인 칠궁의례의 규모는 종묘의례보다는 작았지만, 세부적인 부분을 들여다보면 대등한 격이라 할 정도의 형식과 절차도 발견할 수 있다.

의례를 시작하기 하루 전에 향과 축문을 전달해 주는 전향축傳香祝은 대사인 사직의례社稷儀禮 · 종묘의례 · 영녕전의례, 그리고 중사 중 풍운뇌우의風雲雷雨儀 · 선농의先農儀 · 선잠의先蠶儀 · 우사의雩祀儀 · 문선왕의文宣王儀에서만 왕이 직접 행한다.[31] 그런데 칠궁의례를 행하기 하루 전날 왕이 직접 향과 축문을 전하였다.

31_ 『國朝五禮序例』 권1 「吉禮·傳香祝」. "大祀社稷宗廟永寧殿 中祀風雲雷雨先農先蠶雩祀 文宣王則親傳 其餘中祀以下 則前一日外則前期典校署官具香祝以進承旨於外庭大傳."

임금이 익선관과 곤룡포 차림으로 명정전明政殿에 나아가 육상궁에 쓸 향과 축문을 친히 전하였으니, 내일이 곧 중삭제이기 때문이었다.[32]

실질적인 칠궁의례의 종류, 절차, 시일의 기준은 종묘 의례와의 차별화 과정을 중심으로 이루어졌지만, 종묘 의례와 칠궁 의례 모두 '왕실 조상신'이라는 전체 테두리에서 왕이 의례를 주관한다는 성격에 있어서는 동일한 구조를 가질 수 있었다고 생각된다. 칠궁의례는 당연히 종묘의례와는 그 격이 다르다. 종묘의례는 국가의례 중 가장 격이 높은 것이며 왕실 조상신 의례 중에서도 그 위상은 절대적인 것이다. 실질적으로 궁의례를 대하는 왕들의 태도만큼은 종묘와 대등했다.

임금이 면복冕服을 갖추고 종묘의 하향대제夏享大祭를 행한 다음 육상궁에 거둥하였다가 저녁에 환궁하였다.[33]

태묘 · 영녕전 · 영희전 · 저경궁 · 육상궁 · 연우궁 · 경모궁에 전알하였다.[34]

왕은 공식적인 종묘의례를 행하고 나서, 종종 궁들을 들르는 행궁도 겸행하였다. 비공식적인 거둥에서도 종묘와 더불어 각 궁에 행차하였다. 그리고 종묘의례와 마찬가지로 재관으로 하여금 대신 의례를 행하는 섭행攝行도 있었지만 대부분 친행 하였다. 사실, 영조대의 특수한 상황에서 만들어진 육상궁의례는 후대의 왕들에 의해서 다시 폐지될 가능성도 있었다.

그러나 육상궁 의례가 규범화된 상태였기 때문에 그 이후부터는 정확하게 준수하는 데에 관심이 모아졌던 것이다. 후대의 왕들에게 칠궁의례는 자신들의 생모를 조상신으

32_ 『英祖實錄』권88, 영조 32년 8월 갑자. "上具翼善冠袞龍袍 御明政殿 親傳毓祥宮香祝 明日即仲朔祭也."

33_ 『英祖實錄』권59, 영조 20년 4월 을묘. "上具冕服 行宗廟夏享大祭 歷幸毓祥宮 夕還宮."

34_ 『正祖實錄』권17, 정조 8년 1월 갑오. "展謁于 太廟永寧殿永禧殿儲慶宮毓祥宮延祜宮景慕宮."

로 격상시키는 문제였기 때문에 더욱 재검토의 여지없이 지속될 수 있었던 것으로 보인다. 이러한 측면에서 칠궁의례는 情禮에서 正禮로 전환되었지만, 다분히 情禮로서의 성향을 강하게 품고 있었다고 할 수 있다.

한편, 칠궁의례의 절차에서 독특한 점을 하나 발견할 수 있다. 시간이 지나 궁이 하나 둘씩 증가하면서 동일한 시일에 거행되어야 할 궁의례도 많아지기 시작하였다. 한 궁에서 의례를 마치면, 그 다음 궁으로 이동하여 같은 의례를 반복하는 방식으로 왕은 궁들을 순례하였다. 물론 이것은 공식적인 칠궁의례에만 해당되는 경우이다. 종종 왕들은 자신의 어머니의 신주가 봉안된 궁에 비공식적으로 거둥하기도 하였다. 어찌되었든 칠궁은 종묘와 달리 동일한 공간이 아닌 각각 다른 장소에 위치하고 있었기 때문에, 왕은 불가피하게 각 궁을 차례로 돌아야만 했다. 왕이 궁을 순례하는 행궁行宮의 순서는 고정적으로 정해져 있는 것은 아니었지만, 후대로 갈수록 왕의 행궁 자체가 당연한 칠궁의례의 절차가 될 수밖에 없었다.

영희전에 가서 작헌례를 진행하고 그 길로 저경궁, 육상궁, 연우궁, 선희궁에 가서 참배하였다.[35]

고종이 육상궁 · 연호궁 · 선희궁 · 경우궁에 가서 참배하였다.[36]

비교적 후대인 고종의 행궁 순서를 보면, 저경궁 → 육상궁 → 연호궁 → 선희궁 또는 육상궁 → 연호궁 → 선희궁 → 경우궁의 차례이다. 이 절차는 궁의 건립 순서가 아니라 궁에 봉안된 왕실 조상신의 연대가 빠른 순이다. 칠궁의례 하나 하나가 독립적인 구조를 가지는 작은 의례라고 한다면, 왕이 궁을 하나씩 거쳐서 가는 행궁은 넓은 의미에서 칠궁의례의 또 하나의 절차라고 할 수 있겠다. 작은 단위들이 모여서 커다란 하나의 칠궁의례를 완성하는 형태이다. 종묘는 신주가 동일한 건물 안에 있는 서로 다른 방

35_ 『高宗實錄』 권11, 고종 11년 3월 기유. "詣永禧殿 行酌獻禮 仍詣儲慶宮毓祥宮延祐宮宣禧宮拜."
36_ 『高宗實錄』 권25, 고종 25년 3월 정묘 "詣毓祥宮延祐宮宣禧宮景祐宮展拜 王世子隨詣行禮."

同堂異室에 있었기 때문에, 그 의례도 거의 동시에 별달리 큰 이동 없이 순서대로 거행된다. 하지만 칠궁은 서로 다른 장소에 위치하고 있었기 때문에, 왕의 행궁이라는 움직임 자체가 칠궁의례의 절차 중 하나로 더욱 부각되었다. 따라서 왕의 행궁이 칠궁의례의 핵심적인 절차라고 할 수 있을 것이다.

칠궁의 의례화는 가장 높은 권위를 가진 왕의 거둥에서부터 시작되었다. 행궁은 그 연장선상에 있다고 할 수 있다. 물론, 의례를 받는 대상신의 위격도 더불어 상승되는 행위이지만, 왕은 의례의 주체자로서 자신의 권위를 행궁을 통해서 효과적으로 보여줄 수 있는 것이다. 재위에 있던 왕의 잦은 행궁으로 왕권의 신성성과 권위에 탄력을 받을 수 있었을 것이다. 이것은 正禮로 전환된 칠궁의례가 이후까지도 확고한 자리매김을 할 수 있도록 하는데 커다란 원동력이 되었던 것으로 보인다.

4. 후궁 생모 조상신의 생성과 위격

칠궁의례의 대상신이 된 후궁들은 선후들과 비교해서 어떤 위격을 점하고 있었을까? 일반적으로 조상신은 자신이 속한 혈족 집단 내에서만 신으로 여겨질 뿐, 그 테두리를 벗어나면 낯선 존재로 해를 끼칠 수 있는 귀신ghosts으로 취급받는다.[37] 그래서 죽어서 누구에게도 제사를 받지 못하면 여귀厲鬼[38]가 된다고 여겨졌다. 의례화를 거쳐 공식적

37_ Arthur Wolf는 이러한 조상신의 성격을 대만의 현장조사를 바탕으로 소개하고 있다. 그는 대만 사람들이 신봉하는 신의 세계를 신들(Gods), 유령(Ghosts), 조상신(Ancestors)의 세 영역으로 나누어 설명한다. 그에 의하면, 신들(Gods)은 중국의 관료사회를 반영한다. 즉 대만 사람들이 신봉하는 많은 신들의 역할과 이들에 대한 사람들의 태도는 관료와 정부에 대한 태도와 동일하고 보았다. 이러한 이유로 대만사회의 관료제가 잘 운영되었다고 한다. 이와는 달리, 유령과 조상신은 특정한 사람들의 입장에 따라서 그 위격이 달라진다고 한다. 조상신과 유령은 모두 죽은 사람들이지만 조상신은 친족이면서 권리와 의무를 가지고 있으며, 유령은 권리와 의무가 모두 없는 낯선 존재이다. Arthur Wolf, "Gods, Ghosts, and Ancestors", Religion and Ritual in Chinese Society, Stanford University Press, 1974.

38_ '여'의 의미는 『春秋左傳』「昭公 7年」의 죽은 백유(伯有)에 관한 이야기에서 유래한다. 양공(襄公) 30년 정(鄭)나라 사람이 백유를 죽인 일이 있었다. 이후 죽은 백유가 사람들의 꿈에 나타나 죽을 것이라 예언하고, 그 사람들이 죽는 일이 발생하자, 정나라 사람 자산(子産)이 양지(良止)를 백유의 후사로 삼아 백유의 제사를 지내게 하였다. 이때 자산은 "귀신은 돌아갈 곳이 있으면 여귀가 되지 않는다(鬼有所歸 乃不爲厲). 내가 그를 위하여 돌아갈 곳을 만들었다."고 하였다. '여'는 제사를 받지 못하는 귀신을 말한다.

인 의례에서 봉안되기 시작한 숙빈은 일반적인 조상신의 범주에서 벗어나 국가 전체에, 그리고 세대를 초월하여 영향력을 행사할 수 있는 왕실 조상신으로 전이되었다. 숙빈의 신주는 세대의 흐름과 상관없이 영원히 의례의 대상신이 되는 불천지위의 자격을 획득하게 되었다. 하지만 불천지위로 여겨졌다고 해서 왕실 조상신들과 동일한 격으로 여겨졌다는 것은 아니다.

축문의 내용 중 해당 신에 대한 호칭을 보면 그 신의 위격을 알 수 있다. 축문에서 신의 호칭 문제는 그 신이 어떠한 자격을 부여받는지를 결정하는 중요한 사항이었다. 초기 육상궁 의례의 축문을 만드는 과정에서 문제가 되었던 것은, 영조가 종묘의 선후들과 같은 격에 해당되는 호칭을 숙빈의 축문에 붙이려했던 점이다.

> 영조가 말하기를, "육상궁 의례를 이미 관제官祭로 지냈는데, 축문에 사친私親이라 칭하는 것이 어찌 미안한 것이 아니겠는가? 지난번에 이익정李益炡이 '비妣' 자를 더하기를 청하였으나, 선조先朝에서 내리신 작호를 내가 감히 고칠 수 없다. 그러나 사가私家에서도 또한 어머니를 선비先妣라 칭하니, 이제 사친을 선비라 칭하는 것이 어떠한가?"[39]

영조는 육상궁 의례를 공식적으로 드렸는데 축문에 사친이라고 칭하는 것은 맞지 않다고 하며, '사친'이 아닌 '선비'의 칭호로 바꾸는 것이 어떨지를 물었다. 영조의 의견은 육상궁 의례가 이미 공식적인 것으로 변화되었기 때문에, 이에 걸맞게 축문의 호칭도 왕의 어머니의 격으로 바꾸어야 한다는 것이었다. '선비'라는 호칭은 결국 종묘의 선후와 동일한 격을 의미하는 것이었다. 영조의 의견에 대해, 대신들은 일반 가문에서도 서자가 자신의 부모를 제사하는 경우, 축문에 '고考'자나 '비妣'자를 쓸 수 없는 원칙을 내세운다. 게다가 종묘 축문에서는 의례의 주체자 왕을 '효자孝子'·'효손孝孫'이라고 칭하고, 의례 대상인 선후를 '고비'·'조고비'라고 하기 때문에 쓸 수 없다고 반대한다.

39_『英祖實錄』권80, 영조 29년 10월 계묘 "上曰毓祥宮 旣行官祭 則祝稱私親 豈非未安耶 頃者李益炡 請加妣字 而先朝所賜爵號 予不敢改之矣 然私家亦稱母爲先妣 今稱私親以先妣何如."

이정귀李廷龜의『남궁록南宮錄』을 가져다 보니, 그때의 하교 가운데 창빈昌嬪과 저경궁儲慶宮을 모두 '선비先妣'라고 칭하였다. 이것을 변함없이 준행한 것 그리고『주례周禮』「춘관春官」에도 그렇게 칭한 예가 있으니, 이번 죽책문 및 모든 축문에 '선비'라고 쓸 것이다.[40]

　　영조는 여러 논의를 거쳐 결국, 선조의 생모 창빈과 원종의 생모 인빈 김씨를 모두 '선비'라고 칭했던 전례와『주례』「春官」의 내용을 근거로 내세우며 육상궁의 축문을 '선비'로 쓸 것으로 결정한다.[41]

　　또한, 육상궁과 종묘 선후의 축문에 나타난 호칭을 시향육상궁의와 사시급납향종묘 의를 기준으로 비교해볼 수 있다.

〈표 6〉 육상궁 의례와 종묘 의례의 선후 축문 호칭[42]

	국가사전	의례 주체	의례 대상
육상궁 의례 축문	『국조속오례의』	기록 없음	기록 없음
	『대한예전』	황제휘(皇帝諱)	화경휘덕안순수복숙빈최씨 (和敬徽德安純綏福淑嬪崔氏)
종묘 선후 축문	『국조오례의』	효증손(孝曾孫) 사왕신휘(嗣王臣諱)	모조비(某祖妣)·모왕후모씨(某王后某氏)
	『대한예전』	효현손(孝玄孫) 황제휘(皇帝諱)	조비(祖妣)+시호

　　『국조오례의』에 의하면, 선후의 축문에서 의례 주체인 왕은 '효증손孝曾孫 사왕신휘 嗣王臣諱'라고 하고, 의례 대상인 선후를 '모조비某祖妣·모왕후 모씨某王后某氏'라고 한다.

40_『英祖實錄』권86, 영조 31년 12월 계묘 "李廷龜南宮錄 其時下教中於昌嬪儲慶宮 皆稱先妣 此固遵行者 而周禮春官已有 依稱 今番竹册文及凡祝文 皆以先妣書之."

41_『궁원식례보편』에는 인빈에 대한 호칭은 '사친경혜유덕인빈김씨(私親敬惠裕德仁嬪金氏)'로 되어 있다. 정조 원년 (1776년) 3월에 태묘를 비롯하여 각 사당의 축문 격식이 바뀐다. 저경궁과 육상궁에서는 '국왕 모 감소고우모시모빈 (國王某敢昭告于某謚某嬪)'으로 칭하였다. 이때부터는 더 이상 '선비'라는 칭호가 붙지 않는다.

42_『國朝五禮序例』권1,「吉禮·祝板」;『大韓禮典』권2「大韓禮典序例·吉禮·祝板」.

이것은 '효증손 사왕신위－모조비모왕후모씨'로 '효증손 왕위를 이은 ~가－~어머니~께'라는 의미로, 의례 주체인 왕과 의례 대상인 선후의 관계를 나타낸다. 왕을 호칭하는 부분에 공통적으로 들어가는 호칭은 '효'자이고[43], 선후를 호칭하는 공통적인 것은 '조비'이다. 『대한예전』을 참고로 육상궁과 종묘 선후의 축문을 비교하면, 육상궁의 축문에는 왕을 지칭할 때, 선후와는 달리 '효현손孝玄孫'이 없다. 선후를 호칭할 때, 육상궁에는 시호만을 쓰는데 선후의 경우에는 시호 앞에 '조비祖妣'를 덧붙인다. 영조는 사친의 축문의 호칭을 종묘와 대등하게 하려 했지만, 영조 이후 국가사전을 보면 후궁과 선후의 격은 분명히 차이가 있다.

그렇다면 새롭게 왕실 조상신의 범주에 편입된 생모중심의 계보는 기존의 왕통중심의 국가 조상신의 계보와 어떠한 관계를 형성하였을까? 혹 서로 충돌되는 지점은 없었을까?

〈표 7〉 선왕을 중심으로 본 종묘 선후와 칠궁의 후궁

선왕	종묘에 봉안된 선후	칠궁에 봉안된 후궁
선조	懿仁王后 朴氏・仁穆王后 金氏	인빈 김씨
숙종	仁敬王后 金氏・仁顯王后 閔氏・仁元王后 金氏	숙빈 최씨・희빈 장씨
영조	貞聖王后 徐氏・貞純王后 金氏	정빈 이씨・영빈 이씨
정조	孝懿宣皇后 金氏	수빈 박씨
고종	明成太皇后 閔氏	귀비 엄씨

〈표 7〉은 종묘의 세실世室을 기준으로 후궁의 배우자였던 왕을 중심으로 그 중전과 이에 해당되는 후궁을 나타낸 것이다. 종묘에는 선왕의 신주와 함께 선후의 신주가 나란히 있다.[44] 왕통을 중심으로 선후의 계보를 살펴보면, 중전을 비롯하여 중전의 자리에 올랐던 계비繼妃의 신주도 모두 놓았기 때문에 선왕과 선후의 비율이 반드시 1:1은

43_ 당대 왕과 선후의 세대수에 따라 '조비'는 '황고'(皇考), '황비'(皇妣)로 고쳐 칭한다.

44_ 조선시대에는 모두 27대 왕이 있었으며, 그 중에서 현재 종묘 정전에 19분의 왕의 신주와 29분의 왕후의 신주가 있다. 영녕전에는 태조의 4대조(4代祖)를 비롯하여 16분의 왕의 신주와 18분의 왕후의 신주가 있다. 종묘의 정전과 영녕전에 있는 왕실 조상신은 모두 82분이다.

아니다. 어찌되었든, 종묘에 그 신주가 있는 선후들은 상징적인 의미에서 국가의 어머니이다. 그런데 여기에 칠궁에 있는 후궁들의 계보를 덧붙여 비교해보면, 선후와 후궁들과의 관계는 무언가 혼란스러워 보인다. 새로이 형성된 계보가 종묘의 원칙에 위배되는 것인가? 아니면 예외적인 사례로서 선후 옆에 끼어들어가는 구조인가?

결론적으로 말하면, 후궁 생모 조상신은 선후의 계보 옆에 덧붙여진 것이 아니라 독립된 형태로 존재했다고 할 수 있다. 종묘가 아닌 '칠궁'이라는 제장에 별도로 신주를 모시고 생모 중심의 계보를 만들었다는 사실 그 자체가 이미 왕통중심의 계보와는 구별되는 새로운 전통이 형성되었음을 의미하기 때문이다. 다시 말해, 제장이 다르고 신주의 배치 형식도 배우자를 동반하지 않고 단독으로 놓았다는 사실은 생모중심의 왕실 조상신 계보가 독립된 구조를 이루고 있다는 것을 말한다. 생모중심의 계보는 왕실 조상신이라는 전체 테두리 안에 포함되어 있지만, 왕통 중심의 계보와 내부적인 갈등을 일으키지 않는 별개의 노선을 취하였다고 할 수 있다. 왕의 생물학적인 보본반시를 중심으로 한 모계혈통 중심의 정서적 왕실 조상신 계보가 생성된 것이다. 따라서 새로운 생모중심의 왕실 조상신 계보 형성은 일시적인 변칙 또는 예외의 사항이 아니라 기존의 왕실 조상신 개념의 확장을 의미한다.

이상으로 모이자귀의 논리에 근거하여 영조의 사사로운 인정에서 출발한 情禮였던 초기 숙빈묘에서 육상묘, 그리고 육상궁으로 이어지는 의례의 형성 과정을 살펴보았다. 숙빈묘 의례는 왕이 직접 거둥하여 행했던 친행이라는 점에서 다른 일상적인 행위와 차별화되었다. 이 단계를 준정사로 볼 수 있을 것이다. 이후 국가의 공인력을 받아 육상궁 의례가 正禮로 정착될 수 있었음을 확인하였다. 그리고 칠궁의례의 의례화 과정의 결과로서 구체적인 칠궁의례의 종류와 구조를 통해서 살펴보았다. 기존의 종묘의례와의 차별화의 과정을 통해서 칠궁의례의 종류, 절차, 시일 등이 형성되었음을 확인하였다. 차별화 과정과 함께, 종묘의례와 대등한 격을 보여주는 축문의 호칭과 전향축 의식도 보았다. 또한 여러 궁을 순례하는 왕의 행궁절차가 칠궁의례의 독특한 성격으로 부각되었고 가장 중요한 절차라는 사실을 보았다. 의례화를 통해서 새롭게 만들어진 칠궁의례를 통해서 후궁 생모 왕실 조상신 계보가 생성되었음을 확인하였다.

덕흥대원군묘
의례

07 ——————

소생지은所生之恩의 명분

가묘家廟에서 덕흥대원군묘로의 변화

사묘전배의례私廟展拜儀禮의 표본

덕흥대원군묘 의례는 조선 제 14대 왕이었던 선조宣祖의 생부 덕흥대원군德興 大院君 (1530~1559)을 대상신으로 한다. 살아생전 왕이었던 적도 세자였던 적도 없었고, 사후에도 왕으로 추존되지 못했던 왕의 생부를 봉안했다는 점에서, 기존의 문소전ㅡ의묘와는 또 다른 상황과 형태의 왕실 조상신 의례이다. 이글은 세 가지에 주목하고자 한다. 첫째로, 왕의 사친이라고 해도 이전의 의경세자의 전례에도 적용시킬 수 없었던 덕흥대원군이, 국가의례의 대상이 될 수 있었던 합법적인 명분과 수용과정을 밝히고자 한다. 둘째로, 덕흥대원군묘만의 독특한 성격을 살펴볼 것이다. 셋째로, 덕흥대원군묘 의례의 종류와 위격, 그리고 결과적으로 생성된 계보를 설정해 볼 것이다.

1. 소생지은所生之恩의 명분

1567년 왕위에 오른 선조는 덕흥대원군의 셋째 아들 하성군河城君 균鈞이었다. 덕흥대원군은 중종과 후궁 창빈 안씨昌嬪安氏의 둘째 아들 초岹¹⁻ 로, 명종이 후사 없이 승하하자 덕흥대원군의 삼남이었던 선조가 왕위를 이어 받았던 것이다. 선조 3년(1570), 선조는 생부를 '대원군大院君'으로 추존하였다. 대원군이라는 칭호는 선왕의 직계혈통이 아닌 방계혈통으로 왕위에 오른 경우 생부에게 올린 존호尊號였는데, 선조대부터 시작되었다.²

선조 10년(1577), 선조는 덕흥대원군의 사당에서 자신이 몸소 제사를 지내고자 하였고, 이에 대해서 조정에서는 찬반 논의가 시작되었다.

> 왕(선조)이 대원군의 사당에 친제하려 하자, 홍문관이 차자를 올려 '禮로는 사묘私廟에 제사지낼
> 수 없다.' 고 하였다. 왕이 크게 노하여 이르기를, '누가 이 의논을 제기하였는가? 하옥시켜 국문하겠
> 다.' 고 하였다. 대신들이 애써 해명하였으므로 중지하였다. 이이가 이 말을 듣고 말하기를, "다른 사
> 람의 대를 이은 의리所後之義가 진실로 중하지만, 낳아준 은혜所生之恩도 가볍게 여길 수 없는 것이다.
> 주상이 대원군의 사당에 친히 제사지내는 것은 예에 어긋난 점이 없는데, 유신들은 무엇을 보고서 중
> 지하기를 청하였는가?' 어떤 이가 말하기를, "주상이 대원군의 사당에 거둥하는 것을 임금이 신하의
> 사당에 임하는 예로 한다면, 자식이 아버지를 신하로 할 수 없는 것이다. 자식이 아버지의 사당에 들
> 어가는 예로 한다면, 정통正統을 높이는 것에 방해가 되는 것이다. 그러므로 제사지낼 수가 없다." 고
> 하였다. 이이가 말하기를, "이는 옛일을 상고하지 못한 말이다. 예에는 공조公朝의 예와 가인家人의 예
> 와 학궁學宮의 예가 있다. 공조의 예는 임금을 높이는 것으로 제부諸父도 신하의 예를 공손히 행하여야
> 하지만, 친아버지만은 신하로 삼을 수 없다는 것이다. 가인의 예는 직계혈통尊屬을 중하게 여기는 것
> 으로 임금이 부형父兄의 아래에 앉을 수 있다는 것이다. 효혜황제孝惠皇帝가 제왕齊王의 아래에 앉았던

1_ 본관은 전주이며 자는 경패(景佩)이다. 9세 때 덕흥군(德興君)으로 책봉되었다. 부인은 하동군부인 정씨(河東君大夫人鄭氏, 1522~1567)였으며, 선조에 의해 하동부대부인(河東府大夫人)으로 추존되었다. 하동부대부인 정씨는 정인지(鄭麟趾)의 손자이자 관중추부사 정세호(鄭世虎)의 딸이었다. 덕흥대원군의 묘(墓)는 현재 경기도 남양주시 별내면 덕송리에 있으며, 1980년에 경기도 기념물 제 55호로 지정되었다. 1573년(선조 6)에 조성되었고, 비문에는 '德興大院君河東府大夫人鄭氏之墓(덕흥대원군하동부대부인정씨지묘)'라고 되어있다. 덕흥대원군묘 아래에 장남 하원군의 묘(墓)가 있으며, 마을에는 대원군의 위패를 안치한 덕흥사(德興祠)가 있다.

2_ 이후 대원군의 존호를 받은 왕의 생부는 인조의 생부 정원군(정원대원군, 이후 원종으로 추숭), 철종의 생부 전계군(전계대원군), 고종의 생부 흥선군(흥선대원군)이 있다.

것이 이런 경우이다. 학궁의 예는 스승을 높이는 것이므로 천자天子라도 노장老에게 절하는 예가 있으니, 효명황제가 환영桓榮에게 절한 것이 이런 경우이다. 하물며 대원군이 성궁聖躬을 낳았으니, 만약 생존해 계신다면 주상이 만나 뵐 적에 반드시 궁중에서 절을 할 것이다. 지금 사당에서 조카가 제부諸父[백부(伯父)나 숙부(叔父)]의 예로 제사를 지낸다면, 무슨 불가함이 있겠는가? 속유俗儒들이 사리에 대한 공부가 없어서 임금을 높이고 신하를 억누르는 것만 예가 되는 줄 알 뿐, 사친私親은 끊을 수 없다는 것을 알지 못한다." 라고 하였다.[3]

홍문관에서 선조가 사묘私廟에 친제할 것을 반대한 이유는, 왕이 사묘에 제사지내는 것은 禮에 어긋난다고 보았기 때문이다. 선조는 명종의 후계가 되어 왕위에 올랐기 때문에 성리학적 의리론에 따라, 명종의 아들이 된 셈이다. 선조에게 '대의大義'를 따라야 하는 왕이라는 사실을 환기시킨 것이었다. 그러나 선조는 홍문관의 지적에 크게 노했을 뿐만 아니라, 그렇게 말한 사람을 하옥시키겠다고 하면서 강력하게 대응하였다.

왕은 사친에게 제사지낼 수 없다는 홍문관의 논리는 신묘지례臣廟之禮와 부묘지례父廟之禮에 근거한다. 신묘지례에 따르면, 선조와 덕흥대원군은 왕과 신하의 관계가 되기 때문에 선조가 신하인 덕흥대원군의 사당에 들어갈 수 없다. 또한 부묘지례에 따르면, 선조가 자식으로서 아버지인 덕흥대원군의 사당에서 의례를 행하면, 선조는 이미 명종의 아들로 왕위를 이었기 때문에 정통을 높이는 예에 어긋난다. 따라서 왕과 신하의 관계로도 아들과 아버지의 관계로도 선조는 생부를 친제할 수 없으며, 이것은 명분 없는 행동이라는 것이다.

이에 반해, 이이는 전혀 다른 논리로 선조의 친제를 옹호하였다. 이이는 다른 사람

3_ 『宣祖修正實錄』 권11, 선조 10년 5월 무자. "上將親祭于大院君廟 弘文館上箚以爲 禮不可祭于私廟 上大怒曰 誰作此議 將下獄治之 大臣救解乃止 李珥聞之曰 所後之義 固重 所生之恩 亦不可輕也 主上親祀大院廟 於禮無違 儒臣何所見而請止乎 或曰 主上於大院廟 若用君臨臣廟之禮 則子不可臣父 若用子入父廟之禮 則有妨於尊正統 故不可祭也 珥曰 此非稽古之說也 禮有公朝禮家人禮學宮禮焉 公朝禮則以君爲尊 故雖親父 恭行臣禮 但親父則不可臣也 家人禮則以尊屬爲重 故人君可居父兄之下 若孝惠坐於齊王之下是也 學宮禮則以師爲尊 故雖天子 亦有拜老之禮 若孝明拜於桓榮是也 況大院君誕生聖躬 假使在世 則主上相見 必拜於宮中 今於祭廟 用姪子祭諸父之禮 有何不可乎 俗儒無觀理之功 徒知尊君抑臣之爲禮 而不知私親之爲不可絶."

의 후사를 이은자의 도리 소후지의所後之義도 중요하지만, 낳아준 은혜라는 소생지은所
生之恩의 명분도 중요하다고 제시하였다. 소생지은을 뒷받침할 구체적인 예로 공조公朝
의 예, 가인家人의 예, 그리고 학궁學宮의 예를 제시하였다. 공조의 예는 임금을 높이는
것으로 제부諸父라 할지라도 신하가 되지만, 친아버지만은 신하로 삼을 수 없다는 것이
다. 가인의 예는 혈통의 계보를 중하게 여기기 때문에 임금이라도 친아버지와 친형의
아래에 앉을 수 있다는 것이다. 그리고 학궁의 예는 스승을 높이기 때문에 아무리 천
자天子라도 노장老에게 절할 수 있다는 것이다. 선조宣祖의 친제에는 공조의 예와 가인
의 예를 적용시켜서 조카가 백부나 숙부에게 제사지내는 것으로 한다면, 예에 어긋나
지 않는다는 것이다. 이이는 사친에 대한 은혜는 끊을 수 없다는 인지상정人之常情을 앞
세워, 선조와 덕흥대원군과의 관계를 왕과 신하 또는 아버지와 아들이라는 도식에 메
이지 않고도 제사지낼 수 있는 논리적인 근거와 명분을 제시한 것이다. 이이가 내세운
세 가지 禮는 결국 '소생지은'의 명분이 '소후지의'의 명분을 넘어설 수 있다는 예외적
인 논리였다. 소생지은의 명분은 선조의 친행이 정리情理와 예의禮義에 전혀 어긋남이
없다는 정당성을 부여해주고, 힘을 실어준 셈이었다.

선조대에 오랜 전란을 겪었기 때문에 추후 상황이 어떠했는지 정확하게 알 수는 없
다. 그러나 선조 다음 왕이었던 광해군대의 기록을 통해서 대략적인 상황을 추측해 볼
수 있다.

사간원이 아뢰기를, "신들이 삼가 대원군의 사당廟에 날짜를 정해 친히 제사하겠다는 하교를 보
고서 진실로 성상께서 조상을 추모하는 마음이 이르지 않는 데가 없음을 알았으며, 그대로 따르는 것
이 마땅할 것입니다. 그러나 임금이 대통을 이어받으면 孝는 단지 종묘에서만 제사를 지내는 것입니
다. 사정私情이 아무리 절실하다 하더라도 대의大義가 지엄하여 禮를 뛰어넘어서 곧바로 행할 수 없음
이 명백합니다. 지난 정축년에 선조先朝께서 친히 행차할 때에도 오히려 옥당이 상차하여 예제禮制에
방해가 있다고 하였습니다. 더구나 지금 성상께서는 대수代數가 조금 더 멀어졌기에 여염으로 어가가
나가서 예의禮儀를 어그러뜨려서는 안 됩니다. 친히 행차하겠다는 명을 속히 정지시키소서." 하니, 답
하기를, "대원군을 친히 제사지내는 일은 이미 참작하여 정하였으니 다시 번거롭게 하지 말라." 하였

다. 친히 제사지내는 일에 대해서는 재계再啓하고 그쳤다.[4]

　광해군대에 덕흥대원군묘에 왕의 친행이 지속되었고 비판도 이어졌다는 사실은 선조대부터 친제가 지속적으로 있었을 것으로 예상할 수 있다. 또한 지난 정축년에 선조 先朝께서 친히 행차했을 옥당(홍문관)에서 예에 어긋난 것이라는 지적했던 내용을 언급하고 있다. 광해군에게 선조先朝는 아버지 선조를 가리키는 것이므로 당시 친히 거둥했었다는 사실을 알 수 있다. 사간원은 대통을 이는 왕은 사적인 정에 이끌려서 제사지낼 수 없다고 하면서 덕흥대원군묘 의례를 반대하였다. 왕에게 孝란 오직 종묘에 봉안된 조상신에게만 해당된다는 것이다. 선조대와 마찬가지로 사정私情과 대의大義의 대립과 갈등이 다시 대두된 셈이었다. 더불어 광해군에게 덕흥대원군의 대수代數는 선조대보다 한 세대가 멀어져서, 궁 밖에 있던 덕흥대원군의 사당에 왕이 행차하는 것은 예의를 어그러뜨릴 수 있다고 지적하였다. 그러나 광해군은 친제를 단행하였다.

　왕들의 친제는 광해군 이후 숙종대에도 변함없이 이루어졌다. 숙종이 덕흥대원군묘에 전알展謁하려고 했을 때, 홍문관에서는 덕흥대원군과 숙종은 세대가 비교적 멀어져 情과 禮도 감소되었고 그 의례도 전례가 없었기 때문에 굳이 실천할 필요는 없을 것이라는 의견을 올렸다. 그러나 숙종은 홍문관의 의견을 무시하고 전알을 위한 날짜를 잡으라고 하였다. 숙종의 친행에 동조했던 신하들은 앞서 이이가 내세웠던 가인의 예와 공조의 예를 근거로 내세워, 왕이 친히 한번 절하는 정도로 사정私情을 표현하는 것이라면 예에도 어긋남이 없다고 찬성하였다.[5] 이때 소생지은의 명분이 다시 부각되었고 받아들여졌다. 선조 이후 숙종대까지도 왕의 친제 행위가 지속되면서 덕흥대원군묘 의례는 더 이상 선조가 생부의 사당에서 일시적으로 실천했던 의례로 여겨질 수 없게 만

4_『光海君日記』권93, 광해군 7년 8월 임인. "司諫院啓曰 臣等伏見大院君廟卜日親祭之教 固知聖上追遠之誠 無所不至 所當將順之不暇 而第人君奉承大統 孝享只專於宗廟 私情雖切 大義至嚴 不得越禮而直行明矣 往在丁丑年間 先朝親幸之日 玉堂上箚 猶以爲有妨禮制 況今聖上代數稍遠 決不可枉駕於閭閻之中 虧損禮儀 請亟停親幸之命 答曰 大院君親祭事 已爲酌定 毋庸更煩 親祭事再啓而停."

5_『肅宗實錄』권28, 숙종 21년 2월 병오.

들었다. 왕들의 친제는 덕흥대원군을 공식적인 왕실 조상신으로 받아들일 수밖에 없는 상황으로 힘을 실어준 것이다.

여기서 두 가지 사실에 주목할 필요가 있다. 첫째, 덕흥대원군묘 의례는 선조宣祖 당대의 선조와 생부의 관계에 국한된 문제로 끝난 것이 아니었다는 사실이다. 광해군과 숙종에게 덕흥대원군은 이미 왕실 조상신으로 여겨지고 있었다. 생물학적 계보를 살펴보면, 광해군에게 덕흥대원군은 친할아버지가 된다. 덕흥대원군—선조—광해군으로 이어지는 계보는 직계혈통의 관계이다. 따라서 광해군은 덕흥대원군에게 각별한 정서적 친밀감을 가지고 있었을 것이다.

둘째, 인조이후 숙종대까지 덕흥대원군묘에서 친제가 있었다는 것은, 이미 사적인 영역을 벗어났다는 의미이다. 숙종대에 대대적인 국가제도의 재정비가 이루어졌는데 덕흥대원군묘도 예외는 아니었다. 이때 덕흥대원군묘를 사묘로 취급할 수도 있었다. 세대수도 많이 멀어졌고 사당의 위치도 사가私家였기 때문에, 또한 덕흥대원군은 왕통이 아니었기 때문에 충분한 명분이 있었다. 따라서 덕흥대원군묘 의례는 처음부터 일정한 시일을 정해놓고 실천된 것은 아니었지만, 이미 선조에 의해 시작된 때부터 반—공식적인 힘을 가진 준정사의 단계에 있었다고 할 수 있다. 이렇게 선조의 행동의 과정과 결과를 보면, 왕통이라는 대의명분을 강조한 신하들과 사친에 대한 의례를 실천한 왕의 대립에서 승자는 왕이었다. 왕은 친제에 앞서 동의를 얻기 위해 공론의 장에서 합당한 명분을 찾는 등의 절차를 밟기보다는 먼저 행동을 취했다. 왕의 말보다 앞선 행동은 가부의 결정에서 찬성을 끌어낼 수 있는 공론의 장을 마련하였던 것이다.

한편, 선조대는 사림의 집권과 함께 성리학의 이해가 급진전되었던 시기로 종법제도가 그 어느 때보다도 강조되었다. 임진왜란을 겪고 나서부터는 더욱 적극적으로 주자성리학에 입각한 국가의 재정비가 이루어졌다. 주자성리학의 적용은 왕위계승은 물론 사대부가의 종통계승의 문제까지 확장·적용되었으며,[6] 의리론이 대두하여 묘제廟制에

6_ 혈통론 보다는 정통론이 우세하는 상황은 이미 명종대부터 이루어졌다고 보기도 한다. 지두환에 의하면, 명종대에 종사(宗祀)가 차자(次子)에게 계승되는 일 없이, 입후에 의하여 종가적계(宗家嫡系)로 이어져야 한다는 정통론에 입각한 종

있어서는 혈통보다는 정통이 세차보다는 위차가 중심이 되었다. 임진왜란 당시 소실되었던 문소전이 다시 건립되지 못했던 것도 별묘였던 원묘가 정묘인 종묘에 위협을 가한다고 보았기 때문이었다. 이러한 정치적인 분위기에서 선조는 자신의 생부를 종묘에 부묘시키지 못했다.[7] 또한 임진왜란이 일어나기 전, 문소전이 소실되기 전에도 선조는 생부를 문소전에 부묘하지 못했다. 앞서 살펴본 성종과 인조가 생부를 종묘에 부묘할 수 있었던 것과는 또 다른 상황이었다. 이렇게 선조의 사친추숭의 의미를 덕흥대원군의 종묘 부묘여부에만 집중한다면, 선조는 당대 정치적인 흐름에 의해 사친 추숭을 할 수 없었고 결과적으로도 그러했다고 볼 수 있다.

사친추숭의 개념을 좀 더 넓게, 유연하게 볼 필요가 있다. 선조가 사친묘에 친히 거둥하면서까지 의례를 단행한 사실로 논점을 옮기면 또 다른 의미를 읽어낼 수 있을 것이다. 성리학적 의리론이 더욱 공고해진 정치적인 분위기에서 선조가 보인 행동을 역으로 생각해보면, 이전 왕들이 사친을 추숭한 것보다 더 적극적인 행동으로 해석할 수도 있다. 사당을 짓고 일정한 시일에 거둥하는 일정한 예의 규제와 통제 속에서 친제를 행하는 것보다, 사가에 직접 거둥하는 것 자체가 더 큰 반향을 일으킬 수 있었기 때문이다. 다시 말해, 겉으로 보기에는 당시 공식적인 원묘였던 문소전—의묘에 사친을 봉안하려 했던 왕들의 행동이나 사당을 짓고 그곳에서 친제하는 행동을 취하지는 않았지만, 이에 버금가는 과격한 행동action으로 여겨질 수 있었다. 비록 선조가 자신의 의도대로 사친을 종묘에 부묘시키지는 못했지만, 사친추숭 개념을 좀 더 유연하게 보면, 기존의 방식과는 다른 형태로 생부를 추숭하였다고 볼 수 있다.

또한 이렇게 선조가 무리를 하면서까지 사친의례를 친히 행하였던 의도를 정치적인 의미뿐만 아니라 생부의 소생지은을 표현하고자 했던 것도 함께 읽어낼 필요가 있을 것이다. 친행에 반대한 신하들에게 단호하게 대응했던 선조의 태도를 상기해보면, 생물

법제의 본질이 천명되었다. 이에 따라 명종대에는 형망제급(兄亡弟及)의 혈통론에 입각한 종법제가 부정되고 적장자 위주로 이어지는 정통론에 입각한 종법제가 확립되어 가는 것을 볼 수 있다고 한다(池斗煥, 『朝鮮前期 儀禮研究-性理學 正統論을 中心으로-』, 서울대학교 출판부, 1994, 51쪽).

7_ 이현진, 「仁祖代 元宗追崇論의 推移와 性格」, 『北岳史論』 7, 북악사학회, 2000을 참조할 것.

학적 부모에 대한 마음情을 의도 중 하나로 충분히 생각할 수 있다. 사실, 덕흥대원군은 장남이었던 하원군의 집에서 제향되고 있었다. 선조는 잠저에 있을 때에도 삼남이었기 때문에, 장남으로서 생부에 대한 제사의 책임과 의무를 가질 필요는 없었다. 더군다나 명종의 뒤를 이어 왕위에 오른 선조의 입장에서 보면 더욱 그러하다. 따라서 선조가 덕흥대원군묘에 친히 나서서 의례를 행했던 것은 생부에 대한 정서적인 친밀감을 유지하고자 했던 것, 즉 생물학적 조상신에 대한 보본반시의 마음에서 비롯된 것이라고 할 수 있다. 선조 이후 덕흥대원군묘는 이후의 왕들에게 왕실 조상신으로 여겨졌고, 이것은 정치적인 상황의 변화 속에서도 덕흥대원군묘 의례를 지속시키는 동인으로 작용했다고 할 수 있다. 결과적으로 시간이 지나고 세대가 멀어지면서 '소생지은'의 명분은 퇴색되었다기보다는 오히려 더욱 견고해졌다고 할 수 있다.

2. 가묘家廟에서 덕흥대원군묘로의 변화

덕흥대원군의 사당은 맏아들이었던 하원군河源君 정鋥의 집에 있었다.[8] 이곳에는 덕흥대원군의 생모인 창빈의 신주도 함께 있었는데, 하원군에게 창빈은 친할머니였기 때문에 마땅히 그 신주를 모시고 제사를 지내야하는 입장이었다. 선조가 왕이 되었든 되지

8_ 도정궁(都正宮)은 덕흥대원군의 사저(私邸)이자 선조의 잠저로 1538년(중종 33) 50칸으로 창건되었다. 위치는 도성 서부(西部) 인달방(仁達坊)으로 현재 서울 종로구 사직동 252-82번지이다. 1588년(선조 21) 화재로 소실되었다가 선조의 명으로 5개월 만에 복원되었다. 1865년(고종 2) 조대비의 명령으로 다시 복원되었다. 1913년 12월 화재가 일어나 20~30여 칸만 남기고 소실되었다. 현재 도정궁은 남아있지 않으며 그 터에 현대그룹 회장가와 선조의 제7왕자 인성군과 후손인 故 운경 이재형가(운경재단)의 안채[연비려천(鳶飛戾天)]와 사랑채[궁구당(肯構堂)]가 있다. 도정궁이 있던 곳에는 "都正宮址; 도정궁은 조선 제14대 임금인 선조의 아버지이며 중종의 9남인 덕흥대원군(德興大院君)의 제사를 모시는 사당이다. 도정궁의 건물은 서울시의 민속자료 제9호로 지정되어 있다. 1979년에 건국대학교로 이전되어 현재는 경원당(慶原堂)이라 불린다."라는 표석이 있다.
　　경원당은 1872년 흥선대원군이 덕흥대원군의 후손 이하전[李夏銓; 1842~1862]의 제사를 받들기 위해 지은 집이다. 1979년 서울시에서 성산대로를 건설하기로 하면서 철거하게 되자, 당시 소유주가 건국대학교에 기증하였다. 현대그룹 회장가 화면에 있던 건물이 건국대학교로 이전된 경원당이다. 경원당은 덕흥대원군의 종택이긴 하지만 이미 세대가 멀어진 이하전을 위해 건립되었다는 점에서, 엄밀하게 보면 초기 덕흥대원군묘와의 연관성은 멀다고 하겠다. 건국대학교 내에 건국대학교 내에 있는 경원당 입구에 "도정궁경원당"의 이름으로 표문이 서 있다.

도정궁터

도정궁은 조선 14대 임금인 선조의 아버지이며 중종의 9남인 덕흥대원군의 제사를 행하던 사당
이다. 도정궁의 건물은 서울시 민속자료 제9호로 지정되어 있다. 1979년에 건국대학교로 이전되
어 현재는 경원당이라 불린다

않았든 상관없이 덕흥대원군의 제사는 맏아들인 하원군의 몫이었다.

덕흥대원군을 위한 별도의 사당이 건립되지 않았기 때문에, 선조는 친행을 위해 부득이하게 궁궐 밖으로 나올 수밖에 없었다. 선조의 친행으로 인해 하원군의 집에 있던 덕흥대원군의 사당은 일반 사대부가의 사당에서 왕의 사친 '덕흥대원군의 사당'으로 위상이 변화되었다. 겉으로 보기에는 일반 사대부가의 사당과 다를 바 없었지만, 그 내용은 달라질 수밖에 없었다. 구체적인 변화를 의례 주체의 변화, 봉안 세대의 변화, 그리고 사당 중심의 변화 세 가지로 살펴볼 수 있다.

먼저, 의례 주체가 어떻게 변화되었는지를 실록을 통해서 확인할 수 있다.

> 좌의정 이후원李厚源이 말하길, "제물祭物을 관官에서 지급해 주지 않는다면, 이것은 곧 사가私家의
> 일입니다. 제사를 주관하는 사람으로 하여금 다시 다른 규정을 묻게 하고 인정情과 예문禮을 참작해
> 서 시행하게 하는 것이 합당한바, 이것 역시 한 가지 방도일 것입니다."라고 하였다.[9]

효종대 좌의정 이후원李厚源은 대원군사당 의례에서 사용하는 제물祭物을 관官에서 지급해 주어야 사가私家의 의례와 구별된다고 하였다. 제물을 지급하는 곳이 어디냐에 따라서 의례의 주체가 사가 혹은 국가가 되는 것이다. 겉으로 보기에는 하원군이 의례의 주체가 되지만 실제적으로는 국가였다는 사실을 알 수 있다. 선조를 비롯하여 이후 왕들이 이곳으로 친히 거둥하여 의례를 행하면서 자연스럽게 제물을 주관하는 주체가 변화될 수밖에 없는 상황이 된 것이다. 덕흥대원군묘 의례는 효종대까지도 완전히 공식화되지는 않았지만 반공식적인 의례의 성격을 가지고 있었던 것이다.

둘째로, 덕흥대원군의 봉안 세대수는 불천지위로 변화된다. 효종대에 덕흥대원군의 신주를 어느 세대까지 봉안할지를 논의되었다.

9_『孝宗實錄』권20, 효종 9년 11월 정미. "右議政李厚源以爲 且其祭物 如無官給之擧 則便是私家事也 合令主祭之人 更詢 他規 參以情禮而行之 亦一道也."

건국대학교에 있는 도정궁 경원당 1
도정궁 경원당 내부전경 2

예조가 [판서 홍명하(洪命夏)이다.] 아뢰기를, "예가禮家의 법으로 단정하면 대부大夫의 묘廟에는 제사가 4대에 이르러서 그치고, 시왕時王의 제도로 헤아려보면 덕흥대원군은 마땅히 불천지위不遷之位가 되어야 합니다." 라고 하였다.[10]

예조에서 덕흥대원군과 함께 봉안돼있던 창빈의 신주를 조천하는 문제[11] 를 논의하면서, 덕흥대원군의 신주 봉안세대수를 어떻게 할 것인지를 결정해야 했다. 당시 사대부의 禮로 볼 때는 4대 까지만 봉안될 수 있지만, 덕흥대원군은 이와 다른 예를 적용하여 신주를 옮기지 않는 불천지위로 해야 한다는 것이다. 효종대에 이르러 덕흥대원군은 이미 4대가 되었기 때문에 신주를 옮기는 문제가 논의되었던 것이다.

〈표 1〉을 참고하여 선조를 포함한 이후 재위 왕과 덕흥대원군의 생물학적 혈연관계를 살펴보면, 광해군에게 덕흥대원군은 친할아버지이다. 인조에게는 증조할아버지이며, 효종에게는 고조할아버지가 된다. 현종과 숙종에게는 각각 5대조 6대조 할아버지가 된다. 선조대부터 숙종대까지 생물학적 혈통관계를 보면, 모두 덕흥대원군의 생물학적인 친계 혈통이다. 덕흥대원군은 선조 이후 왕들에게 생물학적인 친계 혈통의 계보의 시조였다. 이러한 사실이 선조대 이후 왕들과 덕흥대원군과의 정서적인 유대감을 더욱 견고하게 하였을 것이다.

〈표 1〉 재위 왕과 덕흥대원군과의 생물학적 혈연관계

왕	선조	광해군	인조	효종	현종	숙종
혈연관계	생부	친할아버지	증조할아버지	고조할아버지	5대조 할아버지	6대조 할아버지

10_ 『孝宗實錄』 권20, 효종 9년 11월 정미. "禮曹判書洪命夏也 啓曰 而斷以禮家三尺 則大夫之廟 祀止四代 參以時王之制 則德興大院君當爲不遷之位."

11_ 당시 5세(世)가 된 창빈의 신주 처리에 대한 입장은 두 가지로 나뉘었다. 먼저, 송시열은 종법(宗法)을 기준으로 조천해야 한다고 주장하였다. 반면에 송준길은 창빈은 성궁(聖躬)을 낳았으므로 공신(功臣)의 예를 따라 후하게 하자는, 즉 조천에 반대하는 입장이었다. 두 주장에 대해 신하들은 두 입장 모두 인정과 예법에 어긋남이 없으니, 더 논의하자고 한다. 당대에 결정이 어떻게 났는지 명백하게 알 수 없지만 실록에 의하면, 1695년 숙종 21년까지도 창빈의 신주은 조천되지 않았으며, 숙종은 이를 옮기지 말라고 했다는 사실을 확인할 수 있다(『肅宗實錄』 권28, 숙종 21년 2월 정사. "禮曹判書朴泰尙請對 上引見 泰尙曰 … 而昌嬪神主 則在於廟內第一龕 … 上曰 昌嬪神主 別無移奉之事矣.").

셋째로, 덕흥대원군의 사당의 격이 변화되었다는 것은 사당의 중심 신주가 덕흥대원군으로 모아졌다는 사실을 통해서 확인할 수 있다. 세대를 지나 하원군 자손들의 신주도 덕흥대원군과 함께 사당 안에 봉안되기 시작하였고, 각 신주의 위치선정이 문제로 대두되었다.

찬선贊善 송준길宋浚吉이 경연 석상에서 아뢰기를, "한 광무제光武帝 같은 경우에는 사친묘四親廟를 세웠는데, 주자가 그에 대해 논하면서 '의당 백승伯升의 아들로 하여금 제사를 받들게 했어야 한다.'고 하였으며, 송나라의 복왕묘濮王廟에도 국가에서 제사를 받들 자를 정하여 대대로 작위爵位를 준 것이 사책에 나와 있습니다. 그러니 제사를 받드는 자의 사친私親은 반드시 국가에서 건립한 묘廟에 섞여서 들이지 않은 것입니다. 지금 대원군묘의 경우는 바로 복왕묘와 같으며, 선조宣祖께서도 일찍이 그 묘에 친히 제사지내었습니다. 오늘날 국가에 일이 많아서 비록 그렇게 할 겨를이 없으나, 성상께서 그 묘에 친히 제사하는 것이 인정情과 예절禮에 있어서 마땅하다면, 임금이 뜰 아래에서 예를 행할 경우 창빈과 대원군은 예를 받는 것이 마땅합니다. 그런데 하원군 이하 여러 신주들이 어찌 감히 대원군과 함께 같은 줄에 있을 수 있겠습니까? 그 제사를 받드는 자의 사친私親을 별실別室에다 두는 것이 마땅할 듯합니다."라고 하였다.

예조가判書 홍명하(洪命夏)] 아뢰기를, "하원군은 제사를 주관하는 사람으로서 이미 그 묘에 들어갔습니다. 그렇다면 하원군의 자손이 하나의 묘에 들어가지 못하는 것이 인정情과 예문文에 있어서 과연 합당한 것입니까? 이것 역시 바로잡아야 합니다."라고 하였다.[12]

위의 실록을 보면, 효종 당시 사당 안에 창빈과 덕흥대원군 이외에도 하원군과 그 자손들의 신주가 감실龕室을 달리하여 봉안되고 있었음을 알 수 있다. 송준길은 하원군

12_『孝宗實錄』권20, 효종 9년 11월 정미. "贊善宋浚吉啓於筵席曰 且如漢之光武 立四親廟 朱子之論以爲 宜使伯升之子奉祀 宋之濮王廟 亦自國家 定其奉祀者 世世襲爵 見於史策 則奉祀者之私親 必不混入於國家所建之廟 如今大院君廟 正與濮王廟相同 宣祖固嘗親祭於其廟 今日國家多事 雖有未遑 而聖上親祭於其廟 情禮亦宜 則人君行禮於庭上 昌嬪與大院君 固當受享 而河原君以下諸神主 何敢偃然與大院君 同列以坐耶 其奉祀者之私親 置於別室 亦恐得宜 此事實非今日之急務 而旣已發論 故敢陳所懷耳 禮曹判書洪命夏也 啓曰 而河原君以主祀之人 旣入其廟 則河原君之子孫 獨不入於一廟 果有合於情文乎 此亦不可不釐正也."

이하의 여러 신주들을 별실別室에 두어야 한다고 하였다. 그 이유는 이미 선조가 이곳에서 친제를 지냈고 효종도 친행을 한다면, 덕흥대원군과 같은 줄에 있는 다른 신주들도 임금의 절을 받게 되기 때문이다. 따라서 이것은 인정과 예절에 어긋나니 반드시 공간을 구별시켜야 한다는 것이었다. 대원군을 중심으로 사당이 운용되어야 한다는 입장이었다.

이에 반해, 홍명하는 덕흥대원군 사당은 송나라 복왕僕王의 사당처럼 국가에서 제사를 받들 자를 정한 것은 동일하지만 적용되는 禮는 다르다고 지적한다. 복왕은 제후의 예를 따른 것이고, 대원군은 사대부의 예를 따르고 있기 때문에 별묘가 있어서는 안 된다고 지적하였다. 또한 하원군의 자손이 자신들의 사친이 있는 사당에 들어가지 못한다면 그것이야말로 인정과 예문에 합당하지 않다는 입장을 내세웠다. 결론은 禮는 후한 쪽을 따른다禮宜從厚 논리를 근거로 삼아, 덕흥대원군과 하원군 자손의 신주를 동일한 공간에 두는 것으로 되었다.[13]

하지만 덕흥대원군묘의 위상은 엄연히 공식적인 성격을 가진 것으로 구별되었다. 다음 실록은 덕흥대원군묘를 과연 '가묘家廟'라 할 수 있는가에 대한 문제를 논의한 것이다.

　　　허봉許篈이 나아가 아뢰기를, "지금 대원군묘大院君廟를 일컬어 가묘家廟라고 하는데 이것이 무슨 명칭입니까? 국가에 어찌 가묘가 있을 수 있습니까? 단지 대원군묘라고 하든지 사친묘私親廟라고 하든지 해야 합니다." 라고 하였다."[14]

허봉에 의하면, 대원군묘大院君廟를 '가묘家廟'라고 해서는 안 된다. 국가에 가묘가 있을 수 없기 때문에 '대원군묘' 아니면 '사친묘私親廟'라고 명명해야 한다고 지적하였

13_ 『孝宗實錄』 권20, 효종 9년 11월 정미.
　　이후 덕흥대원군을 포함하여 하동부대부인 정씨, 창빈 안씨, 하원군 의헌공 이정, 남양군부인 홍씨(하원군 부인), 신안군부인 이씨(하원군 계배) 6위를 불천지위로 봉안하고 있다.

14_ 『宣祖實錄』 권11, 선조 10년 5월 무술. "許篈進啓曰 今者稱大院君廟曰 家廟此何名也 國家安有家廟 只令稱大院君廟 或稱私親廟也."

다.[15] 대원군묘가 일반 사대부가의 사당과는 구별된 것으로 여겨지고 있었음을 알 수 있다. 외적인 공간에는 별다른 변화가 없었지만 내용의 측면에서는 이미 가묘에서 '덕홍대원군묘'로 위상이 변화되었던 것이다. 이는 덕홍대원군묘에 공식적인 의미를 부여하고 있었다는 사실을 반영한다.

이상의 세 가지 위상의 변화를 통해서, 덕홍대원군묘가 일반 사가의 사당이면서 동시에 국가의 공적인 사당으로도 운용되는 독특한 형태였다는 사실을 확인할 수 있다. 조선후기 사림 정치가 본격화되어 문소전이 재건되지 못한 상황에서 덕홍대원군을 위한 독자적인 사당이 마련되지는 못했지만, 선조가 생부에 대한 보본반시의 마음을 표현할 수 있었던 절충 지대였다고 할 수 있다. 이곳에서의 조상신 의례도 사대부의 조상신 의례와 왕의 조상신 의례가 공존하는 형태를 취하였다고 할 수 있다. 덕홍대원군묘는 원묘나 종묘에 봉안되지 못한 사친의 신주를 봉안하고 의례를 행하는 공간으로서, 이전 시기에는 없었던 새로운 형태의 사당으로 부상한 것이다.[16]

3. 사묘전배의례私廟展拜儀禮의 표본

영조실록에 의하면, 덕홍대원군묘 의례는 사묘私廟에 전배할 때 참고하는 '사묘전배의주私廟展拜儀注'로 여겨졌다. 이것은 숙종 21년(1695)에 거행했던 의례를 전거[17]로 하였으며, 영조대에 사묘에 전배하는 의주의 표본으로 삼았다. 당시까지도 덕홍대원군묘에서의 왕의 친제가 공식적인 의례로 규정화되어 있지는 않았지만 지속적으로 행해지고

15_ 이후 이곳은 덕홍사(德興祠), 대원군묘(大院君廟), 대원군사우(大院君祠宇), 덕홍대원군 사우(德興大院君 祠宇), 덕홍대원군묘(德興大院君廟), 덕홍궁(德興宮) 등으로 불렸다.

16_ 왕위에 오르지 않았지만 왕의 생부로서 종묘에 부묘된 경우는, 성종의 생부 덕종(1438~1457), 인조의 생부 원종(1580~1619), 정조의 생부 장조(1735~1762) 그리고 헌종의 생부 문조(1809~1830) 네 분이 있다. 이중 원종과 장조의 신주는 영녕전에 봉안돼있다.

17_ 『英祖實錄』권10, 영조 2년 11월 병신. "吏曹判書李秉常上疏 略曰 第今番私廟展拜註 旣據德興大院君廟展謁時前例."

있었다는 것을 짐작할 수 있다.

> 예조에 명하여 덕흥대원군의 묘사廟祠에 전배할 길일을 가려서 들이게 하였다. 이는 선조先朝 때 이
> 미 전례가 있었던 것인데, 왕위에 오른 뒤에 아직까지 행하지 못하고 있었다. 모든 의절과 종신들이
> 의례를 행하는 것을 고례古例에 따랐다.[18]

영조는 왕위에 오른 이후, 종묘와 마찬가지로 대원군 사당에 가서도 친히 고하는 의례를 행하였다. 영조가 대원군묘에 전배한 것은 왕위에 오른 지 10년이 지나서였다. 다음의 실록내용은 정조가 왕위에 오른 후, 2년이 되는 해인 1778년에 대원군 사당에서 전배례를 행할 것을 준비하라는 내용이다.

> 하교하기를, "열성조列聖朝에서 대원군묘의 전배를 항상 등극한 초반에 하였고, 인묘仁廟 이후에는
> 계속해서 의례를 행하였다." 또 하교하기를, "내가 고사故事를 알지 못하여 단지 전배하는 일만 명했
> 었는데, 선조先朝의 갑인일기甲寅日記를 살펴보니, 선정先正 송준길宋浚吉이 무술년에 아뢴 말을 인용하
> 여, 미처 친행하게 되지 못한 것을 품稟하지 않은 예조 당상에게 죄를 주었었다. 보본報本하고 계지繼志
> 해야 하는 도리에 있어 마땅히 작헌례酌獻禮를 거행하겠다." 고 하였다.[19]

인조대 이후부터 왕위에 오르면 재위 초반에 의례히 대원군묘에 가서 전배의례를 행했다는 사실을 확인할 수 있다. 숙종은 현종대에 현종이 친행하지 못한 것을 아뢰지 않은 예조 당상을 벌하였던 것을 언급하면서, 근본에 보답하고 뜻을 이어받는 報本繼志의 도리를 실천하기 위해 작헌례酌獻禮도 거행하겠다고 하였다. 기존의 전배례에 더하

18_ 『英祖實錄』 권37, 영조 10년 1월 병오. "命禮曹擇入德興大院君廟展拜吉日 蓋有先朝已例 而嗣服後尙未行也 凡儀節與
宗臣行禮 一依古例."

19_ 『正祖實錄』 권5, 정조 2년 6월 기축. "教曰 列聖朝展拜大院君廟 每在登極初 仁廟以後 連爲行禮 又教曰 予未諳故事 只
命展拜 奉考先朝甲寅日記 引先正宋浚吉戊戌之奏 以未及親行罪不稟之禮堂 其在報本繼志之道 當行酌獻禮矣."

여 작헌례가 첨가된 것은 정조대의『춘관통고』를 통해서 확인할 수 있다.[20]

실제적으로 덕흥대원군묘 의례가 국가사전에 등재된 것은『국조속오례의』[21]의 '배대원군사우의拜大院君祠宇儀'를 통해서 확인할 수 있다. 영조대부터 국가의 공인을 받은 정사正祀에 포함되었다고 볼 수 있다. 정조대의『춘관통고』에는 '작헌대원군사우의酌獻大院君祠宇儀'와 '대원군묘수개시행례의大院君廟修改時行禮儀'가 첨가되어있다. 한편, 고종대의『대한예전』을 살펴보면, 정조대에 첨가되었던 의례는 없어지고 '배대원군사우의'만 남아있다.『국조속오례의』와『춘관통고』에는 대원군묘 의례가 국가의례의 분류체계 내에서 어디에 속하는지 알 수 없지만,『대한예전』의 시일을 참고해 보면, 속제로 분류되어 있었다는 것을 확인할 수 있다.[22]

〈표 2〉 대원군묘 의례의 종류와 시일

	의례 종류	시일
『국조속오례의』	배대원군사우의(拜大院君祠宇儀)	기록 없음
『춘관통고』	배대원군사우의속의 (拜大院君祠宇儀續儀)	기록 없음
	배대원군사우의금의 (拜大院君祠宇儀今儀)	기록 없음
	작헌대원군사우의 (酌獻大院君祠宇儀)	기록 없음
	대원군묘개수시행례의 (大院君廟修改時行禮儀)	기록 없음
『대한예전』	배대원군사우의(拜大院君祠宇儀)	정조·한식·단오·추석·동지

대원군묘 의례의 종류를 보면, '~묘廟'가 아니라 '~사우祠宇'라고 되어있다. 반면에 실

20_『春官通考』 권27「吉禮·宮廟·大院君廟·拜大院君祠宇儀」.

21_『國朝續五禮儀』 권1「吉禮·拜大院君祠宇儀」;『春官通考』 권27,「吉禮·宮廟·大院君廟·拜大院君祠宇儀」;『大韓禮典』
　　권7「吉禮·拜大院君祠宇儀」.

22_『大韓禮典』 권2「大韓禮典序例·吉禮·辨祀」.

록에서는 '廟'로 되어 있으며『춘관통고』의 전체 분류 목록에도 '廟'로 되어있다. 의례 이름을 '~묘'가 아니라 '~사우'라고 붙인 것은 신주가 봉안된 곳이 종친의 사당이었기 때문일 것이다.

<표 3> 대원군묘 의례의 절차

의례 종류	의례 절차
배대원군사우의 (拜大院君祠宇儀)	행례(行禮); 부복(俯伏) → 국궁(鞠躬) 재배(再拜) 흥(興) 평신(平身) → 봉심(奉審)
작헌대원군사우의 (酌獻大院君祠宇儀)	행례(行禮); 재배(再拜) → 삼상향(三上香) → 작헌(爵獻) → 재배(再拜) → 망료(望燎)

세 국가사전―『국조속오례의』,『춘관통고』,『대한예전』―에 기록되어 있는 의례의 절차는 대동소이하다. 배대원군사우의는 다른 의례들과는 달리 비교적 간소하다. <표 3>을 참고하여 의례 절차를 보면, 내시가 왕을 인도하여 사당 안으로 들어가서 두 번 절을 하는 것[국궁(鞠躬)・재배(再拜)・흥(興)・평신(平身)]이 핵심이다. 절을 하기 전에 묘사의 문을 닫는 절차가 있는데, 이것은 덕흥대원군의 신주가 창빈의 신주와 함께 있었기 때문이다. 오로지 덕흥대원군에게만 해당되는 의례였다는 것을 보여준다. 정조대에 첨가된 작헌대원군사우의는 간단하게 술을 올리는 의식이었다.

덕흥대원군묘 의례는 다른 정서적 왕실 조상신 의례처럼 그 규모면에서나 시일과 종류 면에서는 간소하였지만, 종묘에 부묘되지 못한 왕의 생부를 공식적인 대상신으로 하는 의례, 즉 사묘전배의례의 표본이 되었다. 이후 인조의 생부 정원군을 대상신으로 하는 의례는 덕흥대원군묘 의례를 전례로 삼아야 했지만, 정원군만의 독자적인 사당이 마련되었고 의례의 종류도 다르게 책정되었다. 정원군은 원종으로 추존되어 종묘에 부묘되면서 덕흥대원군과는 다른 위격으로 분류되었다. 이후 덕흥대원군과 동일한 사례로 묶여진 경우는 철종의 생부 전계대원군全溪大院君(1785~1841)과 고종의 생부 흥선대원군

興宣大院君(1820~1898) 이외에는 없었다.[23] 철종은 왕위에 오르고 나서 덕흥대원군을 전례로 삼아 전계대원군을 추봉하고, 가묘家廟인 전계궁全溪宮를 중건하여 신주를 불천지위로 정하기도 하였다. 하지만 시기적으로 볼 때, 전계대원군이 봉안되고 의례가 행해진 기간은 매우 짧았다. 홍성대원군이 봉안된 경우도 이미 조선말기로 접어든 상태였으며 고종에 의해 홍성대왕으로 추존되고 따로 사당이 마련되었다. 사실상 대원군 의례의 대상은 덕흥대원군이 유일했다고 할 수 있다. 따라서 국가사전에는 '덕흥대원군의'가 아닌 '대원군의'로 기록되어 있지만, 철종이 즉위하기 전까지는 대원군 의례는 덕흥대원군만 해당되었기 때문에 주로 덕흥대원군만을 대상신으로 하였다고 볼 수 있다.

또한 덕흥대원군묘에는 묘호廟號는 따로 없었다. 인조대에 묘호를 의논하자는 의견이 있었지만[24] 묘호가 따로 부여되지는 않았다. 따라서 '덕흥대원군묘'라는 이름 자체를 고유명사로 볼 수 있을 것이다.

한편, 적통계승이 아닌 왕의 생부였던 덕흥대원군과 성종의 생부 의경세자, 인조의 생부 정원군의 위격을 비교해 볼 수 있다.

〈표 4〉 의경세자, 덕흥대원군, 정원군의 위격 비교

	의경세자	덕흥대원군	정원군
세자 책봉 유무	○	×	×
종묘 부묘 유무	○	×	○
불천지위 유무	○	○	○
묘호 유무	○	×	○

덕흥대원군과 의경세자의 가장 두드러진 차이점은 덕흥대원군은 세자로 책봉된 적

23_ 철종의 생부 전계대원군의 계보는 영조 → 진종(사도세자) → 은언군 → 전계대원군 → 철종으로 이어진다. 철종에게 영조는 고조 할아버지가 된다. 고종의 생부 홍성대원군의 계보는 영조 → 진종(사도세자) → 은신군 → 남연군[은신군의 양자, 인조의 삼남 인평대군의 6대손] → 홍성대원군 → 고종으로 이어진다.

24_ 『仁祖實錄』권26, 인조 10년 4월 정유. "曹判書李貴上箚 請議大院君廟號 傳曰 箚中所謂以何王爲號云者 果有意見 國中所稱之號 令禮官速爲講定以啓."

이 없었다는 것이다. 덕흥대원군의 신주는 종묘는 물론이고 문소전의 별묘였던 연은전에도 봉안되지 못했다. 의경세자의 문소전 부묘 논의에서 핵심적인 쟁점은 의경세자가 살아생전 왕위에 오른 적이 없었기 때문에 선왕을 모신 사당에 함께 모실 수 없다는 것이었다. 하지만 의경세자는 세자였다는 점에서 문소전의 별묘 형식이었지만 연은전에 독립적으로 봉안될 수 있었다.

덕흥대원군과 인조의 생부 정원군의 경우를 비교해 보면, 모두 세자였던 적도 없고 후궁의 자손이었다는 점에서 의경세자보다는 생전에 낮은 신분이었다. 단지 차이점이 있다면, 왕위에 오르기 전 선조와 인조가 가졌던 제사에 대한 의무의 유무였다. 선조는 덕흥대원군의 삼남이었고 인조는 정원군의 차남이었다. 그러나 정원군의 장남이 일찍 죽었기 때문에 인조가 정원군의 제사를 주관해야 하는 장남과 같은 위치에 있었다. 의경세자, 덕흥대원군, 정원군을 함께 비교해보면 의경세자와 정원군은 결국 왕으로 추존되어 종묘에 부묘되었다는 차이점을 알 수 있다.

의경세자, 덕흥대원군, 정원군은 모두 왕위에 오른 아들들이 왕의 직계 자손이 아닌 비왕통이었다는 점만 동일하다. 그러나 조상신 생성이라는 결과를 중심으로 본다면, 의경세자(덕종)는 세자였지만 왕 위에 오르지 못하며 사후에 왕으로 추존된 왕실 조상신 계보의 표본으로, 정원군(원종)은 세자는 아니었지만 이후에 왕으로 추존된 왕실 조상신 계보의 표본으로, 덕흥대원군은 세자도 아니었고 사후에 왕으로 추존되지 못한 왕실 조상신 계보의 표본이 되었다. 앞서 살펴보았지만, 정원군 봉안 의례에서 비롯된 영희전 의례를 통해서 (비)왕통 생부 왕실 조상신 계보가 생성되었다면, 덕흥대원군묘 의례를 통해서 비왕통 생부 왕실 조상신의 계보가 생성되었다고 할 수 있다. 그리고 덕흥대원군묘 의례는 독자적인 정서적 왕실 조상신 의례 중 하나로 유지되었다고 할 수 있다.

세자묘
의례

08 —————————

애통지지정哀痛之至情에서 효孝로의 변화

세자묘의 특성과 친진親盡의 원칙

세자묘 의례의 위격과 무후자無後者 왕실 조상신

세자묘
의례

세자묘는 왕위에 오르지 못하고 일찍 죽은 네 세자의 신주를 봉안한 순회묘順懷廟·소현묘昭顯廟·의소묘懿昭廟·문희묘文禧廟를 총칭한다. 혼인했던 순회세자와 소현세자의 사당에는 빈嬪들의 신주도 함께 봉안되었다. 세자묘 의례는 왕이 부모가 아니라 자식을 대상신으로 삼았다는 점에서 다른 정서적 왕실 조상신 의례―문소전 의례, 영희전 의례, 칠궁 의례, 덕흥대원군묘 의례―와는 그 대상부터 다르다. 살아생전 세자로 책봉되어 왕위에 오를 것이 예정되어 있었지만 왕이 되지 못한 채 사망했다는 점에서, 분명 다른 왕손들의 죽음과는 구별된다. 그렇다고 해도 과연 세자묘 의례의 대상신들을 왕실 조상신의 범주에 넣을 수 있을까라는 의문부터 든다. 이글은 네 세자가 왕실 조상신으로 여겨졌다고 보고, 그 근거로서 세 가지에 주목하고자 한다. 첫째로, 자손 없이 죽은 세자가 공식적인 왕실 조상신 의례의 대상으로 될 수 있었던 동인과 명분을 최초의 세자묘였던 순회묘를 중심으로 살펴볼 것이다. 둘째로, 세자묘만의 독특한 사당의 형태와 운용의 원칙을 확인할 것이다. 셋째로, 세자묘 의례의 위격과 새롭게 형성된 왕실 조상신 계보를 설정해 볼 것이다.

1. 애통지지정哀痛之至情에서 효孝로의 변화

네 세자묘 중에서 시기적으로 먼저 생성된 사당은 순회세자를 봉안한 순회묘이다. 순회세자順懷世子(1551~1563)는 조선의 13대왕 명종과 인순왕후仁順王后 심씨沈氏의 맏아들 이부李暊이다. 명종 12년(1557) 7세에 왕세자로 책봉되었고, 명종 16년(1561) 11세 때 공회빈 윤씨恭懷嬪尹氏(?~1592)[1]와 혼인하였다. 그러나 순회세자는 명종 18년(1563) 13세의 나이로 요절하였다.

명종은 순회세자의 삼년상을 치른 이후에도 묘궁墓宮[2]에 거둥하여 제사를 지내곤 하였다. 명종의 잦은 거둥에 대해 헌부憲府는 잘못된 점을 지적하였다.

헌부憲府가 아뢰기를, "대체로 제사의 禮는 본래 강쇄降殺함이 있으니, 情으로는 막기 어려운 것이 있더라도 禮에는 품절品節함이 있어서 조금도 벗어나게 할 수 없는 것입니다. 만약 정에 기울어 예를 벗어나循情踰禮 일시적인 제도를 만들어 놓으면, 폐단이 클 뿐만 아니라 후세에 논란이 일어날 수 있으니 충분히 강구해야 합니다. 신들이 들으니 순회세자의 삼년상을 치른 후, 묘궁墓宮에서 지내는 모든 크고 작은 제사를 폐하지 않고 그대로 행하였습니다. 이것이 법규가 되면 성상의 애통해 하시는 지극한 정哀痛之至情에서 나온 것이기는 하지만, 대의大義로 말한다면 순회세자는 성상에게 신하이니 매우

1_ 공회빈 윤씨는 순회세자가 죽은 이후에도 궁에서 계속 생활하였고, 임진왜란이 일어나기 직전에 창경궁 통명전에서 사망하였다. 공회빈의 상례를 치르던 중 임진왜란이 발발하여 후원에 가매장 된 상태로 있었는데, 선조의 환도 후 공회빈의 시신을 찾지 못했다. 선조 36년(1603), 선조는 공회빈의 신주만을 순회묘에 합장하도록 하였다. 그러나 이것도 병자호란 때 분실되었다. 순회묘(墓)는 경기도 고양시에 서오릉에 있으며, 고종대에 순창원(順昌園)으로 격상되었다. 현재 순창원에는 순회세자의 재궁과 공회빈의 빈 재궁만 안장되어있다.

2_ '묘궁'이 하나의 공간을 지칭하는지, '묘'와 '궁'이 서로 다른 공간을 지칭하는지 정확하게 확인되지 않는다. 문헌을 살펴보았을 때, 당시 '묘궁'이라는 용례를 찾기 힘들다는 점에서, '궁'은 묘지와 상관없는 순회세자가 살았던 궁이었을 가능성이 크다. 순회세자궁은 용동궁이라고도 하였으며, 서부 황화방(皇華坊; 현재 중구 정동)에 있었다. 1557년(명종 12), 세자로 책봉되면서 살았던 곳이다. 순회세자가 사망한 후, 중부(中部) 수진방(壽進坊; 현재 종로구 수성동 일대)로 옮겨지었다. 이후 세자빈 공회빈 윤씨의 속궁이 되었다. 당시 용동궁은 명례궁, 어의궁, 수신궁과 함께 4궁이라 불리었다. 혜경궁 홍씨, 조대비의 속궁이 되었다가 조선말 경운궁(현덕수궁) 부근에서 이곳으로 이전되었고 독일인 묄렌도르프에 하사되었다. 1908년 엄비의 소유가 되었고 숙명여학교가 설립되었다. 현재 이곳에는 "조선조 명종의 장남 순회세자(順懷世子)가 책봉을 받았으나 13세에 세상을 떠나 세자빈의 속궁(屬宮)이 되었다. 조선말 경운궁(현덕수궁) 부근에서 이곳으로 이전되었다가 독일인 묄렌도르프에 하사되었으며 그 뒤 엄비의 소유로 변하여 숙명여학교가 설립, 운영되었다"라는 표석이 있다.

온당치 않습니다. 후일의 폐단도 생각하지 않을 수 없으니, 해당 조(예조)로 하여금 널리 예문禮文을 상고하고 대신과 논의하여 정하소서." 하니, 답하기를,

"순회세자의 묘궁에서 제사하는 일은 내가 일찍 죽은 것을 슬프게 여겨哀早歿 정한 것이니, 예문을 상고하고 대신에게 의논할 필요가 없다. 그러므로 윤허하지 않는다." 라고 하였다.[3]

헌부는 명종의 행동을 두 가지 점에서 우려된다고 지적하였다. 먼저, 명종의 행동은 세자를 잃고 너무나도 애통해 하시는 지극한 정哀痛之至情에서 나왔지만, 대의大義의 측면에서 본다면 순회세자는 명종의 신하가 됨으로 禮에 어긋난다는 것이다. 문제는 이미 삼년상을 치르고 길례의 대상이 된 순회세자의 의례를 명종이 직접 그리고 자주 행했다는 점이다. 길례의 대상신이 된 순회세자는 왕에게는 더 이상 아들生子이 아니라, 신하이기 때문에 왕이 제사지내서는 안 된다는 것이다. 사적인 정私情이 대의를 앞설 수 없다는 논리였다. 둘째로, 명종의 친제가 지속되면, 훗날 비슷한 일이 발생했을 때 이를 합법화시킬 수 있는 전례로 삼아질 폐단이 있다는 것이다. 예조와 상의하여 결정해야 한다는 의견을 올린다. 이러한 지적에 대해, 명종은 일찍 죽은 아들을 슬프게 여겨哀早歿 정한 것이니, 예문을 상고하고 대신들과 의논조차 할 필요도 없다는 매우 단호한 태도를 취하였다. 명종의 감정적인 대응은 인지상정人之常情이라는 공감대를 앞세워 반대의견을 원천 봉쇄시켰다고 할 수 있다.[4]

명종이 순회묘에 친제를 단행하면서부터 순회묘 의례는 공론화될 수밖에 없었다. 사

3_ 『明宗實錄』권31, 명종 20년 9월 계묘 "憲府啓曰 凡祭祀之禮 自有隆殺 在情雖有所難過者 而禮有品節 不可少越 苟或循情蹂禮 創開一時之制 則非徒貽弊無窮 亦不得無議於後世 不可不熟講處之 臣等伏聞 順懷世子三年後 墓宮凡大小祭 仍行不廢 永爲恒規 此實出於聖上哀痛之情 然以大義言之 則順懷於聖上 乃是臣子 大有所未安 而後日之弊 亦不可不慮 請令該曹 廣考禮文 議于大臣 商確以定 答曰 順懷墓宮祭事 予哀早歿而定之 不須考禮文議大臣也 故不允."

4_ 종법제도와 상관없이 아들을 잃은 아버지의 심정은 말로 표현할 수 없을 정도로 고통스러웠을 것이다. 송준길(1606~1672)이 아들을 잃고 지었던 제문의 일부만 보더라도 그 마음을 느낄 수 있다. "옛말에 이르기를 '지극한 정은 표현할 글이 없으며(至情無文), 지극한 아픔은 나타낼 말이 없다(至哀無辭)'라 하였으니, 내가 오늘(吾於今日), 다시 무슨 글을 지을 것이며(更有何文), 무슨 말을 할 것이냐(更有何辭)"라는 구절이 있다. 그 애절함이 어느 정도였는지 가늠할 수 있다. 아무리 유교적 이념과 제도가 정착했던 조선시대 사대부일지라도 가족을 잃은 애통하고 안타까운 마음은 동일했을 것이다. 이러한 마음을 확인할 수 있는 것으로, 조선시대 가족을 잃은 슬픔을 기록한 40여편의 祭文, 묘지명, 비명 등을 번역한 이승수 편역(2001), 『옥같은 너를 어이 묻으랴』, 태학사.를 참고하면 좋다.

실, 명종이 대신들의 지적에 수긍하였다면, 그저 사적인 정에 이끌린 도발적인 행동으로 마무리되었을 가능성이 크다. 그러나 명종의 반응은 기존 禮의 테두리와는 상관없이 반복적인 친제의 행동으로 이어졌다. 이것은 죽은 아들을 친제하는 전례 없던 일을 공론화시켜, 결국 아들을 향한 말할 수 없는 극도의 슬픈 마음을 표현한 '애통지지정'이 어느 정도 수용될 수 있는 틈을 만들어 준 것이다.

명종대에 순회묘 건립이 구체적으로 어떻게 진행되었는지는 확인되지 않는다. 위의 실록기사가 명종이 승하하기(1567) 2년 전이었다는 사실을 감안하면, 당대에 본격적으로 설립되지 못했을 가능성이 크다. 하지만 어떤 형태로든 순회묘가 존재했다는 사실을 명종 다음 왕이었던 선조대의 논의를 통해 짐작할 수 있다. 임진왜란 이후, 전란 당시 공회빈 윤씨의 시신이 사라지고 찾지 못했던 일[5]과 순회세자의 입후立後를 결정하는 문제가 본격적으로 논의되었다. 선조 34년(1601) 예조에서 순회세자와 공회빈 윤씨의 입주立主와 입후 문제를 홍문관의 계사를 근거로 시행하도록 요청하였다.

예조가 아뢰기를, "순회세자와 공회빈의 일에 대해 대신들과 의논했더니, 영중추부사 최흥원崔興源은 '입주立主하는 한 가지 일은 마땅히 거행해야 하지만, 묘소廟所와 제사를 받드는 각항各項의 절목節目은 쉽게 결정할 수가 없다. 해당 관청으로 하여금 널리 증거할 만한 전례를 상고하여 정례情禮에 맞게 해야 하는데, 오직 상(선조)께서 결정하기에 달려 있다'고 하였습니다. 영의정 이항복李恒福은 '순회묘順懷廟는 선왕先王이 한때의 정으로—時因情 설립된 것으로, 따를 수 있는 법규는 아니다. 지금 입주함에 있어서 마땅히 禮에 맞게 하여 영구히 할 계책을 세워야 할 것이다.'고 하였습니다. 완성 부원군完城府院君 이헌국李憲國은 '듣건대 선조先朝 때는 왕자로서 후사가 없는 경우에 특별히 누구를 누구의

5_ 최초의 세자묘를 의경세자의 사당이었던 의묘로 볼 수도 있다. 의경세자의 생부였던 세조는 1459년(세조 5), 의경세자의 사당(廟)를 '효정묘(孝靖廟)'로 무덤(墓)는 '의묘(懿墓)'라고 하였다. 삭망의 제사와 사중월(四仲月)의 유명일(有名日) 별제와 기일의 제사를 자손 중 나이가 많은 사람이 주관하고, 제물(祭物)은 봉상시에서 맡도록 하였다(『世祖實錄』 권17, 세조 5년 9월 을사. "禮曹啓 懿敬世子廟稱孝靖廟 墓稱懿墓 朔望祭四仲月有名日別祭忌日祭 子孫年長奉祀 間姑令宗親及功臣子弟內三品官行祭 其奠物 奉常寺仍掌設 從之."). 그러나 의경세자는 아들 성종이 왕위에 오르면서 원묘 '연은전'에 봉안되었고, 이후 덕종으로 추숭되어 종묘에 봉안되었기 때문에 세자묘 의례의 대상신이라 할 수 없다. 세자묘에 봉안된 네 세자는 모두 자손이 없다.

후사로 삼으라고 명한 예가 있었다고 하니, 이번 순회세자의 입후에 대해서도 아랫사람들이 감히 의논할 바가 아니다. 그 禮가 지극히 중하기 때문에 쉽게 결정해서는 안 되니 신 또한 헌의하지 못하겠다. 다만 입주하는 일에 대해서는 성교聖教가 심히 애통해 하시니哀痛切至 해당 관청으로 하여금 이미 행한 예를 상고하여 조처하는 것이 마땅할 듯하다. 그러나 입주하려면 반드시 사우祠宇를 세워야 하는데 이번 묘사廟社 역시 제자리가 아닌 임시 처소에 모시고 있다. 정례情禮로 보아 죄송스러우니 순회묘를 별도로 세우도록 하자. 시간을 두고 상황을 보아가며 조처하는 것이 사의事宜에 합당할 듯하다. 상께서 결정하여야 한다.' 고 하였습니다."6_

　　영중추부사 최흥원은 신주를 모시는 입주立主를 당연히 해야 하지만, 이를 위한 사당을 세우고 의례의 절차 등 세세한 사항들을 어떻게 정해야할지를 논의해야 한다고 말한다. 적절한 전례를 찾아서 정례에 맞게 해야한다는 의견을 제시하였다. 마찬가지로 영의정 이항복은 순회묘는 명종의 한때의 情으로一時因情 설립된 것이지, 본래 법규는 아니었기 때문에, 후대에 전례가 되도록 예에 맞게 정해야 한다고 말한다. 이러한 이항복의 언급은, 명종이 승하하기 전, 묘궁으로의 잦은 거둥이 이후에 순회묘가 어느 정도 반一공식적인 형태로 여겨지고 있었다고 볼 수 있다. 완성 부원군 이헌국은 입주와 함께 입후의 문제도 거론하였다. 신주를 모시기 위해서는 사당을 세워야하고 그러려면 사당에서 제사지낼 후사를 세우는 입후의 문제가 함께 논의될 수밖에 없었기 때문이다. 후사 없이 죽은無後嗣 왕자의 입후를 왕이 결정한 전례가 있었다는 점을 지적하면서, 매우 중대한 일인 만큼 왕이 결정해야 할 것이라고 조심스러운 태도를 취하였다. 또한 입주를 하려면 반드시 사당祠宇을 세워야 하는데, 지금 사당의 자리는 적당한 곳이 아니기 때문에 정례로 보아 죄송스러우니 사당을 별도로 세울 것을 제안하였다.

6_ 『宣祖實錄』 권37, 선조 34년 5월 계묘 "禮曹啓曰 以順懷世子 恭懷嬪事 議于大臣 則領中樞府事崔興源以爲 立主一事 亦當擧行 而廟所奉祭 主立後各項節目 不可容易定奪 令該曹博考可據之例 終使情禮 各盡其宜 伏惟上裁 領議政李恒福以爲 平時順懷廟事例 出於先王一時因情之設 非萬世常行之典 今將立主 當得禮之正 而爲永久之計也 完城府院君李憲國以爲 竊聞先朝 以王子之無後者 特命以某爲某之後 則有之 今者順懷世子立後 則非群下所敢議也 其禮至重 亦不可容易定奪 臣不得獻議 但立主事 則聖敎哀痛切至 令該曹 考已行之禮 而處置似當 第念立主 而則必建祠宇 今者廟社 亦權安於非所 別建順懷廟 情禮未安 徐觀事勢處置 則恐合事宜."

세 명의 의견을 종합해보면, 모두 순회세자의 입후와 입주의 필요성을 언급하면서 예에 어긋나지 않는 법칙을 세워야 한다는 것이다. 그리고 최후의 결정권을 왕에게 돌렸다. 제사를 받들 후사를 결정하는 것을 왕실 내부의 사안으로 돌린 셈이다. 무후자 왕세자의 제사를 지내줄 후손을 종친 가운데서 찾아야 했기 때문일 것이다.

위의 논의가 있고 2년 후, 선조 36년(1603) 5월 4일, 순회궁을 중건하였다.[7] 3월 22일에 순회세자와 공회빈 윤씨의 신주를 만들었다[8] 는 기록으로 볼 때, 여기서 순회궁은 사당이라고 할 수 있다. 실록에는 당시 순회궁을 정확하게 어디에 마련하였는지에 대한 언급은 없다. 현재 순회사당과 그 터도 남아있지 않다. 정조대 이후 궁궐과 인근의 지리적 상황을 알 수 있는『한경지략漢京識略』과『동국여지비고東國輿地備攷』을 참고로 해서, 순회궁의 위치에 대한 단서를 찾을 수 있다.[9]『한경지략』과『동국여지비고』[10] 의 영경전永慶殿 항목 종합해보면, "영경전은 예전 창의문彰義門 남쪽에 있었다. 선조 34년에 사당을 세워 순회세자를 제사 지냈다. 인조 25년 소현세자도 함께 제사지냈다. 후에 두 신위를 땅에 묻고 지금은 단지 빈 전殿만 있다."라고 되어있다. 영경전은 중종의 두 번째 정비이자 인종의 생모인 장경왕후章敬王后(1491~1515)의 혼전이었다. 창의문은 서울 성곽의 4대 소문 중 하나로 서북쪽에 있는 일명, 자하문紫霞門을 말한다.『동국여지비고』에는 순회묘와 소현묘 항목도 함께 서술되어 있는데[11] , 순회묘順懷廟 항목을 보면, "도성 안 북

7_『宣祖實錄』권162, 선조 36년 5월 을미. "禮曹啓曰 順懷宮 今旣重建."

8_『宣祖實錄』권160, 선조 36년 3월 무인, "始造順懷世子 恭懷嬪尹嬪神主."

9_『한경지략』은 정조대에 한성부의 역사와 모습을 기록한 책이다. 저자는 수헌거사(樹軒居士)로 돼 있는데, 유득공(柳得恭)의 아들 본예(本藝)로 추정되고 있다. 진본은 전하지 않고 1956년 서울시사편찬위원회에서 필사본인 이병기(李秉岐)본을 영인하고 출판하였다.『동국여지비고』의 저자는 미상이지만, 1865년 경복궁의 중건 기록이 있고 1883년(고종 20) 창설된 북묘에 관한 기록이 없는 점에서, 구한말 조선시대 중앙 및 한성부의 도시구조 및 각종 제도와 시설 등을 파악하는 데 매우 중요한 자료로 활용되고 있다.

10_『漢京識略』권1「廟殿宮」"永慶殿", "永慶殿, 舊在 彰義門南, 宣祖辛丑, 建廟, 享順懷世子, 明宗世子, 仁祖丁丑,幷享 昭顯世子, 仁祖世子, 兩世子祧主後, 只有空殿"
『東國輿地備攷』권1「京都」, "壇廟", "永慶殿, 在彰義門南, 宣祖二十四年建, 享, 順懷世子, 仁祖二十五年, 並享 昭顯世子, 後兩主祧埋後, 只有空殿"
『동국여지비고』와『한경지략』에는 순회묘를 선조 24년에 세운 것으로 되어있지만, 실록을 바탕으로 보았을 때 선조 26년이 정확한 연도이다.

11_『東國輿地備攷』권1「京都」, "壇廟", "順懷廟 在都城內北, 舊永慶殿, 宣祖二十四年建, 享順懷世子, 恭懷嬪尹氏, 肅宗四

쪽에 있고 옛 영경전이다. 선조 34년(1678)에 세워 순회세자 및 공회빈 윤씨를 제사지냈다. 숙종 4년에 이르러 신위를 땅에 묻고 소현묘로 삼았다."고 되어있다. 그리고 소현묘昭顯廟 항목을 보면, "인조 25년 소현세자와 민회빈愍懷嬪 강씨를 제사지내는 곳이다. 순회묘와 더불어 같은 사당에 나열되어 자리 잡았고 함께 제사 지낸다. 숙종 4년 비로소 홀로 제사를 지냈다."라고 되어있다. 두 책의 영경전 항목을 단서로 순회묘의 위치를 추정해보면, 종로구 청운동 89번지 일대로 현재 경복고등학교, 경기상업고등학교, 청운초등학교 일대이다. 이곳은 조선말기 궁내부 농상소가 있던 곳이기도 하다.

선조에게 순회세자묘는 어떤 의미였을까? 사실 명종이 자식을 잃은 슬픔으로 감정적인 상태에서 의례를 행했더라도, 선조에게는 순회세자가 아들이 아니었기 때문에 기존의 의례를 유지하고 확대시킬 아무런 책임도 명분도 없었다. 선조가 경릉敬陵[덕종과 덕종의 비 소혜왕후 한씨(昭惠王后 韓氏)의 능] 근처에 있던 순회묘지에서 정리情理에 따라 술을 올리는 정도의 예를 갖추어야 하지 않을까라는 의견을 제시했을 때, 신하들은 별다른 반대를 하지 않았다. 그저 "우애友愛"에서 나온 것으로 받아들였다.[12] 선조에게 순회세자는 부계가 다른 형제였다. 선조의 생부인 덕흥대원군과 명종은 중종의 배다른 형제였다. 만약 순회세자가 일찍 죽지 않았다면 선조는 왕위에 오르지 못했을 것이다.

또한, 위의 실록에서도 알 수 있듯이, 선조가 입주하는 일에 대해서는 심히 애통해 하였다哀痛切至고 하였다. 선조는 임진왜란 당시 공회빈 윤씨의 시신을 잃어버리고 찾지 못한 것과 연관해서, 순회세자에게 굉장히 미안하면서 가슴 아픈 심정이었을 것이다. 그래서 명종이 순회세자를 위해 의례를 행했던 것과 사당을 마련한 것이 예에 어긋난다는 것을 인지하면서도, 전란의 상황과 후사 없이 사망한 명종과 공빈 윤씨의 시신을 돌보지 못했다는 미안한 마음에서, 순회세자묘를 건립하는 데에 적극적이었다고도 생각할 수 있다. 이러한 사실은 앞서 살펴본 순회세자궁의 중건관련 기사를 좀 더 살펴보면 확인할 수 있다. 실록에 의하면, 순회궁이 중건되면서 의물儀物에 관한 모든 것들

年埋主, 後爲昭顯廟"/ "昭顯廟 仁祖二十年年享, 昭顯世子愍懷嬪姜氏, 與順懷廟, 同廟, 列坐並享, 至 肅宗四年始獨享"

12_『宣祖實錄』권23, 선조 22년 8월 갑진.

을 예전대로 다시 설치해야 한다는 논의가 나왔다. 그러면서 전란 뒤에 종묘의 시보諡寶가 유실되기도 하고 시책諡册은 하나도 완전하게 보존된 것이 없는데, 유독 순회궁의 것만 먼저 만들면 경중輕重의 구분이 어긋나게 될 것이라는 지적[13] 도 함께 있었다. 이러한 시대적인 상황과 선조의 의지가 맞물려 순회세자묘는 독립적으로 마련되었던 것이다.[14]

한편, 순회세자의 입후는 선조대에 결정되지 못한 듯하다. 다음 실록내용은 광해군 1년(1609), 홍문관에서 순회묘의 입후를 결정하는 문제에 대해서 대신들이 논의한 내용을 찾을 수 있다.[15] 이때 홍문관에서는 『두씨통전杜氏通典』을 근거로 순회세자묘 의례를 국가에서 주관할 수 있다고 하였다. 『두씨통전杜氏通典』에 의하면, 개원開元 3년에 우습유右拾遺 진정절陳貞節이 은隱·장회章懷·의덕懿德·절민節愍 등 네 태자의 묘廟에 관官에서 공급하는 것으로 의례를 행하는 것이 합당하지 않다고 상소한 것에 대한 찬반 논의가 있었다. 반대한 입장은, 사당을 따로 건립할 수 있는 명분으로는 백성에게 공功을 세우거나 당대에 업적을 세웠을 경우이므로, 네 태자를 위해 관官에서 사당을 건립하고 제물을 공급하고 철마다 의례를 행할 수 없다고 보았다. 마치 제왕과 격이 같아져서 안 된다는 것이다. 이와 달리, 찬성의 입장은 네 태자는 살아생전 어떤 공이나 업적이 없었지만, '은혜恩'를 베푸는 차원에서 충분히 사당을 따로 만들 수 있다고 제안하였다고 한다. 제왕이 자손을 제후로 봉하고 모토를 나누어주는 것과 동일한 의미로 본 것이다. 찬성의 의견은 이것은 아들에 대한 아버지의 情의 발로이며, 인정人情이라는 측면에서 합법성이 충분하다는 입장이었다고 한다. 이렇게 홍문관에서는 『두씨통전』을 근거로

13_ 『宣祖實錄』권162, 선조 36년 5월 을미. "禮曹啓曰 順懷宮 今旣重建 凡干儀物 固當照舊復設 而第惟此時 物力之有無 雖不可計 而亂後太廟(諡)〔諡〕寶 或有遺失 而(諡)〔諡〕册則無一完存 每當奉審 不覺悲(悌)〔悌〕之自零 朝廷未遑補設 而獨於順懷宮 先爲改造 恐乖輕重之辨矣 傳曰是."

14_ 병자호란 당시 신위를 잃어버리면서, 1637년(인조 15) 순회세자와 공회빈 윤씨의 신위를 개조하였다.(『仁祖實錄』권34, 인조 15년 3월 을사, "順懷世子神主 見失於江都 令奉常寺改造.")

15_ 『光海君日記』권18, 광해군 1년 7월 병오. "杜氏通典 開元三年 右拾遺陳貞節以隱章懷懿德節愍四太子廟不合官供祀享 … 太常博士段同泰議曰 封太子等竝特降絲綸 別營祠宇 義殊太廟 恩出當時 借如逝者之錫蘋蘩 猶生者之開茅土 寵章所及 誰謂非宜 且自古帝王封建子孫 以寄維城之固 咸登列郡之榮崇 豈必有功於人立事於代 生者曾無異議 死者輒此奏停 雖存沒之跡不同 而君臣之恩何別 此則輕重非當 情禮不均 天道固是難評 人情執云非宜 傳曰知道 此草記下禮曹."

순회세자의 입후 문제를 논의하였는데, 결국 여기서도 기존의 질서로서의 예와 인정 사이에 무엇을 기준으로 삼느냐가 핵심 쟁점이었다. 만약, 한 개인을 입후로 세워 전적으로 의례를 담당하도록 하였다면, 순회세자묘는 공식성을 가진다고 볼 수 없기 때문에, 그 결과에 주목할 필요가 있다.

그렇다면 순회묘의 입후는 어떻게 처리되었을까? 만약 특정한 개인으로 정해졌다면 그가 제사를 전담하였을 것이다. 당대 결정이 어떻게 이루어졌는지 직접적인 자료는 확인되지 않지만, 국가에서 순회세자묘를 관리하였다는 것을 숙종대 노산군魯山君[단종(1452~1455)]과 신비愼妃의 추복문제를 다룬 논의를 통해서 짐작할 수 있다.

> 유상운尙運이 말하기를, "의리로 말한다면, 일찍 죽은 세자로 순회세자와 소현세자의 사당과 같은
> 경우 내관內官으로 하여금 수직守直하게 하고 봉상시에서 제물祭物을 갖추어 보내게 하였습니다. 그것
> 이 혹 참조할 수 있는 법칙이 될 수 있을지 모르겠습니다."[16]

순회세자와 소현세자의 사당을 내관內官이 지키고, 봉상시에서 제물祭物을 갖추어 보내게 하였다는 사실을 확인할 수 있다. 국가의례를 행할 때 제물을 담당하는 봉상시에서 세자묘에 제물을 보냈다는 것은 국가에서 의례를 주관하고 있었다는 것을 의미한다.

그렇다면, 조선시대 무후자로 죽은 왕손들의 제사는 어떻게 처리되고 있었을까? 왕위에 오르지 못하고 죽은 세자들은 살아있을 때는 장차 왕위를 이을 세자로서 대접 받았지만, 죽어서는 일반 공자公子와 같이 여겨졌다. 따라서 이들에 대한 제사도 다른 왕자들과 다를 바 없이 행해지는 것이 원칙이었다.

그러나 앞서 순회세자의 입후와 입주문제에 관한 논의에서 살펴보았듯이, 조선전기에는 이러한 사항에 대한 구체적인 법규가 아직 없었던 것으로 보인다. 조선후기에는 봉작封爵을 받기 전에 사망한 대군·왕자·그리고 출가하기 전에 사망한 공주·옹주들

16_ 『肅宗實錄』 권32, 숙종 24년 10월 을축. "尙運曰 若以義起言之 則早卒世子如順懷昭顯廟 令內官守直 自奉常寺備送祭物 此或可照爲例耶."

을 합동으로 제사지내는 사당으로서 수진궁壽進宮[17] 이 있었다. 수진궁은 궁가宮家로서 조선전기에는 왕의 자녀와 후궁의 거주공간이었다. 조선후기 이곳은 거주 공간 외에도 왕실의 내탕을 담당하고 왕실일족의 재정을 운영하며 사후의 제사까지 담당하는 복합적인 기능을 하는 가사家舍로 변모하였다.[18] 따라서 조선후기 수진궁을 전적으로 무후자 왕손들을 위한 특정한 사당이었다고 볼 수 없을 것이다.

수진궁과 세자묘를 비교해보면, 둘 다 왕실 관련 사당이라는 점은 동일하다. 그러나 세자묘는 네 세자를 봉안한 별도의 사당이었고, 왕의 친제가 있었다는 점, 그리고 이들은 살아 있었다면 왕통을 이을 것으로 예정된 즉, '왕실 조상신'으로 예정되었던 세자라는 점에서 구별된다. 또한 세자묘 의례는 국가사전에 등재되었다는 점도 다른 왕손들의 사당 의례와는 다른 점이었다.

이렇게 순회세자를 비롯해서 세자묘의 대상신들은 다른 왕손들과 구별되어 봉안되었다고 해도, 조상신의 기본적인 요건이었던 부모가 아니었기 때문에, 명종 이후의 왕들에게는 더 이상 어떤 명분도 합법성도 없어 보인다. 그럼에도 불구하고 명종 이후에 순회세자묘가 마련되고 정당화될 수 있었던 것은, 순회세자는 명종의 아들로서가 아니라 왕실 조상신과 마찬가지로 여겨졌기 때문일 것이다. 순회세자를 비롯하여 네 세자묘가 세대를 지나면서도 폐쇄되지 않고 그대로 유지되었다는 것은 이러한 사실을 반영한다. 이때부터는 아버지의 아들을 잃은 슬픈 마음이 아니라, 조상신에 대한 孝의 마음

17_ 수진궁은 본래 예종의 둘째 아들인 제안대군(齊安大君)의 저택으로 조선시대 한성의 중부 수진방(壽進坊, 현재 종로구 수송동 부근)에 있었다. 역사적으로 이곳은 조선의 개국 공신이었던 정도전의 사택이 있었던 곳이다.
정정남에 의하면, 수진동은 그동안 알려진 종로구 수송동 51-8번지 이외에 인근 51번지 일대 모든 필지에 걸쳐있었고, 가대규모는 2327평, 가사는 217칸의 기와집이었다고 한다. 또한 문헌에 의하면, 인조 15년(1610)부터 "수진궁"이란 용어가 처음 등장한다는 것을 볼 때, 중종의 잠저였던 본궁은 임진왜란으로 소실되었고 전란이 수습된 후에 다시 건립되어 수진궁이라 불렸다. 이후 원당을 세워 이전에 제사지내던 평원대군부부, 제안대군 부부 등을 제사지내며 왕대비와 왕비의 내탕을 마련하는 곳으로 기능이 변모하였다고 한다. 정정남,「조선시대 壽進宮의 기능과 주변 박석[磚石]길의 의미해석」,『한국건축역사학회 학술발표대회 논문집』2011년 추계학술발표대회자료집, 2011을 참조할 것.

18_ 수진궁의 재정의 사례를 분석한 논문으로는 조영준 趙暎俊,「19世紀 王室財政의 危機狀況과 轉嫁實態: 壽進宮 財政의 事例分析」,『경제사학』44, 경제사학회, 2008을 주목할 만하다. 조영준에 의하면, 수진궁은 1사4궁-內需司 및 四宮(壽進宮·明禮宮·龍洞宮·於義宮)-중에서 가장 먼저 창설(예종대)되어 존속한 궁방이며 궁방전 보유규모는 독보적이었다. 수진궁은 제궁(祭宮)과 내탕(內帑)이라는 두 가지 기능을 동시에 수행하였는데, 1860년대 후반부터는 제사의 업무가 분리되어 내탕 기능을 중심으로 운영되었다고 한다.

으로 봉안되었다고 할 수 있다. 처음설립 명분은 모두 왕위에 오르지 못하고, 후손도 남기지 못하고 죽은 아들을 향한 아버지의 마음을 표현한 애통지지정哀痛之至情이었지만, 이후의 왕들에게는 아들이 아니라 선대왕이 될 예정이었던 배다른 형제였거나 선조였기 때문에 孝의 명분이 적용되었다고 할 수 있다. 다시 말해, 초기 순회세자묘의 건립과 그 의례는 애통지지정의 명분에서 비롯되었던 것이, 이후에는 봉안 대상이 조상신으로 여겨지면서 그 명분도 효의 명분으로 변화되었고, 이것이 오히려 세자묘 의례를 지속시키는 데 주요했다고 여겨진다.

2. 세자묘의 특성과 친진親盡의 원칙

순회묘를 시작으로 이후의 세 개의 세자묘가 더 생성되었다. 각 사당의 봉안 세자와 혈연관계를 보면 〈표 1〉과 같다.

〈표 1〉 네 세자의 혈연관계와 사망나이

세자명	순회세자	소현세자	의소세자	문효세자
혈연관계	명종과 인순왕후 심씨의 적장자	인조와 인렬왕후 한씨의 적장자	장조와 헌경왕후 홍씨의 적장자	정조와 의빈 성씨의 적장자
사망나이	13세	33세	3세	5세

소현세자1612(광해군 4)~1645(인조 23)는 조선의 제 16대 왕 인조와 인렬왕후 한씨의 맏아들 이왕李旺이다. 인조 3년(1625)에 세자에 책봉되었고, 인조 5년(1627)에 민회빈愍懷嬪 강씨姜氏와 혼인하였다. 그러나 인조 23년(1645)에 33살의 나이로 죽었다.[19] 소현묘에는 소현

19_ 소현세자는 1636년(인조 14) 병자호란 당시 아우였던 봉림대군[효종]과 함께 청나라의 수도 심양에 인질로 잡혀갔다가, 1645년(인조 23)에 고국으로 돌아왔다. 그러나 돌아온 지 얼마 되지 않아 급환으로 죽었다. 민회빈은 1627년(인조 5)에 세자빈으로 간택되었다. 그러나 소현세자가 죽고 나서 여러 모략으로 인해 폐빈이 되었다. 1718년(숙종 4) 4월에 복위되었으며, 시호를 '민회(愍懷)'라 하였다. 소현묘(墓)는 경기도 고양시에 있으며, 고종 대에 소경원(昭慶園)으로 격

세자와 소현세자 빈이었던 인혈왕후 강씨[1612(광해군 4)~1646(인조 24)]가 함께 봉안되었다.

의소세자[1750년 음력 8월 27일~1752년 음력 3월 4일]는 사도세자[장조(莊祖), 1732~1762]와 혜빈홍씨[헌경왕후홍씨(獻敬王后洪氏), 1735~1816]의 적장자이자, 조선 제 21대 왕이었던 영조의 세손 정嫁으로 시호는 의소懿昭이다.[20] 영조 27년(1751)에 영조에 의해 세손에 책봉되었으나, 1752년 3살의 어린 나이로 죽었다. 영조는 그해 4월 12일 요절한 손자에게 '의소'라는 시호를 친히 내려주었다. 의소세자의 경우는 아버지가 아니라 할아버지 영조에 의해서 사당이 마련되었다.[21] 영조와 후궁 영빈 이씨 사이에서 태어난 사도세자가 있었지만 왕위에 오르기 전에 죽었다. 왕위를 이을 아들이 없던 영조는 손자였던 의소세손을 후계로 정하였었다. 당시 의소세손의 생부 사도세자가 없는 상황에서 영조가 의소세손의 사당을 마련한 것이다.

문효세자文孝世子[1782년(정조 6) 음력 9월 7일~ 1786년(정조 10) 음력 5월 11일]는 조선의 제 22대 왕이었던 정조(1776~1800)와 의빈 성씨宜嬪 成氏(1753~1786)의 맏아들 純이며, 시호는 문효文孝이다. 두 살 때 왕세자로 책봉되었으나 1786년 5세로 요절하였다. 문효세자가 죽은 해 6월 20일에 묘호廟號는 문희文禧, 묘호墓號는 효창孝昌으로 정해졌다.

순회세자묘 중건 이후 세 세자묘는 어디에 어떻게 생성되었을까? 인조 25년(1647), 소현세자의 사당을 창의궁 내의 순회묘에 두기로 한다.

예조가 아뢰기를, "소현세자의 혼궁魂宮을 우선 인경궁仁慶宮 안에 설치하였으나, 이곳은 신주가 영구히 안주할 곳은 아닙니다. 3년 뒤에는 순회궁順懷宮의 예에 따라 다른 곳에 별도의 묘우廟宇를 설립하는 것이 타당할듯하여 감히 이렇게 아룁니다." 하니, 답하기를, "순회묘에 부묘하는 것이 합당할 듯하다. 그것을 대신에게 의논하라." 하였는데, 승평 부원군昇平府院君 김류金瑬·영의정 김자점金自點·

상되었다.

20_ 능원은 의령원(懿寧園)이며, 문효세자의 묘소 효창원(孝昌園) 앞에 자리하고 있다.

21_ 영조와 후궁 정빈 이씨 사이에 효장세자(孝章世子, 1719~1728)가 있었지만 일찍 사망하였다. 효장세자는 사후에 진종(眞宗)으로 추존되어 효장묘에 따로 봉안되었다.

영중추부사 이경석李景奭이 모두 그렇겠다고 하니, 왕이 따랐다.[22]

처음에는 순회세자의 사당처럼 별도의 공간을 마련하려 하였다. 이것은 순회세자묘가 이미 하나의 전례로 삼아졌다는 것, 즉 세자묘로서 정착되었다는 사실을 알 수 있다.

<표 2> 세자묘의 대상신과 설립 및 소멸시기

	순회묘	소현묘	의소묘	문희묘
대상	순회세자 · 공회빈 윤씨	소현세자 · 민회빈 강씨	의소세자	문효세자
설립시기	선조 36년(1603); 영경전터(기유년)	인조 28년(1680); 순회묘(무신년)	영조28년(1754); 창의궁(임신년)	정조13년(1789); 의빈궁 서쪽
소멸시기	숙종 4년(1678)	정조즉위년(1776)	순조 1년(1908)	순조 1년(1908)

<표 2>를 참고해 보면, 의소묘와 문희묘는 창의궁彰義宮과 연관되어 있다는 점을 알 수 있다.[23] 의소묘가 이전된 장소였던 효장묘(의소세자의 생부였던 진종의 사당)도 창의궁 안에 있었다. 처음에는 효장묘 안에 마련하려 했지만 창의궁 안에 마련한다. 그러다가 정조 즉위년(1776)에 옛 효장묘로 다시 이전되었다가, 고종 7년(1870)에 다시 창의궁으로 이전된다.

문희묘는 처음에는 경모궁 남쪽 담장 밖에 지으라고 했는데, 정조 11년(1787) 1월 10일에 의빈궁(문효세자의 생모 의빈 성씨의 사당이 있는 궁)[24] 서쪽 담장 밖으로 옮기라는 명이 내려진다.[25] 이에 따라 정조 13년(1789) 4월 18일에 완성되었고, 4월 26일 문효세자의 신주를 이

22_ 『仁祖實錄』 권48, 인조 25년 2월 을해. "禮曹啓曰 昭顯世子魂宮 姑設於仁慶宮內 而此非神主永妥之所 三年後似當依順懷宮之例 別立廟宇于他處 敢此仰稟 答曰 祔于順懷廟似當 其議于大臣 昇平府院君金瑬 領議政金自點 領中樞府事李景奭皆以爲然 上從之."

23_ 순회묘의 건립은 이후 다른 묘 건립의 표본이 되었다. 순회세자의 사당이 따로 건립된 것을 근거로, 영조대에 효장세자의 묘가 건립된다. 당시 소현세자의 신주만 봉안되어 있던 사당에 합봉하지 않고, 창의궁 안에 효장묘를 따로 마련하였다.

24_ 문효세자가 홍역으로 죽은 해 11월 4일, 생모 의빈 성씨도 갑작스레 사망했다. 의빈 성씨는 문효세자와 함께 효창원(현재 효창공원)에 묻혔다. 일제시대에 강제 이장되어 지금은 서삼릉의 후궁 묘역에 묻혀 있다.

25_ 『正祖實錄』 권23 정조 11년 1월 기묘 "敎曰 文禧廟 初定於景慕宮南墻外 … 就宜嬪廟近處卜地 實爲便當 廟基以 宜嬪宮西墻外移定."

창의궁 터와 표석

곳에 봉안하였다.[26] 고종 7년(1870), 문효세자의 신주는 창의궁 내의 의소묘 안으로 합봉되었다.

창의궁[27]은 궁가의 하나로 효종의 넷째 딸인 숙휘공주淑徽公主의 부군 인평위寅平尉 정제현鄭齊賢의 집이었다. 한양 북부의 순화방順化坊(현재 서울시 종로구 통의동 35번지 및 그 부근)에 있었고, 영조의 연잉군延礽君이었을 때 숙종이 하사했던 영조의 잠저이기도 하다. 영조의 맏아들이었던 효장세자가 이곳에서 태어났다. 영조는 즉위 직후 창의궁에 소속된 전민을 왕자와 공주의 궁에 내려주고 궁방전宮房田을 신설하지 않도록 했다. 그러나 같은 해에 한성부에 있던 영조의 장적을 봉안하게 되면서 창의궁은 영조의 본궁本宮으로서의 역할을 지속하고 궁방전도 계속 유지되었다. 창의궁은 영조의 사적인 공간으로 활용되었다고 볼 수 있다. 세 왕세자의 사당이 창의궁으로 모아진 이유를 창의궁의 연혁을 통해서 짐작할 수 있을 것이다.

한편, 네 세자는 단 한 번도 한 공간에 함께 봉안된 적이 없었다. 그 이유는 세자묘가 불천지위로 봉안되지 않았기 때문이다. 순회세자묘와 그 의례는 숙종 4년(1678) 신주

26_ 문희묘의 규모는 『문희묘영건청등록(文禧廟營建廳謄錄)』(서울대학교 규장각 소장본 奎12930)을 통해 알 수 있다. 문희묘 76칸 반과 의빈묘 45칸으로 모두 121칸 반이다. 기본 구조는 문희묘의 정당(正堂)을 중심으로 하고 전면에 내신문(內神門)과 중신문(中神門)으로 이루어져 있다. 문희묘의 중신문 밖으로는 외대문과 외행각, 제집사방(諸執事房)과 향대청(香大廳)이 있다. 문희묘 정당의 울타리를 경계로 그 좌측에 어재실(御齋室)이 있으며 어재실 뒤에 의빈묘 정당과 내신문이 있다.

27_ 영조대에는 창의궁 안에 장보각(藏寶閣)을 지어 어진(御眞)과 어필(御筆) 등을 보관하였다. 그리고 효장묘도 이곳에 마련하였다. 창의궁은 한성부 남부 훈도방 앞에 있던 영희전 옛 터로 이전되었고, 1908년 7월에 의소묘와 문희묘의 신주를 땅에 묻으면서 폐궁되었다. 이후 창의궁 터에 동양척식 주식회사의 직원사택이 건립되었고 광복 후 적산으로 재분할되어 개발되었다. 현재 궁터는 주택가로 변하여 의소묘와 문희묘의 흔적을 찾을 수 없다. 현재 창의궁터에는 "창의궁터; 조선시대 영조의 잠저였던 궁터로 천연 기념물 백송이 있었던 곳"이라는 내용의 표석만 있다.

가 땅에 묻히埋安면서 사라진다. 순회세자와 소현세자의 신주가 함께 봉안된 시기는 숙종 4년(1678)까지이다. 그리고 소현세자의 신주가 매안되기 전, 정조 즉위년(1776) 전까지 소현세자와 의소세자의 신주가 함께 봉안되었다. 문효세자의 신주는 고종 7년(1870)에 창의궁으로 이전되어 의소세손의 신주와 함께 봉안되었다. 이 두 세자묘는 고종 37년 (광무4, 1900)에 영희전 옛 터였던 한성부 남부 훈도방 앞으로 이전되었다. 순종 1년(1908) 7월 23일에 개정한 제사제도 칙령에 따라 의빈궁, 경수궁과 함께 신주가 땅에 묻혔다.[28]

처음 순회세자묘가 생성될 당시 신주의 봉안세대를 책정하지는 않았지만, 순회세자와 소현세자의 신주가 땅에 묻힌 시기를 보면 5世까지였다는 것을 알 수 있다. 이것은 종묘에 있던 생부의 신주가 체천되는 5세를 따른 것이다. 세자묘는 사후에도 생부에게 귀속된 존재로 여겨져, 생부를 중심으로 친진親盡의 원칙이 적용된 것으로 볼 수 있다. 단지 종묘에 봉안된 생부의 신주와 달리, 세자묘의 신주는 땅에 묻히면서 음사의 대상이 되었다. 매안 이후부터는 더 이상 의례를 받을 수 없는 대상이 되었다는 의미이다. 5세 친진의 원칙이 적용된 것을 다른 측면에서 생각해보면, 이들이 세자였기 때문에, 왕통을 봉안한 종묘의 5세 친친의 원칙을 적용시킨 것으로도 볼 수 있다. 이것은 문소전이 처음 왕통을 봉안하고 5세를 기준으로 삼았었다는 점도 참고할 만하다. 신주가 매안된 그 시점부터 해당의례들은 더 이상 정사가 아닌 음사로 분류된다.[29] 매안 이후부터는 묘지墓에서만 의례를 행할 수 있었다.

불천지위가 아니었던 세자의 신주는 어떤 형태로 배열되었을까? 다음은 인조 25년 (1647), 소현세자 사당을 증축하는 일과 제사의 규모 및 축문을 올리는 일에 관한 논의이다.

28_ 『純宗實錄』권2, 순종 1년 7월 23일(양력). "享祀釐正 … 宜嬪宮 慶壽宮 永昭廟 文禧廟에 奉安혼 神位는 埋安ᄒ고 該宮廟는 宜嬪宮을 除혼 外에 並히 國有에 移屬홈 但宜嬪宮慶壽宮의 墓所에는 永昭廟 文禧廟의 園所例에 依ᄒ야 一年一次祭를 設行ᄒ고 埋安의 節次는 宮內府에서 別로히 此를 定홈."

29_ 흥미로운 사실은, 1782년 정조 6년의 실록의 기록을 보면, 이미 매안된 순회세자의 신주를 봉은사(奉恩寺) 내의 방 한 칸에 봉안하였다. 이곳에서 순회세자의 기일(忌日)과 명절(名節)에 승려들이 제향하는 것에 대해, 첨지중추부사 정술조(鄭述祚)가 파기해야 한다는 의견을 올렸다(『正祖實錄』권13, 정조 6년 6월 정묘).

승평 부원군昇平府院君 김류, 영의정 김자점이 아뢰기를, "신주를 안치하는 장소에 있어서는 순회세자는 그대로 제2칸에 두고, 소현세자를 다음의 제3칸에 두거나 아니면 제1칸이나 제2칸에 두는 것도 무방할 듯합니다."

하니, 상이 따랐다. 홍문관이 아뢰기를, "이번 순회세자의 사당에는 본디 목穆·소昭를 번갈아 옮기는 예가 없으므로, 당초 중앙에 설치하였습니다 … 오직 예관禮官이 형세를 헤아려서 편리한 대로 봉안해야 할 것입니다."[30]

당시 순회묘는 3칸으로 순회세자의 신주가 중앙에 봉안되어 있었고, 인갑印匣 하나와 덮개蓋 하나가 있었다. 여기에 소현세자의 신주와 각종 의물儀物을 들여 놓으려면 칸이 증축되어야 한다는 의견이 받아들여진다. 본래 순회세자의 사당에는 본래 목穆·소昭를 번갈아 옮기는 예가 없기 때문에, 현재 중앙인 제 2칸에 순회세자의 신주를 그대로 두고, 소현세자의 신주는 제3칸에 두거나 제1칸이나 제2칸에 두는 것도 상관없을 것 같다는 의견이다. 인조는 예관이 편리한 대로 봉안하라고 한다. 이 문제에 대해서는, 『通典』을 근거로, 동진東晋 효무제孝武帝 때 신주를 옮기면서 방이 좁아 신주 넷을 수용할 수 없었는데, 행묘行廟(임시로 설치하는 사당)를 세워 문밖에 휘장을 설치하였다는 전례를 든다. 이렇게 동일한 사당 내부에서도 일정한 신주 봉안 방식의 규정이 없었다.

세자묘에는 다른 정서적 왕실 조상신들의 사당처럼 별도의 이름廟稱(廟號)이 없었다. 인조대에 소현세자묘를 마련하는 상황에서 묘호에 대한 논의가 몇 번 있었지만, 결국 순회세자묘처럼 세자의 시호諡號를 그대로 쓰는 것으로 하였다.[31] 이전 순회묘의 경우를 보아도 관련된 전거가 없었기 때문이다. 처음 세워진 순회세자의 묘호를 결정한 방

30_ 『仁祖實錄』 권48, 인조 25년 2월 신사. "昇平府院君金瑬 領議政金自點以爲 臣等謹按 至於安神主處所 則順懷世子仍居于第二間 昭顯世子次居于第三間 或居于第一第二間 亦似無妨 上從之 弘文館啓日 今此順懷廟 本無穆昭迭遷之禮 故初旣當中設位 … 唯在禮官相度形勢 隨便奉安."

31_ 『仁祖實錄』 권48, 인조 25년 6월 계유. "禮曹啓日 以昭顯世子宮號墓號 議于大臣 則昇平府院君金瑬 右議政南以雄以爲 考諸實錄 則懿敬之喪宮墓之稱 明有可據 而至於順懷世子之喪 則只稱順懷宮 順懷墓云 而別無稱號之文 此乃近代事也 其時識禮儒臣 不爲少矣 而無號名之事 至今仍稱順懷宮墓云者 亦必有所據 伏惟上裁 領議政金自點 左議政李景奭 病不收議 大臣之意如此矣 上命依順懷宮例."

식이 전례가 되어 이후의 세자묘에도 동일하게 적용되었다. 단지 문효세자만은 달랐다.[32] 도감에서는 순회묘에 별호가 없었지만 이는 옛날의 제도古制가 아니라고 한다. 다른 많은 궁宮ㆍ원園을 보더라도 별도로 묘호가 있다는 점과 소현묘가 생성된 무신년과 의소묘가 생성된 임신년 이후에도 묘호를 정한 제도가 있으니, 문효세자의 사당에도 이름을 따로 짓는 것이 禮라고 말한다. 이에 따라 문효세자의 묘廟를 '문희文禧'로, 묘墓를 '효창孝昌'이라고 정하였다. 또한 고종 7년(1870)에 의소묘를 '영소묘永昭廟'로 개호改號한다.[33] 이는 장경각에 화재가 나서 의소묘를 잠시 선희궁으로 옮겼다가 다시 봉안하면서 개칭한 것이었다. 따라서 세자묘에 별호를 붙이는 원칙이 없었다는 점에서, '세자묘'라는 용어는 네 세자묘를 모두 포괄하는 보통명사라고 볼 수 있다.

이렇게 각각의 세자묘는 생부의 종묘 체천과 함께 5세대를 지나면 친진의 원칙에 따라 해당 신주가 매안되었고 그 의례도 폐지되었다. 이에 따라 네 세자묘는 동일한 공간에 신주가 봉안되어도, 신주가 매안된 대상신은 더 이상 의례의 대상이 될 수 없었다. 결과적으로 네 세자묘가 통합된 공간에 존재할 수 없었다. 또한 사당에 별호가 붙지 않았고, 신주 봉안 형식도 별다른 규정이 없었다는 점도 세자묘의 특성으로 볼 수 있다.

3. 세자묘 의례의 위격과 무후자無後者 왕실 조상신

영조대에 편찬된 『국조속오례의』를 참고하면, '세자묘世子墓'는 속제로 새롭게 분류되어 있다.[34] 그러나 여기서의 세자묘는 사당이 아니라 묘소에서의 의례이다. 사당에서의

32_ 『正祖實錄』권21, 정조 10년 6월 임진. "議定文孝世子廟墓之號 都監啓 取考前後謄錄 則己酉戊申壬申 內外廟墓之稱 皆仍諡號 而伏見實錄 則懿敬之喪 宮墓之稱 明有可據 至順懷世子喪 只稱順懷墓 廟墓之仍諡號 實自順懷始 而非古制也明矣 雖以先朝近例言之 儲慶宮順康園毓祥宮昭寧園 皆不仍諡字 而別爲議號 戊申壬申之後 亦有別定廟號之制 從後從多禮意較然 今此內廟外墓稱號 宜別爲議定矣 … 遂稱廟曰文禧 墓曰孝昌."

33_ 『高宗實錄』권7, 고종 7년 12월 신미. "賓廳會議改園號 順懷園改號順昌 昭顯園改號昭慶 愍懷園改號永懷 懿昭園改號懿寧 懿昭廟改號永昭."

34_ 『國朝續五禮儀序例』권1,「吉禮ㆍ辨祀」.

세자묘 의례를 확인할 수 있는 국가사전은 정조대의 『춘관통고』이며, 순회묘·소현묘·의소묘·문희묘가 모두 '궁묘宮廟'의 영역으로 분류되어 있다.[35] 하지만 세자묘 의례의 종류와 의절에 대한 자세한 내용은 기록되어 있지 않다.

실록을 참고하면, 이미 영조대부터 세자묘에서 기신의례를 행하였으며[36] 의소묘와 문희묘에 왕들이 불시에 거둥하기도 하였다. 정조 11년(1787) 1월 9일, 정조는 문희세자의 묘소인 효창묘孝昌墓에 가서 전작례前酌禮를 행한 후, 문희묘에 들러 전작례를 행하기도 하였다는 실록의 내용도 발견할 수 있다. 정조 13년(1789) 사당 문희묘가 완성되자 정조는 친히 구묘舊廟에서 고동련제告動輦祭와 새로운 사당에서의 봉안제奉安祭, 그리고 나서 별다례別茶禮까지 행하였다.[37]

또한 영조 30년(1754) 창의궁 내에 의소묘가 마련된 해부터 이곳에서 춘향대제春享大祭와 추향대제秋享大祭를 행하였다. 그리고 의소묘와 통합된 문희묘에서도 이에 따라 함께 의례가 행해졌다. 고종대의 『대한예전』을 참고하면, 영소묘(의소묘)와 문희묘는 다른 묘묘墓廟의례와 함께 속제로 분류되어 있으며, 의례의 시일은 춘분·추분·하지·동지로 기록되어있다.[38] 하지만 기신일에는 해당되지 않는 것으로 나와 있다. 정리하면, 세자묘 의례는 정조대의 『춘관통고』를 기준으로 정사正祀로서의 위치를 점했다고 볼 수 있을 것이다.

영조 이전의 세자묘 의례는 어떤 형태였을지 정확하게는 알 수 없지만, 그 위격이 어떠했는지는 실록을 바탕으로 짐작해볼 수 있다. 다음은 인조 25년(1647), 소현세자의 사당을 마련하는 과정에서 논의된 축문祝文에 관한 내용이다.

35_ 『春官通考』 권1 「吉禮·宮廟·順懷廟·昭顯廟·懿昭廟·文禧廟」.

36_ 『正祖實錄』 정조 13년 5월 병인.

37_ 『正祖實錄』 권27 정조 13년 4월 임자. "移奉文孝世子神位于文禧廟 上親行告動輦祭于舊廟 移奉後 親行奉安祭于新廟 又行別茶禮."

38_ 『大韓禮典』 권2 「大韓禮典序例·吉禮·辨祀」.

승평 부원군昇平府院君 김류, 영의정 김자점이 아뢰기를, "순회세자가 비록 당대에는 존항尊行이었으나 왕위에 오르지는 못했으니, 전하와는 군신君臣의 질서分가 있으므로 고문告文의 첫머리에 전하의 위호位號를 쓰는 것은 불가합니다. 하물며 예조의 계사에서 순회묘의 제사에는 애당초 축문이 없었다고 했으니, 당시 참작해서 결정한 본의를 알 수 있습니다. 제사祀享을 드릴 때 축문이 없는데 유독 사유를 고하는 제사告事由之祭에만 예제禮制를 달리해야 하는지 신들은 알지 못하겠습니다. 이번 역시 구례舊例에 따라 거행한다고 해도 불가할 것은 없을 듯합니다." 홍문관이 아뢰기를, "예문에 '아비가 자식을 제사지내고, 임금이 신하를 제사지낸다.' 는 문구가 있는데, 순회의 사당에서 일찍이 축문이 없었던 것은 필시 그 당시에 참작해서 정한 본의가 있을 것입니다. 다만 옮겨 안치하는 즈음에 사유를 고하지도 않고 신주를 움직이는 것은 편안하지 않습니다. 그러나 예경을 상고해 보아도 근거할 명문이 없으니, 다시 예관으로 하여금 참작해서 결정하게 하소서." 하였다." 고축告祝을 먼저 시행하라 명하였다.[39]

순회세자 사당에 소현세자의 신주를 봉안하는 과정에서 이것을 고하는 의례의 축문에 "전하殿下"라고 쓰는 것은 안 된다는 것이다. 순회세자가 당대에는 존항尊行이었으나 왕위에 오르지는 못했기 때문에 왕과는 군신君臣의 관계가 되기 때문이다. 그리고 순회묘 의례를 보면, 처음부터 축문이 없었기 때문에, 사유를 고하는 제사告事由之祭에서만 축문을 쓸 필요가 없을 것이라고 한다. 이에 대해 홍문관은 예문에 아비가 자식을 제사지내고, 임금이 신하를 제사지낸다는 예외적인 사항을 언급한 문구가 있는데, 그럼에도 불구하고 순회묘에서 일찍이 축문이 없었던 것은 나름의 이유가 있었을 것이라고 한다. 그렇다고 해도 신주를 옮기는 상황에서 그 사유를 고하는 의례를 행하지 않는 것은 안 될 것 같다는 것이다.

39_ 『仁祖實錄』 권48, 인조 25년 2월 신사. "昇平府院君金瑬 領議政金自點以爲 臣等謹按 順懷世子雖是當代尊行 未踐其位 則於殿下有君臣之分 告文頭辭 不可書殿下位號也 況禮曹啓辭 順懷廟祭祀 曾無祝文 則當時酌定之意 亦可見矣 凡於祀享 旣無祝文 則獨於告事由之祭 異其禮制 臣等之所未曉也 今亦遵依舊例而行之 恐未有不可也 弘文館啓曰 且於禮有父祭子 君祭臣之文 而順懷廟曾無祝文 必有其時酌定之意 但移安遷安之際 遷動神主 不告事由 似涉未安 而考諸禮經 亦無可據明文 更令禮官 參酌定奪 且命先行告祝."

세자묘에 축문이 갖추어진 때는 의소묘부터인 것으로 확인된다.[40] 정조 즉위년(1776)에 태묘 이하 각 사당의 축문 격식을 정했던 것을 참고하면,[41] 의소묘에 축문이 있었다는 것을 확인할 수 있다. 당시 정해진 축문의 형식을 보면, 의례 주제자인 왕을 '국왕'이라 칭하고, 의례 대상인 의소세손을 '의소세손'이라고 칭하였다. 정조와 의소세손의 관계가 의소묘가 마련된 영조와 세손의 관계 그대로 되어있다. 또한 『대한예전』을 참고하면, 의례 주체인 왕을 '諱'로 의소세손과 문효세자를 시호 그대로 '의소세손'과 '문효세자'로 칭하고 있다.[42] 의례 대상을 지칭하는 호칭 앞에 '치고우致告于'라고 되어 있는데, 이것은 '~에게 고합니다'라는 의미이다. 다른 왕실 조상신들에게는 '~께 감히 고합니다'라는 의미의 '감소고우敢昭告于'라고 칭하였던 것과 비교하면, 세자묘의 위격이 낮았음을 알 수 있다. 그리고 축문의 내용을 보면 시일을 짐작할 수 있다. 영소묘는 춘추에 문희묘는 사중삭에 의례를 행한 것으로 짐작할 수 있다.

한편, 신주의 양식을 통해서 세자묘의 위격을 알 수 있다. 인조 23년, 순회세자의 신주양식에 대해 예조에서 올린 글을 참고해서 볼 수 있다.[43] 당시 예조에서는 순회세자 신주의 양식은 사대부와 동일하게 함중陷中에 글자를 쓰는데, 이것은 왕의 신주의 격보다는 낮게 한 것이지만 사대부와는 동일한 격이 됨으로 알맞은 것이라고 하였다. 그러나 신주 앞면에 분粉을 발랐는데, 실록에 의하면 신주를 씻는 절차浴主는 있지만 분은 바르지 않는다고 언급하였다. 신주의 규격과 분을 바르는 것은 모두 사가私家와 같은 것이라 하며, 이것은 구별해야 한다고 지적하였다. 정리하면, 세자묘의 신주는 사대부가 왕의 사친보다는 낮게, 일반 사가보다는 높은 정도의 격을 갖추었다고 할 수 있다.

40_ 영조는 진찬(進饌)을 하다가 감정이 복받쳐 친히 제문(祭文)을 짓기도 하였다(『英祖實錄』 권118, 영조 48년 2월 갑오. "上御集慶堂 親製祭文 命祭于孝章廟垂恩廟懿昭廟 因進饌而興感也.").

41_ 『正祖實錄』 권1, 정조 즉위년 3월 갑오. "儲慶宮毓祥宮 稱國王某敢昭告于某諡某嬪 懿昭廟稱國王致告于懿昭世孫著爲式 又以景慕宮祝式."

42_ 『大韓禮典』 권2, 「大韓禮典序例·吉禮·祝板」.

43_ 『仁祖實錄』 권46, 인조 23년 5월 경술. "禮曹啓曰 今聞順懷廟神主 與士大夫主式相同 而且粉面云 實錄中有陷中題之規 此則上殺於虞練主之制 下同於士大夫之主 其勢則然 至於粉面 則實錄中只有浴主節次 無用粉之文 其不用粉也明矣 順懷廟神主用粉 未知何所據而爲之 而體式粉面 俱與私家之主無別 實欠隆殺之意 除去浴主一節 不遵 實錄所載 尤涉未安 今此王世子神主 勿用粉面 似或得中矣 上從之."

유교의 죽음관에 따르면, 후사 없이 죽게 되면 여귀厲鬼[44] 가 된다. 제사를 지내 줄 후손이 없다는 것은, 후손과 지속적으로 감응을 나눌 수 없고 기억될 수도 없는 존재가 되는 것이다. 직계 후손이 없었던 네 세자들은 다른 왕손들처럼 입후를 통해 제향될 수도 있었지만, 공식적인 국가의례의 대상으로 삼아졌다. 이로 인해 이들은 사후에는 생부로부터, 그리고 왕통을 이은 후대 왕들로부터 직접적인 제향을 받을 수 있었다. 네 세자에게 후대 왕들은 생물학적인 직계 후손은 아니었지만, 자신들이 오를 것으로 예정되었던 왕통을 이은 후손들이었다. 불천지위로 봉안되지는 않았고 종묘에 부묘되지도 못했지만, 사후에도 왕통을 이은 왕처럼, 재위 왕에게 왕실 조상신으로 여겨졌다고 할 수 있다. 다시 말해, 비록 왕의 사친정도의 위상과 격을 얻지는 못했지만 국가의례로 채택되고 의례가 면면히 이어짐으로써, 무후자 왕실 조상신 계보를 형성하였다고 할 수 있다.

이상으로 명종의 사적인 情에서 출발한 자식에 대한 슬픔과 애처로움을 표현한 지속적인 친제의 행동과 의지가 순회세자묘 의례가 공론화되고 생성될 수 있었던 중요한 동인이었음을 확인하였다. 명종대 이후 순회세자묘의 생성 명분이 효로 변화되었고 준정사의 반−공식적인 형태로 유지되었다. 정조대에는 공인력을 얻어 정사로 편입되었다는 것도 확인하였다. 각각의 세자묘는 5세가 지나서는 신주가 땅에 묻히면서 세자묘 의례는 음사로 재분류되었다. 비록 5세 친진의 원칙을 따라, 해당 신주가 땅에 묻히기 전까지는 왕실 조상신의 범주에서 의례가 행해졌다.

'조상신'의 범주에서 볼 때, 무후자라는 사실이 조상신이 될 자격이 없는 것처럼 보

44_ 여귀는 국가의례 '여제(厲祭)'에서 한꺼번에 제향되었다. 여제는 태종 1년(1401)에 수창궁(壽昌宮) 화재의 원인을 여(厲)의 원기(怨氣)가 쌓여서 화기(和氣)를 상하게 하여 생긴 변괴(變怪)로 보고, 태종 4년(1404년)부터 시행되었다(『太宗實錄』권1, 태종 원년 1월 갑술. "此足以積怨氣而生疾疫 傷和氣而致變怪者也."). 이후 여제는 성종대에 길례 소사로 책정되었으며, 매년 봄 청명일(淸明日)과 가을 7월 15일, 10월 초1일에 제향되었다(『太宗實錄』권6, 태종 4년 6월 무인). 여기서 여귀로 지정한 대상은 자손 없이 죽은 자를 포함하여, 15가지 경우로 죽은 자들이다. 남의 칼에 맞아 죽은 자, 물이나 불로 상해를 당한 자나 도적을 만나서 죽은 자, 남에게 재물을 빼앗기고 핍박당해서 죽은 자, 남에게 강제로 처첩(妻妾)을 빼앗기고 죽은 자, 형벌과 화(禍)를 당해서 억울하게 죽은 자, 하늘의 재앙이나 전염병을 만나서 죽은 자, 맹수(猛獸)나 독이 있는 곤충에게 해를 입어서 죽은 자, 얼거나 굶어 죽은 자, 전쟁에서 죽은 자, 위급한 일을 당해서 스스로 목매어 죽은 자, 담이나 집에 깔려서 죽은 자, 난산(難産)으로 죽은 자, 벼락 맞아 죽은 자, 높은 데서 떨어져 죽은 자, 죽은 뒤에 자손이 없는 자이다(『國朝五禮序例』권1,「吉禮·祝板」).

였지만, 처음 의례의 주제자와 대상신의 관계가 아버지-아들의 관계에서, 재위 왕-왕실 조상신의 관계로 변화되면서 세자묘의 대상신들은 왕실 조상신으로 여겨졌다고 보았다. 세자묘 의례가 5세대까지 지속될 수 있었던 원인이자 결과가 된 셈이었다. 다시 말해, 세자묘의 대상신들과 이후의 재위 왕들과의 관계가 더 이상 아버지와 아들이 아니라, 선조와 자손으로 변했기 때문에, 왕실 조상신으로 여겨졌다는 사실은 부인할 수 없다. 이들은 다른 정서적 조상신들보다는 낮은 위상의 의례로 제향 되었지만 일찍 죽지 않았다면, 왕위로 오르고 사후에 이념적 왕실 조상신으로 될 것이 예정되어 있었던 무후자 왕실 조상신 계보를 형성하였다.

이글은 이것을 기준으로 삼아, 무리가 있어 보일 수 있지만 세자묘 의례를 왕실 조상신의 범주에 포함시켰다. 연구의 미진한 부분은 차후의 연구를 기대해 본다.

결론

09 ————————

이글은 조선시대 국가의례의 대상신이었던 다양한 왕실 조상신의 생성동인과 과정을 살펴보고자 하였다. 조선시대 국가에서 공식적으로 제향한 왕의 조상신을 모두 포괄하는 개념으로 '왕실 조상신'이라는 용어를 사용하였고, 종묘에 봉안된 선왕·선후의 왕통을 이념적 왕실 조상신 모델로, 공식적인 왕통에서 벗어난 재위 왕의 생물학적인 생부, 생모, 생자를 정서적 왕실 조상신 모델로 나누어 보았다. 정서적 모델의 구체적인 대상으로 다섯 왕실 조상신 의례인 문소전 의례, 영희전 의례, 칠궁 의례, 덕흥대원군묘 의례, 세자묘 의례에서 봉안된 대상신들을 연구대상으로 삼았다.

왕실 조상신의 이중적 모델을 생성명분의 성격, 의례의 성격, 그리고 그 결과로 생성된 계보로 나누어 비교해 보았다. 이글은 이념적 모델과 달리 정서적 모델의 대상신들이 정사/음사의 기준으로는 음사로 분류되어야 함에도 불구하고, 공식성을 부여받아 국가의례로 책정되었다는 사실과 처음부터 正祀로 결정되어 고정된 형태로 유지된 것이 아니라, 오랜 논의와 일련의 과정을 거쳐 생성되었다는 점에 주목하였다. 그리고 그 해결의 실마리로 의례 생성 초기에 왕의 반복적인 친제의 행동이 있었다는 사실과 의례의 대상이 왕의 생물학적인 직계혈통이었다는 공통점을 포착하였고, 이것을 각각 정서적 모델의 공통적인 외적, 내적 생성 동인이었다고 보았다. 각 의례를 분석하기에 앞서, 정서적 모델의 공통적인 생성동인과 과정을 먼저 살펴보았다.

먼저, 의례 생성의 내적동인을 생물학적 부모에 대한 보본반시의 마음, '情의 마음',

'情(私情)'으로 보았고, 이것을 돌아가신 부모를 살아계실 때처럼 모시고자 하는 마음으로 강한 친밀감의 감정을 함축적으로 담고 있는 용어로 보았다. 문소전과 영희전의 친친지의, 육상궁의 모이자귀, 덕흥대원군묘의 소생지은, 순회묘의 애통지지정의 명분은 모두 情의 마음에서 비롯된 것이었다. 보본반시의 유교이념과 연관해서 보면, 정서적 모델의 내적 동인이자 명분은 '생물학적 보본반시'였고, 이념적 모델은, '의리론적 보본반시'였다고 보았다.

생물학적 보본반시의 情의 마음을 내적 동인으로 본 근거로서, 사친 봉안 문제에 반대한 대신들에 대해서 왕이 정당한 논리를 내세워 설득을 유도하지 않았고, 언제나 단호하고 지극히 감정적인 태도를 취했다는 사실에서 찾았다. 이것은 조상신과의 정서적인 교류를 추구했던 왕의 마음을 분명하게 보여주는 것으로, 왕통과 혈통이 동일했던 왕조차도 종묘의례 뿐만 아니라, 원묘의례를 행했다는 사실을 통해서 확인할 수 있었다.

또한, 정서적 왕실 조상신 모델들의 생성시기가 당대 정치적인 흐름과 완전히 일치하지 않았다는 사실도 내적 동인의 근거로 보았다. 특히 성리학적 의리론과 정통론의 입장을 고수했던 사림 세력과 강하게 대립하였다. 하지만 정서적 왕실 조상신의 생성시기를 보면, 성종대에 사림이 등장하고 중종대에 사림의 세력이 강력했음에도 불구하고, 문소전이 건재하였을 뿐만 아니라 문소전의 별묘 형태로 연은전도 생성되었다. 사림의 영향력이 본격적으로 드러난 선조대에는 순회묘와 덕흥대원군묘가 차례로 마련되었다. 이후 양란을 경험하고 성리학적 의리론이 대세를 이루었지만 영희전을 비롯하여 칠궁, 소현묘, 의소묘, 문희묘 등이 생성되었다. 따라서 이글은 왕의 사친 추숭의 노력을 정치적인 의도로만 해석할 수 없다고 보았다.

또한 정서적 왕실 조상신의 생성은 왕의 사친추숭의 과정과 연결된 경우도 있었다. 왕통과 혈통이 다른 왕이 즉위한 경우, 왕의 사친 추숭의 의도가 재위 초반부터 드러나는데, 구체적인 방법은 사친을 종묘에 부묘하는 것이었다. 사친 추숭의 의도는 종묘 부묘에만 초점이 맞추어졌고 주로 정치적인 목적으로만 해석되어 왔다는 점을 지적하면서, 이글은 사친추숭의 개념을 좀 넓게, 유연하게 볼 것을 제안하였다. 이에 따라 사친추숭의 개념에 인조의 숭은전 건립과 의례의 생성, 선조의 덕흥대원군묘 건립과 의례 생성도 포함시켜보았다. 왕이 여러 반대에도 불구하고 친제를 강행했던 내적 동인을 정치적인 의도뿐만 아니라 생물학적 부모에 대한 정의 마음을 표현하고자 한 의도도 함께 읽어낼 수 있으며, 그 결과도 종묘부묘 여부만 아니라 또 다른 형태의 사친추숭의 결과도 확인할 수 있다고 보았다. 더 나아가 넓은 의미의 사친추숭은 종묘부묘를 이끌어낼 수 있었던 또는 이에 버금가는 효과를 드러냈다는 해석도 하였다.

한편, 생물학적 보본반시의 情의 표현이었던 의례 생성의 내적동인을 국가의례의 형태로 이끌어낸 외적동인을 왕의 반복적인 친제로 보았다. 일정한 공간에서 행해진 왕의 반복적인 친제는 공간을 구별시켰고, 봉안된 대상신의 격을 차별화시켰다. 규범적인 존재였던 왕의 권위로 인해 왕의 친제는 강요의 힘을 실린 언어와 같았고, 이것이 음사로 규정될 수밖에 없어보였던 왕의 사친인 생부, 후궁 생모, 무후자 생자를 모두 반-공식적인 힘을 가진 의례로 만들었다. 결국 왕의 친제는 음사의 대상으로 여겨질 대상들에 대한 문제를 공론의 장으로 끌어올려서 결국 합법화시킬 수 있는 유교의 명분을 선택하게 하였고, 마침내 공인력을 부여받아 기존의 정사 기준을 변화시킨 매개로 작용하였다. 왕의 반복적인 친제는 시대적인 흐름이나 정치적인 분위기를 뛰어넘을 수 있게 한 통치자이자 군주로서의 왕의 힘power을 보여주고 발휘한 것이었다. 왕은 단순히 '私情'의 감정을 의례를 통해 표현하였고 결국 그 의례를 만들어내는 의례 창조자로서의 역할을 하였고, 공식적인 왕실 조상신의 생성이라는 결과를 얻어냈던 것이다.

이글은 일반적인 조상신 의례의 목적(효과)이라 할 수 있는, 살아계실 때처럼 조상신과 마음, 情을 나누는 감통(감응)을 정서적 모델 의례를 생성시킨 내적, 외적 동인을 모두 아우르는 것으로 보았다. 조상신과의 감통(감응)은 정서적 친밀감을 유지하기 위한 교감이며, 정서적 만족감이자 충족감이다.

이글은 다섯 의례의 공통적인 생성 구조에서, 이들 모두 곧 바로 음사로 규정되지 않고 일련의 과정과 시간을 거쳐 정사로 편입되었던 것을 주목하였다. 이것을 면밀하게 살펴보기 위해, 기존의 정사/음사의 구조로는 충분히 이해할 수 없다고 보고, '정사-준정사·준음사-음사'라는 의례화의 세 구조를 제시하여 살펴보았다. 이글은 아직 정사에도 음사에도 완전하게 편입되지 않은 의례의 상태를 준정사·준음사의 중간단계로 임의로 설정해보았다. 그리고 일상적인 행동과 차별화된 실천이라는 케서린 벨의 '의례화' 개념에 의존하여, 그 과정을 구체적으로 생성명분과 사당 확보의 과정 그리고 의례의 실천이라는 세 가지 측면으로 나누어 보았다. 다섯 의례는 생성초기에는 정사로도 음사로도 명확하게 편입되지 못한 상태였지만, 왕의 행동으로 인해서 반—공식적인 힘을 얻은 준정사의 중간단계에 머물러 있었다. 이후 다양한 형태의 왕실 조상신 의례는 국가사전에 등록되어 정사로 자리매김 되었고, 준정사로 불균형을 이루었던 정사/음사의 기본 유형이 다시 균형을 이루었다. 다양한 왕실 조상신이 정사에 편입되면서 기존의 정사의 내연과 외연이 확장되어 정사/음사의 기본 유형의 변형을 초래하였다. 생성이후 정사로 규정되었던 의례가 다시 음사로 또는 준음사로 변화되기도 하였다. 처음에는 유교의 禮에 어긋난 것으로 여겨졌던 정서적 왕실 조상신 모델은 조상신과의 정서적인 교류를 위한 왕의 의도에서 비롯되었지만, 결과적으로는 다시 유교의 틀 속에 담겨지고 재정립된 것이다.

이글은 다양한 왕실 조상신의 공통적인 생성동인과 과정을 구체적인 다섯 의례를 통해서 확인하였다. 첫째로, 조선전기 대표적인 원묘였던 문소전의 의례화를 살펴보았다. 문소전의 형성과정에서는 부모님을 살아계신 것처럼 가까이에서 모신다는 친친지의의 명분이 선택되었고, 이것은 이후의 다른 정서적 조상신 의례의 생성과정에 기본적으로 적용되었다. 세종대에 공식적으로 문소전이 설립되기 이전에 구문소전과 광효전의 형성과정을 통해 고려의 진전에서 조선 초기 원묘로 변화되는 과정을 살펴보았다. 이 과정을 준정사의 단계로 설정해 보았다. 세종대에 문소전 의례가 정사로 마련되었지만, 이후 왕통과 혈통이 일치하지 않는 왕들이 재위하면서 종묘에 봉안된 선왕만을 문소전에 봉안한다는 원칙에서 어긋나게 되었다. 성종대 이후부터 문소전에 봉안된 선왕은 이전에 봉안된 선왕과 생물학적 부자관계였으며, 재위 왕과도 직계 혈연관계를 이루었다. 이러한 원칙이 만들어지는 과정 중에 성종의 생부를 봉안한 의묘(연은전)이 문소전의 별묘 형태로 생성되었다. 문소전 의례는 종묘 의례보다 빈번하게 행해지면서 비례라는 비판을 받고 폐지 논란까지 있었지만 임진왜란으로 소실되기 전까지 건재하였다. 문소전은 임진왜란 이후 복원되지 않으면서 정사가 아닌 음사로 분류되었다. 건립초기 예상과는 달리 문소전에는 생부를 중심으로 한 왕실 조상신이 봉안되고 이후 사림들의 비판에도 불구하고 건재할 수 있었던 결정적인 동인은 왕의 의지와 행동이었다. 문소전의 의례화를 통해서 생물학적 보본반시를 중심으로 한 왕통 생부 왕실 조상신 계보가 형성되었다.

둘째로, 조선후기 대표적인 진전이었던 영희전의 의례화를 살펴보았다. 전란의 상황에서 구진전에 있던 태조와 세조의 어진이 일시적으로 옛 봉자전 터에 봉안되면서 남별전으로 구별되었다. 이후 인조가 생부 정원군을 추숭하는 과정에서 이곳이 사당으로 선택되었고 '숭은전'이라 하였다. 숭은전을 마련하기 전부터 인조는 사친을 위한 의례를 친히 행하였고 이것을 계기로 사묘건립의 문제가 공론화되었다. 남별전이 있던 곳에 사친을 위한 사당을 마련하고 숭은전이라는 별호를 붙였던 것은, 태조와 세조의 어진을 두었던 남별전의 공간적 의미를 통해 왕통 중심의 권위와 정당성을 얻고 다른 사묘와 구별하기 위한 인조의 의도였다. 반—공식적인 성격을 가진 사당으로서 준정사의 단계에 있게 되었다. 숭은전에 태조와 세조의 어진이 함께 합봉되었고 숙종대에 재정비되어 영희전으로 개명되었고 정기적인 의례가 설정되었다. 영조대에 국가사전에 등재되면서 정사에 편입되었다. 인조의 사친추숭을 위해 건립된 숭은전은 이후 선왕의 어진들을 봉안하면서 영희전으로 확장되었고, 문소전과 마찬가지로 생물학적 보본반시를 중심으로 한 선왕의 생부에 대한 마음을 표현하고자 하는 마음을 충족시키는 공간으로 건재하였다. 처음에는 비왕통이었던 정원군이 이후에 원종으로 종묘에 부묘되었다는 점에서, 영희전 의례의 생성계보를 (비)왕통 중심의 정서적 왕실 조상신 계보로 설정하였다.

셋째로, 왕의 생모였던 후궁들을 모신 칠궁의 의례화를 살펴보았다. 영조가 생모 숙빈 최씨의 독립 사당으로 숙빈묘를 건립한 이후, 잦은 친제를 행했던 것이 공론화되었다. 영조의 사사로운 인정에서 출발한 情禮였던 숙빈묘 의례는 왕이 직접 거둥하여 행했던 친행이라는 점에서 다른 일상적인 행위와 차별화되었고, 결국 국가의 공인을 받아 국가사전에 등록되어 正禮로 정착되었다. 이후 육상궁으로 격상되었고 그 신주를 불천지위로 삼기로 하면서 어머니는 아들에 의해 귀하게 여겨진다는 모이자귀의 명분이 선택되었다. 영조의 친행으로 이루어진 숙빈묘 의례를 반-공식적인 힘을 가진 준정사로, 이후 국가사전에 등록된 육상궁 의례를 정사로 설정해 보았다. 육상궁 건립 이후, 여섯 개의 궁과 궁의례들이 종묘 의례와의 차별화의 과정을 통해서 형성되었다. 종묘의례와 대등한 격을 보여주는 전향축 의식도 보았다. 또한 여러 궁을 순례하는 왕의 행궁은 칠궁의례의 독특한 성격으로 부각되었고 가장 중요한 절차였다. 이후 고종대에 사당이 한 곳으로 모아지고 의례 종류가 축소되는 변화를 준음사의 단계로 이해해보았다. 칠궁의 의례화를 통해 후궁 생모 중심의 왕실 조상신 계보가 생성되었고, 종묘에 봉안된 선후들과 어떤 충돌도 일으키지 않고 독자적인 계보를 형성하였다고 보았다.

넷째로, 살아생전 세자도 아니었고 사후에 왕으로 추존되지도 않았던 왕의 생부를 봉안한 덕흥대원군묘의 의례화를 살펴보았다. 선조가 하원군의 사가에 있던 생부 덕흥대원군의 사당에 친히 거둥하여 의례를 행했던 것이 공론화되었다. 낳아주신 부모님의 은혜를 중요하게 여기는 소생지은의 명분이 선택되었고, 덕흥대원군묘와 그 의례의 위격 문제가 논의되었다. 덕흥대원군묘 의례를 반-공식적인 힘을 가진 준정사로 이해할 수 있었다. 사가에 봉안돼 있던 덕흥대원군의 신주는 함께 있던 다른 신주들과 구별되었고, 불천지위가 되면서 위격이 변화되었다. 숙종대에 이르러 덕흥대원군묘 의례가 재정비되었고, 영조대에 국가의례에 등재되면서 정사의 범주에 편입되었고 사묘전배의례의 표본이 되었다. 조선후기 사림 정치가 본격화되어 문소전이 재건되지 못한 상황에서 덕흥대원군을 위한 독자적인 사당이 마련되지는 못했지만, 덕흥대원군묘와 그 의례는 선조가 생부에 대한 보본반시의 마음을 표현할 수 있었던 절충 공간이자 절충적 실천이었다. 결과적으로 세자도 아니었고 왕통도 아니었던 비왕통 생부 왕실 조상신 계보가 생성되었다.

마지막으로, 왕위에 오르기 전에 후사 없이 사망한 네 세자를 봉안한 세자묘의 의례화를 살펴보았다. 가장 먼저 생성된 순회세자묘의 의례화에서는 명종의 지속적인 친행과 이를 계기로 공론화의 과정을 거쳤다는 사실을 확인하였다. 왕은 아들에 대한 의례를 공식적으로 행할 수 없다는 원칙에도 불구하고, 아들을 잃은 아버지의 극도의 슬픈 마음이라는 애통지지정의 명분으로 받아들여졌다. 이글은 세자묘 의례의 주제자와 대

상신의 관계는 생성초기에는 왕—아들(생자)의 관계로 봉안되었지만, 이후에는 재위 왕
—왕실 조상신의 관계로 변화되어, 봉안 명분도 소생지은에서 효로 변화되었다고 보았
다. 이것이 세자묘 의례가 지속될 수 있었던 중요한 요인으로 작용하였을 것이라고 보
았다. 선조대에 순회세자묘가 마련된 이후 소현세자묘, 의소세자묘, 문희세자묘가 생성
되었고, 영조대에 세자묘 의례가 국가사전에 등재면서 정사가 되었다고 보았다. 세자묘
는 각각 독자적인 형태로 형성되었지만 왕의 가족사와 연관된 궁가였던 창의궁 안으로
모아졌고, 5대까지만 봉안되는 특성을 보였다. 신주가 땅에 묻히고 의례가 더 이상 실
천되지 않으면서 음사로 재분류되었다. 이글은 세자묘 의례의 대상신들을 '조상신'의
범주에 넣었는데, 그 근거로 사후에 왕실 조상신으로 제향될 것이 예정되었던 세자였
다는 점과, 처음 봉안될 때 생부—아들의 관계에서 재위 왕—왕실조상신의 관계로 변
화되면서 세자묘의 대상신들은 왕실 조상신으로 여겨졌다고 보았다. 세자묘의 의례화
를 통해서 비왕통 무후자 왕실 조상신 계보가 생성되었다.

이글이 다룬 다섯 개의 왕실 조상신은 그 격에 따라 다시 세 부류로 묶일 수 있다.
문소전과 영희전에는 기본적으로 왕통을 중심으로 한 왕의 생부 계보가 봉안되었다는
점에서 사당의 규모와 격이 '전'으로 분류되었으며 의례의 종류와 격 및 축문의 형식
도 다른 정서적 왕실 조상신들보다는 우위였다. 특히 문소전과 영희전의 축문의 호칭
부분은 종묘와 동일했다. 덕홍대원군묘와 세자묘에 봉안된 대상은 생전에 왕위에 오
른 적도 없었고 사후에도 왕으로 추존되지 못한 비왕통 계보에 속했던 왕실 조상신 계
보가 봉안되었다. 덕홍대원군묘와 세자묘의 대상신은 비왕통이었다는 점에서는 문소전
과 영희전의 대상신보다는 위격이 낮았다. 덕홍대원군묘과 세자묘의 봉안 대상간의 격
을 비교해 본다면, 덕홍대원군은 생전에 세자였던 적은 없었지만 왕의 생부였다는 점
에서 세자묘보다는 우위였다. 칠궁의 대상신은 문소전과 영희전보다는 낮은 격이었지
만, 왕의 생모였다는 점과 '전' 다음으로 규모가 컸던 '궁'에 봉안되었다는 점에서는
'묘'에 봉안된 덕홍대원군과 세자묘의 대상신보다는 우위였다.

이상으로 이글은 조선시대 공적이면서 사적인 이중적인 위치에 있었던 왕실에서 공
식적으로 봉안했던 조상신의 생성과 변화의 과정을 통해서, 기존의 국가의례 원칙은

물론 정치적 상황과 이념까지 뛰어넘게 한 '조상신'의 의미와 중요성을 고찰할 수 있었다. 또한 이중적인 위치에 있었던 왕실의 성격과 '조상신'에 대한 보편적인 정서와 공감대가 결합되면서, 독특한 형태의 다양한 왕실 조상신이 생성되었다. 왕실 조상신의 특징을 두 가지로 볼 수 있다.

첫째, 왕실 조상신은 상황적인contextual 존재였다는 것이다. 왕실 조상신의 생성과정은 기존의 국가질서와 규범에 따라 차분하게 진행된 것이 아니라, 예상치 못한 왕의 돌발적인 행동을 기점으로 시작되었다. 충분한 고찰과 논의를 통해서 합의된 일도 아니었고, 공식적인 국가의례의 설정 절차를 거쳐서 만들어진 것도 아닌 그야말로 왕대별 처한 상황에 의해서 형성되었다. 다시 말해, 처음부터 기존의 질서 안에서 봉안될 수 있었던 고정적인 대상신이 아니었기 때문에, 의례의 대상신으로 고정적으로 실재했던 것이 아니라, 일련의 예상하지 못한 과정을 거쳐 생성되고 소멸되기도 한 상황적인 존재였다. 왕실 조상신과 유교의 여타 다른 신들과 확연히 구별되는 점이기도 하다. 생성 초기에는 상황에 의해서 만들어졌지만 이후의 왕대에도 폐기되지 않고 지속되면서 정사에 편입되어 새로운 왕실 조상신 계보라는 실재적인 결과물로 이어졌다.

둘째, 왕실 조상신 의례가 적장자를 중심으로 한 부계혈통을 벗어나 폭넓게 행해졌고, 그 대상도 다양했다는 것이다. 정서적 모델은 부계혈통보다는 생물학적인 직계혈통의 관계라는 더 넓은 범위였다. 그리고 이념적 모델은 왕통을 기준으로 종묘에 부묘된 선왕과 선후의 범위였다. 기존의 부계혈통 중심의 유교의 조상신 개념만으로는 실제적으로 인식되고 봉안된 왕실 조상신의 다양성과 그 의미를 폭넓게 이해할 수 없었다. 이 것은 더 나아가 조선시대 '조상신'을 중심으로 한 종교 문화가 고정적이고 단일한 원칙과 형태였던 것이 아니라, 매우 유동적이고 다양하게 나타났다는 사실을 잘 보여준다.

A Study on Royal Family Ancestors of the Joseon Dynasty

In this dissertation I attempt to investigate the ways in which the religious culture of the Joseon dynasty was shaped and expressed through 'ancestors' by analyzing the emergence and the changing process of various royal family ancestors in a number of rituals such as the Munsojeon ritual(文昭殿儀禮), Yeonghuijeon ritual(永禧殿儀禮), Chilgung ritual(七宮儀禮), Deokheungdaewongunmyo ritual(德興大院君廟儀 禮) and the Sejamyo ritual(世子廟儀禮), which were performed as Joseon dynasty national rituals(國家儀禮).

The category of royal family ancestors can be divided according to the 'ideological royal family ancestor model' on the one hand, which expresses the will to maintain the ideological lineage, and the 'emotional royal family ancestor model' on the other hand, which refers to the biological, identity-related and emotional roots of the king, that is to say, the king's own biological family. The reason for the coexistence of these two models is that the forebears of a certain king might not have been the same as the kings and queens enshrined in the Jongmyo(宗廟) and thus the king's biological descent and ideological lineage diverged.

Originally the objects of worship in the Munsojeon ritual were the kings and queens enshrined in the Jongmyo, but as time went by this earlier orthodoxy and the provisions of the discourse on loyalty, the uiriron(義理論), were infringed by the worshipping of the king's biological father. In the Sungeunjeon(崇恩殿), which was the predecessor of the Yeonghuijeon, king Seonjo(宣祖)'s biological father, who was not part of the king's lineage, was being worshipped. Chilgung's [Yuksanggung(毓祥宮), Jeogyeonggung(儲慶宮), Yeonhogung(延祜宮), Daebingung(大嬪宮), Seonheuigung(宣禧宮), Kyeongugung(景祐宮), Deokangung(德安宮)] object of worship were seven biological mothers of kings who were actually not to be worshipped in the national ritual. The Deokheungdaewongunmyo ritual's object of worship, again, was king Injo's(仁祖) biological father, Jeongwongun(定遠君), who did not belong to the king's lineage as well.

In the Sejamyo ritual[Sunhoimyo(順懷廟), Sohyeonmyo(昭顯廟), Euisomyo(懿昭廟), Munheuimyo(文禧廟)] the son of a king who was the Crown Prince while he was alive but who died early and childless became the object of worship. Originally, sons like this one could not be made the object of ancestor worship for they were of course not parents of a king.

These five rituals' objects of worship ran counter to Confucianism orthodoxy. They would have to be classified as improper rituals(淫祀) according to the principle of differentiation between proper rituals(正祀) and improper rituals(淫祀), but eventually they were officially adopted as part of the national rites, therefore being regarded as proper rituals. To fully understand the reason and motivation for why they were not classified as improper rituals at once, the focus of this paper is put on the processes of ritualization as such. Using Catherine Bell's concept of 'ritualization', which refers to practice different from usual actions, the ritualization process of the aforementioned five rituals is being analyzed in this paper. However, because Bell's theory of 'ritualization' cannot offer a full explanation for these rituals' position within the proper ritual/improper ritual framework, in this paper I propose the establishment of a temporary middle state within the proper ritual/improper ritual structure, which might be called 'semi-proper ritual(準正祀)/semi-improper ritual(準淫祀)'. By offering the threefold structure of proper ritual, semi-proper ritual/semi-improper ritual, and improper ritual, this paper analyses the ritualization process of each ritual taking into account the three dimensions of the justification of its coming into being, of the process of obtaining and securing a shrine and of the ritual practice.

The crucial motivation for developing these five rituals as semi-proper rituals with semi-official power was the repeated personal ancestor ritual of the king. A significant characteristic of the formation process of this ritual action is the king's personal agency without command or deputation. As the ritual action of a king is different from usual action, it enforced the elevation of these rituals for the king's biological family, which might be regarded as an object of improper ritual in public discourse, to become justified from the perspective of Confucian ideology and finally to obtain officialty.

The most essential intention of the king's repeated ritual action is the expression of his mind in the face of his ancestors in order to preserve emotional affinity and bonds, the mind of bobonbansi(報本反始) towards the ancestors. The expression of private emotion(私情) through the king's ritual action allows the rediscovery and the reinterpretation of various Confucianism ideas other than those which existed as dominant principles. The justification of the Munsojeon was made by referring to the concept of Chinchinjieui(親親之義), which means taking care of one's parents. Likewise, the justification of Chilgung is Moijagui(母以子貴), which means that a son esteems his mother, while the justification of Deukheungdaewongunmyo lies in Sosaengjieun(所生之恩), which means rewarding the parents' grace of giving birth. The justification of Sejamyo in turn is the idea of Jijeong(至情), the utmost sorrow for the early death of a son. Ultimately, these were all Confucian ideas.

The impact of repeated ritual action on the part of the king which elevated his mind towards his ancestors was affirmed by the fact that it did correspond neither with the date of the ritual's establishment nor with the political currents of the time. Although in king Seongjong's(成宗) reign, Sarim(士林) emerged and in king Jungjong's(中宗) reign, the force of Sarim was strong, Munsojeon had not only remained well but also Yeoneunjeon(延恩殿) emerged separate from Munsojeon. During king Myeongjong's(明宗) reign, Sunhoimyo(順懷廟) was arranged, and in the days of king Seonjo(宣祖), when the power of Sarim had grown visible, the Deokheungdaewongunmyo was established. After the experience of two wars, Neo-Confucianism had become completely mainstream but Sungeunjeon expanded, while Chilgung, Sohyeunmyo, Euisomyo, and Munheuimyo were newly founded.

Also, popular consensus on piety towards ancestors made it possible for the five rituals to obtain official approval without the regular process of ritual registration. This means that the emotional royal family ancestor model is set in a context which is formed by the unexpected and highly personal ritual action of the king.

Although the five rituals emerged in this context in the early days of their formation, they were preserved even after the passing of the kings who had originally performed them and accepted as proper rituals, which then led to the inception of a new royal family ancestor lineage. By means of the ritualization of the Munsojeon and Yeongheuijeon the kings' lineage was formed through the biological father's royal family ancestor lineage, whereas in the same kind of process the ritualization of Chilgung led to the formation of the biological mother's royal family ancestor lineage. In turn, through the ritualization of the Deokheungdaewongunmyo the biological father's royal family ancestor lineage led to the formation of non-king lineages, while through the ritualization of Sejamyo an ancestor lineage of childless biological sons of the royal-family was formed.

As the five rituals were classified as proper rituals, the form and contents of proper rituals expanded and the basic ritual types of proper rituals/improper rituals, which were unbalanced by the five rituals, were widened to extend to a transformed ritual type. The emotional royal family ancestor model which was regarded to go against Ye(禮) in the early days of its formation was finally incorporated into the ideological framework of Confucianism.

Through the formation process of various emotional royal family ancestor lineages, we can understand more widely that in Confucianism ancestor worship was not only at the center of the descent-focused patrilineage but that in reality various ancestors from different lineages came to be worshipped in the royal family. It also shows us the meaning and the importance of ancestors in the formation of new institutions and in the expansion of the boundaries of existing institutions and principles.

일차자료

아세아문화사, 『經國大全』, 영인본, 1972.

서울大學校 奎章閣, 『景慕宮儀軌』, 영인본, 1996.

아세아문화사, 『高麗史』, 영인본.

臺北: 臺灣中華書局, 『管子』, 民國59[1970].

법제처, 『國朝五禮儀』(법제자료 제118집), 1981.

법제처, 『國朝五禮序例』(법제자료 제125집), 1982.

서울특별시사편찬위원회, 『宮闕志』, 서울史料叢書 3, 1957.

『宮園式禮補編』(서울대학교 규장각 소장본 奎2068).

中樞院調査課 編, 『大明律直解』, 1936.

北京: 中華書局, 『論語正義』, 1990.

서울대학교 규장각, 『大典通編』, 영인본, 1998.

한국고전국역위원회 역주, 『大典會通』, 고려대학교출판부, 1960.

『大韓禮典』

景仁文化社, 『萬機要覽』, 영인본, 1972.

中華書局, 『文獻通考』, 1986.

『文禧廟營建廳謄錄』(서울대학교 규장각 소장본 奎12930)

이기훈 역주, 『佛氏雜辨』, 계명대학교 출판부, 2006.

신정근 역주, 『白虎通義』, 소명출판, 2005.

中國書店, 『山海經箋疏』, 海王村古籍叢刊 영인본, 1991.

이병도 역주, 『三國史記』, 을유문화사, 1983.

이면우·허윤섭·박권수 역주, 『書雲觀志』, 소명출판, 2003.

『璿源殿各室影幀移奉儀』(서울대학교 규장각 소장본 奎27030)

黎明文化事業公司, 『說文解字主』, 1978.

濟南: 山東友誼書社, 『性理大全』(胡廣(明) 等奉勅纂), 1989.

『星湖僿說』(민족문화추진회 고전국역총서).

中華書局, 『隋書』, 1987.

北京: 中華書房,『荀子集解』, 1988.

『新唐書』, 上海: 漢語大詞典出版社 영인본, 2004.

아세아문화사,『新增東國輿地勝覽』 영인본, 1983.

민족문화추진회,『承政院日記』.

北京: 中華書局,『詩經主析』, 1991.

『呂氏春秋』, 上海: 上海書店出版社 영인본, 1986.

법제처,『六典條例』(법제자료 제27권), 1965-68.

서울대학교 규장각,『日省錄』.

『永禧殿儀仗祭器等物膳錄』, (서울대학교 규장각 소장본 奎12927).

『永禧殿營建都監儀軌』, (서울대학교 규장각 소장본 奎14242-14244, 奎14216-14249, 奎14916).

『五禮通考』(서울대학교 규장각 소장본 奎503600).

동국문화사,『五洲衍文長箋散稿』, 영인본.

서울: 景仁文化社: 文集編纂委員會,『栗谷先生全書』, 1994.

北京: 北京大學出版社,『禮記正義』, 2000.

北京: 北京大學出版社,『儀禮注疏』, 2000.

北京: 中華書局, 周禮正義』, 1987.

『朝鮮王朝實錄』(국사편찬위원회 영인본).

임민혁 옮김,『朱子家禮』, 예문서원, 1999.

『朱子語類』(中華書局).

세종대왕기념사업회,『增補文獻備考』, 1980.

법제처,『春官志』(법제자료 제85집), 1976.

성균관대학교 대동문화연구원,『春官通考』(國立圖書館所藏本 影印), 1975.

『春秋考徵』(丁若鏞 著).

北京: 北京大學出版社,『春秋左傳正義』, 2000.

北京: 中華書局,『春秋繁露』, 1991.

中華書局,『通典』校點本, 1988.

서울: 退溪學研究院,『退溪全書』권6, 1989-.

世界書局,『淮南子注』, 高誘 主, 1984.

민족문화추진위원회,『海東雜錄』(『大東野乘』 2권),『국역대동야승』V, 1985.

이차자료

국립문화재연구소,『조선왕실의 안태와 태실 관련 의궤』, 민속원, 2006.

국립문화재연구소,『국역호산청일기』, 민속원, 2007.

고영진,『조선중기 예학사상사』, 한길사, 1995.

權奇奭,「朝鮮前期 儒教的 祖上祭祀 觀念과 親族關係의 展開」, 서울대학교석사학위논문, 2003.

권용란,「조선시대 '개화(改火)' 의례 연구」,『민속학연구』15, 국립민속박물관, 2004.

권용란,「조선시대 七祀에 관한 小考」,『종교와 문화』12, 서울대학교 종교문화연구소, 2006.

금장태,「조상숭배의 유교적 근거와 의미」,『한국문화인류학』18, 한국문화인류학회, 1986.

금장태,「退溪의 天槪念과 天人關係論」,『石堂論叢』16, 동아대학교 석당전통문화연구원, 1990.

금장태,『유교의 사상과 의례』, 예문서원, 2000.

금장태,『한국유학의 心說－심성론과 영혼론의 쟁점』, 서울대학교출판부, 2002.

김두헌,『한국가족제도연구』, 서울대학교출판부, 1969.

金容天,「前漢 元帝期 韋玄成의 宗廟制論」,『동양사학연구』95, 동양사학회, 2006.

김의숙,『韓國 陰陽五行과 民俗祭儀: 民俗祭儀의 形成理論』, 집문당, 1993.

김문식,「18세기 후반 正祖 陵行의 意義」,『韓國學報』88, 일지사, 1997.

김세은,「高宗初期(1863~1873) 國家儀禮 시행의 의미」,『朝鮮時代史學報』,   조선시대사학회, 2004.

金永模,「朝鮮時代 祠廟空間의 構成에 관한 硏究」,『서울학연구』9, 서울학연구소, 1998.

김지영,「18세기후반 국가전례의 정비와『춘관통고』」,『한국학보』14, 일지사, 2004.

김지영,「朝鮮後期 국왕 行次에 대한 연구 : 儀軌班次圖와 擧動記錄을 중심으로」, 서울대학교 박사학위논문, 2005.

김정신,「宣祖代 文昭殿 論爭과 朋黨」,『韓國思想史學』22, 한국사상사학회, 2004.

김종서,『서양인의 한국 종교 연구』, 서울대학교출판부, 2006.

김종서,「서울文化의 宗敎的 意味」,『정신문화연구』31, 한국정신문화연구원, 1986.

김철웅,『韓國中世 國家祭祀의 體制와 雜祀』, 韓國硏究院, 2003.

金澈雄,「고려시대 太廟와 原廟의 운영」,『國史館論叢』106, 국사편찬위원회, 2005.

金澈雄,『한국중세의 古禮와 雜祀』, 景仁文化社, 2007.

金海榮,『朝鮮初期 祭祀典禮 硏究』, 集文堂, 2003.

나희라,「新羅初期의 王의 性格과 祭祀」, 서울대학교 석사학위논문, 1989.

나희라,『신라의 국가제사』, 지식산업사, 2003.

나희라,『고대 한국인의 생사관』, 지식산업사, 2008.

남민이,『상장의례학』, 시그마프레스, 2002.

니겔 발리 지음, 고양성 옮김,『죽음의 얼굴』(Barley, Nigel, Dancing on the grave), 도서출판 예문, 2001.

다산연구회,『(역주)목민심서』3(정약용 저), 창작과 비평사, 1985.

데이비드 N. 키틀리 지음, 민후기 옮김,『갑골의 세계: 상대(商代) 중국의공간, 공동체』(Keightley, David N., The Ancestral Landscape: Time, Space, and Community in Late Shang China ca. 1200-1045 B.C.), 학연문화사, 2008.

로저 L. 자넬리; 임돈희 공저; 김성철 역,『조상의례와 한국사회』(Janelli, Roger L., Ancestor Worship and Korean Society), 일조각, 2000.

마르티나 도이힐러 지음, 이훈상 역,『한국사회의 유교적 변환』(Deuchler, Martina, The Confucian Transformation of Korea), 아카넷, 2003.

모리스 프리드만 著, 金光億 譯,『東南部 中國의 宗族組織』(Freedman, Morris, Lineage organization in southeastern China), 一潮閣, 1996.

M, 엘리아데 지음, 박규태 옮김,『상징, 신성, 예술』(Eliade, Mircea, Symbolism, the Sacred and the Arts), 서광사, 1991.

M. 엘리아데 지음, 이은봉 역,『종교형태론』(Eliade, Mircea, Patterns in Comparative Religion), 한길사, 1996.

M. 엘리아데 지음, 정진홍 역, 『宇宙와 歷史』(Eliade, Mircea, Cosmos and History), 現代思想史, 2003.

박광용, 『영조와 정조의 나라』, 푸른역사, 1998.

박례경, 「조선시대 國葬에서 朝祖儀 설행 논의와 결과」, 『규장각』 31, 서울대학교규장각, 2007.

박미라, 「中國 祭天儀禮 研究－郊祀儀禮에 나타난 上帝와 天의 이중적 天神觀을 중심으로」, 서울대학교 박사학위논문, 1997.

박성규, 『주자철학의 귀신론』, 한국학술정보, 2005.

朴玉珠, 「七宮의 정원구성 요소에 관한 연구」, 성균관대학교 석사학위논문, 2002.

빅토 터너 지음, 박근원 옮김, 『의례의 과정』(Turner, Victor, The Ritual Process: Structure and Anti-structure), 한국심리치료연구소, 2005.

서영대, 『韓國古代 神觀念의 社會的 意味』, 서울대학교 박사학위논문, 1991.

서울시사편찬위원회 편, 『東國輿地備攷』, 서울; 서울特別市史編纂委員會, 1956.

서울시사편찬위원회 편, 『漢京識略』, 서울; 서울特別市史編纂委員會, 1956.

송현동, 「한국의 죽음의례 연구」, 한국학중앙연구원 박사학위논문, 2005.

신명호, 「조선후기 국왕 行幸時 국정운영체제」, 『朝鮮時代史學報』 17, 조선시대사학회, 2001.

신명호, 『조선 왕실의 의례와 생활, 궁중문화』, 돌베개, 2002.

沈曉燮, 「朝鮮前期 忌晨齊의 設行과 儀禮」, 『불교학보』 40, 동국대학교 불교문화연구소, 2003.

沈曉燮, 「朝鮮前期 靈山齋 研究」, 동국대학교 박사학위논문, 2005.

안영상, 「천주교의 천주(상제)와 영혼불멸설에 대한 영남퇴계학파의 대응양식」, 『시대와 철학』 16, 한국철학사상연구회, 2005.

안지원, 「高麗時代 國家 佛教儀禮 研究-燃燈·八關會와 帝釋道場을 중심으로」, 서울대학교 박사학위논문, 1999.

安浩龍, 「朝鮮前期 喪制의 變遷과 그 社會的 意味」, 고려대학교 박사학위논문, 1989.

양홍렬 역, 『(국역)홍재전서』(정조대왕 저), 민족문화추진위원회, 1998.

李杜鉉·張籌根·李光奎 共著, 『韓國民俗學槪說』, 일조각, 1997.

李範稷, 『朝鮮時代 禮學研究』, 國學資料院, 2004.

李秉烋, 「朝鮮前期 內佛堂·忌晨齋의 革罷論議와 그 推移」, 『史學論叢』, 구곡황종동교수정년기념 사학논총 간행위원회, 1994.

이석호 옮김, 『東國歲時記』(洪錫謨 撰), 동문선, 1991.

이성미, 『어진의궤와 미술사 - 조선국왕 초상화의 제작과 모사』, 소와당, 2012.

이수자, 「한국문화에 나타난 <불>의 다층적 의미와 의의」, 『역사민속학』 10, 민속원, 2000.

이승수 편역, 『옥같은 너를 어이 묻으랴』, 태학사, 2001.

이연승, 「董仲舒春秋之研究」, 臺北 : 國立臺灣大學, 1999.

李迎春, 『朝鮮後期 王位繼承 研究』, 집문당, 1998.

E. E 에반스 프리차드 저, 권이구; 강지현 공역, 『누어인』(Evans-Prichard, E.E., The Nuer), 탐구당, 1994.

이용주, 『주희의 문화 이데올로기』, 이학사, 2003.

이욱, 「조선시대 왕실의 시조(始祖)와 肇慶廟 건립」, 『조선시대사학보』 38, 조선시대사학회, 2006.

이욱, 「朝鮮前期 鬼神論에 관한 연구」, 『종교연구』 15, 한국종교학회, 1998.

이은봉, 『한국인의 죽음관』, 서울대학교 출판부, 2000.

이왕무, 「영조의 私親宮·園 조성과 幸行」, 『장서각』 15, 한국학중앙연구원, 2006.

이종찬 역, 『(국역)사례편람』(도암 이재 원저), 이화문화출판사, 1992.

이한수, 『세종시대 '家'와 '國家'』, 한국학술정보, 2006.

이현진, 「仁祖代 元宗追崇論의 推移와 性格」, 『北岳史論』 7, 북악사학회, 2000.

이현진, 「조선후기 宗廟 정비와 世室論 연구」, 서울대학교 박사학위논문, 2006.

이현진, 「조선시대 종묘의 神主·位版 題式의 변화-明·淸의 교체를 기점으로-」, 『진단학보』 101, 진단학회, 2006.

이현진, 『조선후기 종묘 전례 연구』, 일지사, 2008.

이혜구 역주, 『(신역)악학궤범』(성현 저), 국립국악원, 2000.

이-푸 투안 지음, 구동회; 심승희[공]옮김, 『공간과 장소』(Tuan, Yi-fu, Space and place: the perspective of experience), 대윤, 1995.

이호일, 『조선의 왕릉』, 가람기획, 2003.

이희덕, 『韓國古代 自然觀과 王道政治』, 혜안, 1999.

이희덕, 『高麗時代 天文思想과 五行說 硏究』, 일조각, 2000.

이창익, 「조선후기 역서의 우주론적 복합성에 대한 연구」, 서울대학교 박사학위논문, 2005.

이태진, 「소빙기(1500-1750)의 천체 현상적 원인」, 『國史館論叢』 72, 국사편찬위원회, 1996.

이태진, 「고려~조선 중기 天災地變과 天觀의 변천」, 『韓國思想史方法論』, 소화, 1997.

임민혁, 「조선후기 영조의 孝悌논리와 私親追崇」, 『조선시대 사학보』 39, 조선시대사학회, 2006.

임민혁, 『조선의 왕권과 예치』, 민속원, 2012.

임민혁, 『英祖의 정치와 禮』, 민속원, 2012.

유동식, 「기독교와 조상숭배」, 『한국문화인류학』 18, 한국문화인류학회, 1896.

柳本藝 著, 서울특별시사편찬위원회 간행, 『漢京識略』, 서울 : 서울特別市史編纂委員會, 1956.

유제분·이훈상 옮김, 『순수와 위험』(Douglas Mary, Purity and Danger),현대미학사, 2005.

윤서석, 「식생활과 조상숭배」, 『한국문화인류학』 18, 한국문화인류학회, 1986.

윤정현, 「朝鮮時代 原廟制 정비와 便殿의 魂殿 및 殯殿 설치」, 『한국건축역사학회 춘계학술발표대회 논문집』, 2000.

에밀 뒤르케임 지음, 노치준; 민혜숙 [공]역, 『종교생활의 원초적 형태』 (Durkheim, Emile, Les Formes élémentaires de la vie religieuse), 민영사, 1992.

위앤양 지음, 박미라 옮김, 『중국의 종교문화』(Yuan, yang, 生死事大生: 死智慧與中國文化), 길, 2000.

張正龍, 『韓·中 歲時風俗 및 歌謠硏究』, 집문당, 1988.

장주근, 「한국 민간신앙의 조상숭배-유교제례 이외의 전승 자료에 대하여-」, 『한국문화인류학』 15, 한국문화인류학회, 1983.

장주근, 「무속의 조상숭배」, 『한국문화인류학』 18, 한국문화인류학회, 1986.

장필구, 「복원연구를 통한 永禧殿의 고찰」, 서울대학교 석사학위논문, 2004.

鄭景姬, 「朝鮮前期 禮制·禮學 硏究」, 서울대학교 박사학위논문, 2000.

鄭景姬, 「朝鮮後期 宮園制의 성립과 변천」, 『서울학연구』 23, 서울학연구소, 2004.

鄭玉子, 『朝鮮後期文化運動史』, 一潮閣, 1988.

정옥자,『조선후기 역사의 이해』, 一志社, 1993.

정옥자 외 지음,『조선시대 문화사 (상)』, 일지사, 2007.

鄭鎭弘,『韓國宗教文化의 展開』, 集文堂, 1986.

정소영,「朝鮮初期 原廟의 佛教的 性格과 置廢論 硏究」, 동국대학교 석사학위논문, 1999.

정정남,「壬辰倭亂 이후 南別宮의 公廨的 역할과 그 공간 활용-장서각 소장『소공동홍고양가도형』『사대부가배치도형』의 분석을 통하여-」,『건축사연구』18, 한국건축역사학회, 2009년 8월.

정정남,「효종대 仁慶宮內 宮家의 건립과 그 이후 宮城의 변화」,『서울학연구』39, 서울학연구소, 2010.

정정남,「조선시대 壽進宮의 기능과 주변 박석[磚石]길의 의미해석」,『한국건축역사학회 학술발표대회 논문집』, 2011년도 추계학술발표대회 자료집, 2011.

조선미,『韓國의 肖像畵』, 열화당, 1983.

조선미,『초상화 연구-초상화와 초상화론』, 문예출판사, 2007.

趙暎俊,「19世紀 王室財政의 危機狀況과 轉嫁實態: 壽進宮 財政의 事例分析」,『경제사학』44, 경제사학회, 2008.

조영준,「조선후기 궁방(宮房)의 실체」,『정신문화연구』31, 한국정신문화연구원, 2008.

존 헨더슨 저, 문중양 역,『중국의 우주론과 청대의 과학혁명: 상관적 우주론의 형성과 발전, 그리고 부정의 역사』(Handerson, John B., The Development and Decline of Chinese Cosmology), 소명출판, 2004.

池斗煥,『朝鮮前期 儀禮硏究-性理學 正統論을 中心으로-』, 서울대학교출판부, 1994.

지두환,『세계 문화유산 종묘 이야기』, 집문당, 2005.

제임스 조지 프레이저 지음, 이용대 옮김,『황금가지』(Frazer, James Georges, The Golden Bough), 한겨레신문사, 2003.

村山智順 지음, 김희경 옮김,『朝鮮의 鬼神』(村山智順, 朝鮮の鬼神), 동문선, 1990.

崔光植,『고대한국의 국가와 제사』, 한길사, 1995.

최광식,『백제의 신화와 제의』, 주류성, 2006.

최기복,「朝鮮朝 天主教會의 祭祀禁令과 茶山의 祖上祭祀觀」,『한국교회사논문집』2, 한국교회사연구소, 1985.

최길성,『한국인의 조상숭배』, 예전사, 1987.

최길성,「한국 조상숭배 연구의 회고와 전망」,『한국문화인류학』20, 한국문화인류학회, 1988.

崔吉城,『韓國의 祖上崇拜』, 예전사, 1993.

최근덕,「조상숭배와 의례」,『한국문화인류학』18, 한국문화인류학회, 1986.

최종성,『조선조 무속 國行儀禮 연구』, 일지사, 2002.

최종성,「조선시대 王都의 신성화와 무속문화의 추이-법제를 통한 淫祀정책과 서울에 대한 문화의식을 중심으로-」,『서울학연구』20, 서울학연구소, 2003.

최종성 · 김재현 [공]옮김,『세계종교 사상사』2(Eliade, Mircea, A History of Religious Ideas Vol. 2), 이학사, 2005.

최종성,『기우제등록과 기후의례』, 서울대학교출판부, 2007.

최종성,「생불과 무당-무당의 생불신앙과 의례화-」,『종교연구』68, 한국종교학회, 2012.

캐서린 벨 지음, 류성민 옮김,『의례의 이해-의례를 보는 관점들과 의례의 차원들-』(Bell, Catherine, Ritual: Perspectives and Dimensions), 한신대학교 출판부, 2007.

클리퍼드 기어츠 저, 문옥표 역,『문화의 해석』(Geertz, Clifford, The Interpretation of Culture), 까치, 1999.

편무영 외,『종교와 조상제사』, 민속원, 2005.

퓌스텔 드 쿨랑주 지음, 김응종 옮김,『고대도시: 그리스로마의 신앙, 법,제도에 대한 연구』(Fustel de Coulanges, La cité antique: étude sur le culte, le droit, les institutions de la Grece et de Rome) 서울: 아카넷, 2000.

한국국학진흥원교육연수실 편,『제사와 제례문화』, 한국국학진흥원, 2005.

한국종교문화연구소, 이용범 엮음,『죽음의례 죽음 한국사회』, 모시는 사람들, 2013.

한림대학교인문학연구소 엮음,『동아시아 기층문화에 나타난 죽음과 삶』, 민속원, 2001.

한우근,「朝鮮王朝初期에 있어서의 儒敎理念의 實踐과 信仰·宗敎-祭祀問題를 中心으로-」,『한국사론』3, 서울대학교 한국사학회, 1976.

韓亨周,『朝鮮初期 國家祭禮 硏究』, 一潮閣, 2002.

한형주,「조선전기 文昭殿 성립과 그 운영」,『역사민속학』24, 한국역사민속학회, 2007.

홍순민,『우리 궁궐 이야기』, 청년사, 1999.

黃俊源,「朝鮮時代 宮闕內 吉禮·凶禮의식 공간에 관한 硏究」, 동국대학교석사학위논문, 2004.

허응식,「불교와 융합된 고려왕실의 조상숭배」,『동방학지』45, 연세대학교 국학연구원, 1984.

陳夢家 著, 中國科學院考古硏究所 編輯,『殷虛卜辭綜述』, 東京 : 大安, 1964.

澤田瑞穂 著,『中國の呪法』, 株式會社平河出版社, 1984.

Baker Donald, "The Religious Revolution in Modern Korean History: From Ethics to Theology and from Ritual Hegemony to Religious Freedom," *The Review of Korean Studies* Vol. 9, The Academy of Korean Studies, 2006.

Bell, Catherine, *Ritual Theory Ritual Practice*, New York, Oxford: Oxford University Press, 1992.

Bell, Catherine, Ritual: *Perspectives and Dimensions*, New York, Oxford: Oxford University Press, 1997.

Bloch, Maurice & Parry, Jonathan eds, *Death and the Regeneration of Life*, Cambridge [Cambridgeshire]; New York: Cambridge University Press, 1982.

Bloch, Maurice, "Almost Eating the Ancestors", *Man*, Vol. 20, No. 4, Royal Anthropological Institute of Great Britain and Ireland, 1985.

De Groot, J. J. M., *The Religious System of China*, Vol. 6, Southern Materials Center, INC., 1989(南天書局有限公司 영인).

Driver, Tom F., *The Magic of Ritual: Our Need for Rites that Transform Our Lives and Our Communities*, New York, Harper San Francisco, 1991.

Eastman, Lloyd E., *Family, Fields, and Ancestors: Constancy and Change in China's Social and Economic History, 1550-1949*, New York: Oxford University Press, 1988.

Fortes, Meyer, *Oedipus and Job in West African Religion*, Cambridge: Cambridge University Press, 1959.

Francis, Hsu L. K., *Under the Ancestors' Shadow: Chinese Culture and Personality*, London: Routledge & K. Paul, 1949.

Goody, Jack, *Death, Property, and the Ancestors: A Study of the Mortuary Customs of the Lodaga of West Africa*, California: Stanford University Press, 1962.

Grimes, Ronald, *Beginnings in Ritual Studies*, University of South Carolina Press, 1995.

Hertz, Robert, translated by Rodney and Claudia Needham, *Death: & The Right Hand*, Glencoe, Ill: Free Press, 1960.

Harner, Michael J., "Jívaro Souls", *American Anthropologist*, New Series, Vol. 64, No. 2, American Anthropological Association, 1962.

Huxely, Julian, "A Discussion on Ritualization of Behaviour in Animals and Man", *Philosophical Transactions of the Royal Society of London. Series B, Biological Sciences*, Vol. 251, No. 772, The Royal Society, 1966.

James, Watson, L., and Evelyn, Rawski S., eds. *Death Ritual in Late Imperial and Modern China*, University of California Press, 2005.

Kendall, Laurell. and Dix, Griffin M., *Religion and Ritual in Korean Society*, Berkeley: East Asian Institute, University of California, 1987.

Kertzer David I., *Rituals, Politics, and Power*, New Haven: Yale Univ. Press, 1988.

Kim JaHyun Haboush and Deuchler Martina eds, *Culture and the State in late Choson Korea*, Cambridge, Mass.: London: Harvard University Press, 1999.

Metcalf, Peter, Huntington, Richard, *Celebrations of Death: the Anthropology of Mortuary Ritual*, Cambridge [England]; New York: Cambridge University Press, 1991 [reprinted 1999].

Newell, William H., ed, *Ancestors*, The Hague: Mouton, 1976.

Rappaport, Roy A., *Pigs for the Ancestors: Ritual in the Ecology of a New Guinea People*, New Haven: Yale Univ. Press, 1968.

Smith, Jonathan Z., *Imagining Religion*, The University of Chicago Press; Chicago and London, 1982.

Staal, Frits, *Rules Without Meaning: Ritual, Mantras, and the Human Sciences*, New York: P. Lang, 1990.

Wang, Aihe, *Cosmology and Political Culture in Early China*, Cambridge, UK; New York, NY, USA: Cambridge University Press, 2000.

Wolf, Arthur P., "Gods, Ghosts, and Ancestors," *Religion and Ritual in Chinese Society*, Stanford University Press, 1974.

가

나

다

카

하

차